ZHENGDICHAIQIANSUSONGSHIWU REDIANFENXI

YIZUIGAORENMINFAYUANZAISHENANLI WEI YANGBEN

征地拆迁诉讼实务热点分析
——以最高人民法院再审案例为样本

主　编　李传生

副主编　王华伟

 中国政法大学出版社

2024·北京

声　　明　　1. 版权所有，侵权必究。

2. 如有缺页、倒装问题，由出版社负责退换。

图书在版编目（CIP）数据

征地拆迁诉讼实务热点分析:以最高人民法院再审案例为样本/李传生主编. —北京:中国政法大学出版社,2024.5

ISBN 978-7-5764-1510-0

Ⅰ.①征… Ⅱ.①李… Ⅲ.①土地征用－行政诉讼－案例－中国②房屋拆迁－行政诉讼－案例－中国 Ⅳ ①D922.395②D922.181.5

中国国家版本馆CIP数据核字(2024)第108034号

出 版 者	中国政法大学出版社
地　　址	北京市海淀区西土城路25号
邮寄地址	北京 100088 信箱 8034 分箱　邮编 100088
网　　址	http://www.cuplpress.com (网络实名：中国政法大学出版社)
电　　话	010-58908586(编辑部) 58908334(邮购部)
编辑邮箱	zhengfadch@126.com
承　　印	固安华明印业有限公司
开　　本	720mm×960mm　1/16
印　　张	19.25
字　　数	340千字
版　　次	2024年5月第1版
印　　次	2024年5月第1次印刷
定　　价	88.00元

序 言

近年来，伴随着城市扩张和老旧片区改造，征地拆迁相关问题在较长一段时期内成为社会各界关注的焦点。征地拆迁涉及面广、利益关系各方期望值差距较大，是一个牵一发而动全身的系统性社会问题，需要各方协调解决。在建设社会主义法治国家的当下，拆迁问题更是一个法律问题。如何依法处理征地拆迁相关法律纠纷，是当事人、律师、法官等群体普遍关注的问题。为理顺和解决征地拆迁案件中的困扰和疑问，作者结合工作实际撰写了《征地拆迁诉讼实务热点分析——以最高人民法院再审案例为样本》这本书。

两位作者长期从事征地拆迁法律实务，有着丰富的工作经验和扎实的理论功底。其中，李传生同志所在的山东从德律师事务所专长于征地拆迁法律业务工作，为济南市多个片区改造和迁建项目提供全过程法律服务，获得各界好评，该同志在兼任政府法律顾问的同时，还担任济南市律协征收与拆迁业务委员会专家。王华伟同志任教于齐鲁工业大学，有着多年的法院工作经历和兼职律师的业务积累，长期从事征地拆迁领域的研究，理论功底和实践能力都较为深厚。

本书旨在全面、深入地剖析征地拆迁诉讼中的热点问题，为广大读者提供征地拆迁法律实务方面尤其是诉讼领域的指导和参考。通过对征地拆迁诉讼典型案例的深入分析和解读，向读者揭示拆迁过程中的法律风险和挑战，并探讨如何有效应对这些挑战的策略和方法。

在书中，作者向读者介绍了征地拆迁诉讼的起诉期限、重复起诉、原被告资格、法院受案范围、诉讼类型、审理裁判等问题，重点关注拆迁补偿标准的确定、拆迁过程中的权益保护、拆迁后的安置等问题。针对这些热点问题，作者结合最新的法律法规和司法实践，进行了详细的阐述和解读。同时，还结合具体的案例，展示了如何运用法律知识来维护合法权益，并指出了在拆迁过程中需要注意的法律细节。

与同类书籍相比，本书具有以下特点：一是选材立意高。其选取的案例绝大多数是最高人民法院再审定论的案件，具有相当的权威性和指导性。因为这些案例折射出最高司法机关对我国征地拆迁司法裁判的态度和规律，能够用以指导新时代下的征地拆迁工作。二是业务功夫精深。本书选取的最高人民法院征地拆迁类行政再审案例五百有余，工作量极为庞大，可见日积月累之功和钻研之精深。三是实践应用性强。本书立足于实践，来源于实践，更是服务于实践。书中案例要旨及实务应对分析等内容，具有极强的针对性和实践性，相信会对有志于或感兴趣于征地拆迁工作的各位法律同仁以切实可行的指引。

我们相信，《征地拆迁诉讼实务热点分——以最高人民法院再审案例为样本析》的出版将为广大读者提供宝贵的法律实务知识和经验。无论是被拆迁人、拆迁单位等直接利益相关方，还是律师、法官等法律从业者，都可以从中获得有益的启示和帮助。同时，也希望这本书能够引起更多人对征地拆迁问题的关注和思考，共同创造一个更加和谐、公正的社会环境。

范冠峰

2024 年 4 月 24 日

前　言

党的二十大报告指出，"法治政府建设是全面依法治国的重点任务和主体工程"。征地拆迁案件所涉"官民"纠纷日益突出，从司法实务的角度来看，通过梳理 2019 年至 2022 年全国法院每年行政一审收案数量，发现排名前 13 位的行政管理领域基本比较固定，分别是其他、城乡建设、资源、公安、劳动和社会保障、商标、乡政府、工商、食品药品安全、民政、专利、交通运输、环境保护。其中，城乡建设、资源类案件始终排在前列，这些案件绝大多数都与征地拆迁有关，不仅如此，即使排在第一位的其他类型案件中也有不少涉及征地拆迁的内容。行政诉讼案件量大的领域，反映出该领域的行政争议比较多，涉及的国家和社会公共利益内容也比较集中。因此，有必要加强对城乡征地拆迁的研究。

本书以最高人民法院再审案例为样本，涉的案例有 500 余个。本书内容分为八章，分别从起诉期限、重复起诉、原告资格、被告资格、受案范围、诉讼请求、诉讼类型、审理裁判等角度，对当前城乡征地拆迁诉讼实务热点问题进行了分析。

第一章是关于征地拆迁诉讼的起诉期限问题。本章重点分析了七个方面的重点内容，分别是行政诉讼起诉期限的特殊性、新旧司法解释下起诉期限的衔接、"知道"或者"应当知道"起诉期限的判断、不动产和不履责案件起诉期限的判断、起诉期限可扣除的具体实践情形、行政复议与起诉期限的关系、行政信访与起诉期限的关系。通过上述分析，进一步明确征地拆迁案件行政诉讼起诉期限的适用标准和判断规则。第二章是关于征地拆迁诉讼的重复起诉问题。重复起诉不仅会造成当事人诉累，还会浪费有限的司法资源，需要进一步明确。本章结合实践情况，具体分析了前后诉当事人相同的重复起诉判断、诉讼标的相同或类似的重复起诉判断、前后诉讼请求数量或表述不同的判断、行政赔偿重复起诉问题以及重复起诉其他类型判断问题。第三章是关于征地拆迁诉讼的原告资格问题。原告资格是征地拆迁案件司法审查的重要问题。本章分别从利害关系的判断标准（结合保护规范理论进行分析）、国有土地房屋承租人的原告资格、国有土地房屋使用人的原告资格、集体土地所有人和使用人的原告资格、集体土地房屋承租人及附着物实际经营人的原告资格等角度进行了梳理和分析。第四章是关于征地拆迁诉讼的被告资格问题。本章结合实践情况，分别研究了立案时是否确定被告确系行为实施主体、双被告层级较高被告不适格的处理方式、行政机关职能部门或下属单位人员出庭应诉等具体法律问题。第五章是关于征地拆迁诉讼的受案范围问题。这是征地拆迁诉讼中最为关键的审查角度。本章重点分析了国有土地征收拆迁行为的可诉性、集体土地征收行为的可诉性、城乡征地拆迁公告的可诉性、城乡征地规划行为的可诉性、征地拆迁阶段性程序性行为的可诉性、责成、指示、批复、纪要的可诉性，以及投诉举报监督行为的可诉性、信访行为的可诉性问题。第六章是关于征地拆迁诉讼的诉讼请求问题。本章重点梳理分析了诉讼请求是否具体明确的问题以及诉讼请求增加、合并、裁判的问题。第七章是关于征地拆迁诉讼的诉讼类型问题。本章结合最高人民法院再审案例，重点分析了履责之诉、确认之诉、撤销之诉、复议之诉、信息公开之诉等诉讼类型及相关法律问题。第八章是关于征地拆迁诉讼的审理裁判问题。这主要涉及城乡征地拆迁案件法院的司法审查程序方面，重点分析了征地拆迁诉讼代理人问题、法律适用和裁判方式问题、法院审理程序问题、诉讼证据审查认定问题、法律文书送达问题。

实现行政争议的实质性化解，已经成为行政诉讼的首要目标。通过对最高人民法院征地拆迁类再审案例的归纳和梳理，提炼出征地拆迁类行政诉讼司法裁判的核心观点，并对其作出实务应对方面的进一步分析。通过本书力求体现新时代征地拆迁案件法治发展的新动态，重点为各地人民政府、人民法院、司法行政部门以及律师事务所等从事一线实务工作部门提供创新性、前瞻性、针对性、实用性的决策咨询和对策建议，规范司法权力运行提升司法公信力，最终推进城乡征地拆迁所涉行政争议的实质性化解。

目　录 /////

第一章

征地拆迁诉讼的起诉期限问题

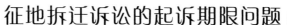

第一节 行政诉讼起诉期限的特殊性

【典型案例】

一、法院从立案阶段就应主动审查起诉期限

法院应当对起诉期限主动审查，且审查从立案阶段就应当开始。即使被告和第三人未对起诉期限提出抗辩，人民法院也应主动进行审查，并以此判断起诉是否符合法定条件。对于行政诉讼起诉期限应当作为起诉条件进行审查，司法解释的制度安排在《行政诉讼法》[1] 修改前后并未发生变化，即对于行政诉讼起诉期限的审查应当贯穿于立案受理和审理阶段，在立案受理阶段发现应当裁定不予立案，如果进入审理阶段则应裁定驳回起诉。而且目前的行政诉讼法律及司法解释中均没有关于人民法院对行政诉讼起诉期限不应主动审查的规定。虽然《最高人民法院关于行政诉讼证据若干问题的规定》第 4 条第 3 款规定，被告认为原告起诉超过法定期限的，由被告承担举证责任。但该条规定仅是对举证责任的分配，即当被告在诉讼中提出原告超过起诉期限的抗辩理由时，应当提交证据对其主张予以证明，否则将承担举证不能的不利后果。但是，从该条规定无法得出人民法院不能主动审查起诉期限的结论。

—— ［2017］最高法行再 9 号——再审申请人文昌向海娱乐有限公司因被申请人海口向海娱乐有限公司清算组诉文昌市人民政府土地行政登记一案

二、法院主动审查起诉期限利于公益和私益

［2016］最高法行申 2573 号判例认为：不符合起诉期限条件，意即未在

---

〔1〕《行政诉讼法》，即《中华人民共和国行政诉讼法》。为表述方便，本书中涉及我国法律法规，直接使用简称，省去"中华人民共和国"字样，全书统一，后不赘述。

法定期限内向人民法院提起诉讼的，当事人便丧失了向人民法院提起诉讼的权利。这一制度设计并不会，也没有限缩当事人的诉权，其价值和意义在于，一方面是为了敦促当事人及时启动权利救济程序，及早解决行政纠纷，使不确定的行政法律关系尽快确定下来，从而实现行政管理的效率，维护良好的社会治理体系；另一方面是为了防止时间过久，导致证据缺失，致使案件事实难以查清，不利于保护行政相对人的合法权益。

——［2016］最高法行申 2573 号——再审申请人过某明诉被申请人福建省三明市人民政府、三明市国土资源局行政批复一案

——［2016］最高法行申 162 号——再审申请人威海市人民政府因被申请人威海市美尔雅装饰有限责任公司诉其颁发国有土地使用证一案

三、法院应根据证据和生活经验综合判断起诉期限

《行政诉讼法》设定起诉期限的目的在于督促原告及时行使诉讼权利，维护行政管理秩序的稳定性，提高行政效率，起诉期限直接关系到国家利益、公共利益的实现。起诉期限是人民法院受理原告起诉的法定条件，属于事关起诉人的起诉能否进入实体审理的程序性事项。依照《行政诉讼法》第 39 条、《最高人民法院关于适用〈中华人民共和国行政诉讼法〉的解释》第 37 条、《最高人民法院关于行政诉讼证据若干问题的规定》第 22 条第 2 项的规定，人民法院有权主动审查原告起诉是否超过法定期限，在被告行政机关未提供相关证据的情况下，人民法院有权要求行政机关提供相应证据。

——［2019］最高法行申 3991 号——再审申请人梁某冰、王某民、练某群诉被申请人广西壮族自治区柳州市鱼峰区人民政府房屋行政征收行为一案

尽管不能将 2004 年清理宅基地的时间认定为涉案土地使用证的颁证时间，但对于涉案土地使用证的颁证时间，应当运用逻辑推理和生活经验，进行全面、客观和公正的分析判断。根据本案证据和事实，可以合理推定，暴某立知道和应当知道海港区人民政府对其售卖给杨某富的房屋颁发土地使用权证书的时间，不应当迟于其 2010 年提起合同无效民事诉讼的时间。一、二审法院机械地将暴某立在 2015 年 5 月 19 日主张涉案买卖合同无效的民事诉讼庭审中看到涉案土地使用证的时间，认定为其知道和应当知道存在作出被诉行政行为的时间，有违常理，且不利于诚实信用的交易行为。暴某立提起的本案诉讼超过了起诉期限。

——［2017］最高法行申 8933 号——再审申请人杨某富与被申请人暴某立、原审被告河北省秦皇岛市海港区人民政府土地行政登记一案

四、不履行行政协议的适用民事诉讼时效

（一）法院不应主动审查诉讼时效

本案系益华国际控股有限公司对讷河市人民政府不履行项目投资协议而提起的行政诉讼，应参照适用民事法律规范关于诉讼时效的规定。《最高人民法院关于审理民事案件适用诉讼时效制度若干问题的规定》规定，当事人未提出诉讼时效抗辩，人民法院不应对诉讼时效问题进行释明及主动适用诉讼时效的规定进行裁判。当事人在一审期间未提出诉讼时效抗辩，在二审期间提出的，人民法院不予支持，但其基于新的证据能够证明对方当事人的请求权已过诉讼时效期间的情形除外。根据一审卷宗中讷河市人民政府答辩状、庭审笔录以及二审卷宗，一审期间讷河市人民政府并未提出诉讼时效抗辩，二审期间讷河市政府亦未提供新的证据证明益华国际控股有限公司的请求权已过诉讼时效期间。二审法院主动适用诉讼时效的规定进行裁判，违反上述司法解释规定，属于适用法律错误。

——［2020］最高法行申 4312 号——再审申请人益华国际控股有限公司诉被申请人黑龙江省讷河市人民政府履行协议一案

（二）不依约履行的诉讼时效可以中断

库尔勒塔里木饭店有限责任公司（以下简称"塔里木饭店"）对库尔勒市人民政府不依法履行行政协议提起诉讼的，适用民事诉讼时效的规定。案涉《拆迁安置协议书》《拆迁安置补偿协议书》虽分别签订于 2002 年 7 月 19 日、2003 年 3 月 5 日，但两份协议关于停车场交付的约定未明确履行期限。诉讼时效期间应从塔里木饭店知道或者应当知道权利被侵害时起算，且诉讼时效因一方当事人提出要求或者主张权利而中断，诉讼时效期间重新计算。塔里木饭店一直在向库尔勒市人民政府主张权利，但库尔勒市人民政府始终未明确答复是否履行及履行期限。塔里木饭店提起本诉前再次向库尔勒市人民政府提出履行要求，库尔勒市人民政府下属的住房和城乡建设局在本案一审诉讼期间才作出答复并送达给塔里木饭店。故塔里木饭店于 2016 年 11 月提起本诉没有超过诉讼时效期间。

——［2020］最高法行申 8282 号——再审申请人新疆维吾尔自治区库尔

勒市人民政府因被申请人库尔勒塔里木饭店有限责任公司诉其行政协议一案

【实务应对】

上述案例清晰地展示了最高人民法院对于行政诉讼起诉期限裁判的尺度。即，行政诉讼起诉期限属于起诉要件，而非诉讼要件、本案要件。法院在案件立案时就应对起诉期限主动进行审查。这有利于行政管理公共秩序的稳定，也有利于督促相对人及时起诉。但是，应注意的是，对于行政协议类型行政诉讼案件，应根据是不依法履行、未按照约定履行还是违法变更、解除行政协议，区分适用民事诉讼时效和行政诉讼起诉期限制度。对于不依法履行、未按照约定履行行政协议的案件，法院不应主动审查诉讼时效，而且诉讼时效还适用中断制度；对于违法变更、解除行政协议的案件，法院应主动审查起诉期限是否超过，而且只能适用行政诉讼的起诉期限制度。

起诉期限是第一道关卡。行政诉讼案件超过了起诉期限就意味着无法进入法院审理的大门。这对于相对人的权益影响甚重。对于司法实务工作者亦是如此，否则会承担相应法律责任。对于律师而言尤其重要，在代理行政诉讼案件的过程中，面对当事人的咨询，其首先要关注的就是起诉期限问题，切不可因为自己的一时疏忽大意而使当事人权益受损。君不知，近年来，律师因自身原因导致败诉而被当事人告上法庭进行巨额索赔的案例不胜枚举！

【法律法规】

《最高人民法院关于审理行政协议案件若干问题的规定》

第二十五条 公民、法人或者其他组织对行政机关不依法履行、未按照约定履行行政协议提起诉讼的，诉讼时效参照民事法律规范确定；对行政机关变更、解除行政协议等行政行为提起诉讼的，起诉期限依照行政诉讼法及其司法解释确定。

第二节　新旧司法解释下起诉期限的衔接

【典型案例】

一、新法前行为新法后起诉的可适用两年起诉期限

最高人民法院认为：前述新旧司法解释对于同一起诉期限作出了不同的规定，蝶海月酒店等经营户于 2017 年 3 月底至 4 月初知道涉案通知内容并于 2018 年 6 月 29 日提起本案诉讼，是否超出法定起诉期限。（1）适用一年起诉期限造成了当事人客观上起诉不能，影响行政诉讼法立法宗旨的实现。因新司法解释实施而导致蝶海月酒店等经营户在本案中的起诉期限严重缩短，而对此蝶海月酒店等经营户显然无法预知。故适用一年起诉期限于法不符。（2）适用一年起诉期限违反了有利于行政相对人的法律适用原则，不利于当事人诉权的行使。起诉期限属于程序性规定还是实体性规定尚有争议，本案也应从有利于保护行政相对人行使诉权的角度，适用该司法解释有关两年起诉期限的规定，即使不能，亦应自新司法解释施行后从施行日起重新计算一年起诉期限，而不应如二审法院简单地认定本案超出法定起诉期限。

——［2018］最高法行申 11441 号——再审申请人"蝶海月酒店等经营户"诉被申请人云南省大理市人民政府其他行政行为一案

对于《最高人民法院关于适用〈中华人民共和国行政诉讼法〉的解释》施行前作出的行政行为，在确定起诉期限时应当适用当时有效的法律及司法解释确定起诉期限。即，行政机关作出具体行政行为时，未告知公民、法人或者其他组织诉权或者起诉期限的，起诉期限从公民、法人或者其他组织知道或者应当知道诉权或者起诉期限之日起计算，但从知道或者应当知道具体行政行为内容之日起最长不得超过两年。

——［2019］最高法行申 8894 号——再审申请人郭某元诉被申请人山西省长治市城区人民政府行政强制一案

根据马鞍山市雨山区整治非法码头领导小组办公室（代）于 2017 年 10 月 9 日出具的说明，能够证明沙某炳于 2017 年 10 月应当知晓其砂场、码头设备等被强制拆除、拖离。根据当时有效的《最高人民法院关于执行〈中华人

民共和国行政诉讼法〉若干问题的解释》第 41 条第 1 款 "行政机关作出具体行政行为时，未告知公民、法人或者其他组织诉权或者起诉期限的，起诉期限从公民、法人或者其他组织知道或者应当知道诉权或者起诉期限之日起计算，但从知道或者应当知道具体行政行为内容之日起最长不得超过 2 年" 之规定，沙某炳于 2019 年 3 月提起本案诉讼，并未超过法定的起诉期限。一、二审法院法律适用错误，应予纠正。

——［2019］最高法行申 13158 号——再审申请人沙某炳诉被申请人安徽省马鞍山市雨山区人民政府、安徽省马鞍山市雨山区采石街道办事处行政强制拆除一案

关于乔某旅的起诉是否超出法定起诉期限的问题。本案中，五里牌街道办事处于 2017 年 4 月 11 日与张某雄签订《货币补偿协议书》，征收案涉土地、车库及相关住宅，并在之后不久进行了收回、拆除。该行政行为作出时，并未告知乔某旅，乔某旅亦不知其诉权与起诉期限。乔某旅在再审审查时自认其于 2017 年 5 月 16 日知道案涉土地、车库被收回、拆除，于 2018 年 6 月 11 日提起本案诉讼，并未超过 2 年的法定起诉期限。

——［2020］最高法行再 492 号——再审申请人乔某旅诉被申请人湖南省临湘市人民政府等行政征收及行政赔偿一案

银川涪银榨菜有限公司所诉行为发生时及其知道该行为时均在《最高人民法院关于执行〈中华人民共和国行政诉讼法〉若干问题的解释》有效期间，起诉则是在《最高人民法院关于适用〈中华人民共和国行政诉讼法〉的解释》施行后，涉及新旧司法解释如何衔接的问题。"实体从旧、程序从新，兼顾有利于行政相对人"是处理此类问题的一般原则，虽然理论上对于起诉期限是程序性规定还是实体性规定尚存在不同认识，但从有利于行政相对人的立场出发，本案应适用被诉行为发生时有效的《最高人民法院关于执行〈中华人民共和国行政诉讼法〉若干问题的解释》，即起诉期限为 2 年，一审法院根据《最高人民法院关于适用〈中华人民共和国行政诉讼法〉的解释》确定起诉期限，属于适用法律错误，二审法院予以纠正是正确的。

——［2019］最高法行申 1950 号——再审申请人银川涪银榨菜有限公司诉被申请人宁夏回族自治区银川市金凤区人民政府房屋征收行为违法及行政赔偿一案

二、新法前行为新法后起诉的可区分适用起诉期限

对于发生在新司法解释施行之前的行政行为，应当从有利于保护行政相对人合法权益的角度选择法律和司法解释适用，以保护当事人行使诉权为原则。2018 年 2 月 8 日前作出的行政行为，未告知诉权或起诉期限，当事人于 2018 年 2 月 8 日后提起行政诉讼的，应区分情况确定其起诉期限。如当事人自知道或应当知道被诉行政行为之日起至 2018 年 2 月 8 日已届满两年，则当事人于 2018 年 2 月 8 日后起诉既超过两年的起诉期限，也超过一年的起诉期限，应裁定驳回起诉；如当事人自知道或应当知道被诉行政行为之日起至 2018 年 2 月 8 日未届满两年，其起诉期限应截至两年届满之日，但不得超过 2019 年 2 月 7 日。本案中，范某要求撤销的证明行为，系建国门外派出所于 2015 年 7 月 27 日作出，范某于同年 8 月 6 日在 11024 号民事案件，即北京一得阁墨业有限责任公司诉范某证照返还民事案件开庭时被诉证明作为证据予以开示，范某即已知晓被诉证明内容，至 2018 年 2 月 8 日已届满两年。范某于 2018 年 3 月提起本案之诉，既超过两年的起诉期限，也超过一年的起诉期限，且无正当理由。

——［2019］京行申 195 号——再审申请人范某诉被申请人北京市公安局朝阳分局建国门外派出所证明行为一案

——［2019］京行申 19 号——再审申请人北京如意家商店诉被申请人北京市海淀区西北旺镇人民政府确认强制拆除行为违法一案

2018 年 2 月 8 日起施行的《最高人民法院关于适用〈中华人民共和国行政诉讼法〉的解释》第 64 条第 1 款规定，行政机关作出行政行为时，未告知公民、法人或者其他组织起诉期限的，起诉期限从公民、法人或者其他组织知道或者应当知道起诉期限之日起计算，但从知道或者应当知道行政行为内容之日起最长不得超过一年。参照该款规定，行政机关作出行政行为未告知复议期限的，复议期限从申请人知道或者应当知道行政行为内容之日起计算，但最长亦不得超过一年。申请人知道行政行为内容发生在 2018 年 2 月 8 日之前的，申请复议期限应当参照之前的《最高人民法院关于执行〈中华人民共和国行政诉讼法〉若干问题的解释》第 41 条第 1 款规定的两年期限计算。但是，申请人在 2018 年 2 月 8 日之后申请行政复议的，剩余有效期限自 2018 年 2 月 8 日起最长不得超过新司法解释规定的一年期限。

—— [2020] 最高法行申 12454 号——再审申请人翟某军诉被申请人中华人民共和国水利部行政复议一案

【实务应对】

新旧司法解释对于起诉期限作出了不同的规定，在发生冲突时如何正确理解和适用起诉期限显得尤为重要。上述案例给出了一个比较明确的信号，即司法审判应当服务于当事人诉权的保护和纠纷的化解，而不是一味机械地、形式地去适用新法的规定。这种从利于行政相对人诉权保护角度选择适用法律和司法解释的做法，符合新时代下司法为民的宗旨。

司法实践的情况千变万化。对于新旧司法解释之间起诉期限的适用和审查，不同地区的法院有着不同的判断。上述案例，特别是最高人民法院审理的"蝶海月酒店等经营户"诉云南省大理市人民政府其他行政行为一案，给出两点重要的启示：一是在案件的办理中要坚持自己的判断，用法理和情理尽力影响和说服各方，如引用最高人民法院的案例（包括指导性案例、再审案例、典型案例等）就是一种比较有力的说服方式；二是一审法院对起诉期限的判断不一定都正确，在符合法律规定的情况下，切勿轻易放弃二审、再审的机会，特别是由最高人民法院再审的机会一定要把握住。

【经典判例】

大理蝶海月酒店管理有限公司、大理市清庐海悦酒店有限公司
再审审查与审判监督行政裁定书

中华人民共和国最高人民法院

行 政 裁 定 书

[2018] 最高法行申 11441 号

再审申请人（一审起诉人、二审上诉人）大理蝶海月酒店管理有限公司，住所地云南省大理市喜洲镇桃源村南接。

法定代表人孙某敏，该公司总经理。

再审申请人（一审起诉人、二审上诉人）大理市清庐海悦酒店有限公司，住所地云南省大理市喜洲镇桃源村二社。

法定代表人李某峰，该公司总经理。

再审申请人（一审起诉人、二审上诉人）大理市尚渡岛客栈，住所地云南省大理市银桥镇磻溪村委会 11 社。

经营者杨某辉。

再审申请人（一审起诉人、二审上诉人）大理市玺竹海景客栈，住所地云南省大理市银桥镇磻溪村委会北磻 169 号。

经营者赵某初、邱某。

再审申请人（一审起诉人、二审上诉人）大理市喜洲镇桃源喜鹊栖所客栈，住所地云南省大理市喜洲镇桃源村委会弓鱼洞广场古戏台旁。

经营者刘某。

再审申请人（一审起诉人、二审上诉人）大理市品悦桃源客栈，住所地云南省大理市喜洲镇桃源村 2 社 85 号。

负责人陈某广，该客栈总经理。

再审申请人（一审起诉人、二审上诉人）大理市洱海娜里度假客栈，住所地云南省大理市银桥镇磻溪村委会十组 249 号。

经营者刘某刚。

再审申请人（一审起诉人、二审上诉人）大理市远山近水海景客栈，住所地云南省大理市银桥镇磻溪村委会北磻 153 号。

经营者陈某。

再审申请人（一审起诉人、二审上诉人）大理市海平面客栈，住所地云南省大理市银桥镇马久邑村 8 社 20 号。

经营者郭某。

再审申请人（一审起诉人、二审上诉人）大理市朴域海景度假酒店，住所地云南省大理市大理镇才村村委会 9 组。

经营者魏某林。

诉讼代表人大理蝶海月酒店管理有限公司。

诉讼代表人大理市清庐海悦酒店有限公司。

诉讼代表人大理市尚渡岛客栈。

诉讼代表人大理市玺竹海景客栈。

以上再审申请人共同委托诉讼代理人张某刚，北京市盛廷律师事务所律师。

再审申请人大理蝶海月酒店管理有限公司、大理市清庐海悦酒店有限公司、大理市尚渡岛客栈、大理市玺竹海景客栈、大理市喜洲镇桃源喜鹊栖所客栈、大理市品悦桃源客栈、大理市洱海娜里度假客栈、大理市远山近水海景客栈、大理市海平面客栈、大理市朴域海景度假酒店（以下简称"蝶海月酒店等经营户"）因诉云南省大理市人民政府（以下简称"大理市政府"）其他行政行为一案，不服云南省高级人民法院［2018］云行终252号行政裁定，向本院申请再审。本院依法组成合议庭，对本案进行了审查，现已审查终结。

蝶海月酒店等经营户向云南省大理白族自治州中级人民法院起诉称，2017年3月31日，大理市政府作出大府登［2017］3号《大理市人民政府关于开展洱海流域水生态保护区核心区餐饮客栈服务业专项整治的通告》（以下简称"大理市政府3号通告"），从通告第二页的整治内容可知，通告行为对整治范围内客栈经营户的权利义务产生实际影响，而蝶海月酒店等经营户经营的客栈在通告载明的整治范围内，因此蝶海月酒店等经营户与通告行为人之间具有行政诉讼法上的利害关系，即蝶海月酒店等经营户为通告行为的利害关系人。大理市政府作出通告行为前未听取利害关系人的陈述意见，违反正当法律程序。故起诉请求撤销大理市政府3号通告。

云南省大理白族自治州中级人民法院一审作出［2018］云29行初17号行政裁定，认为根据《中华人民共和国行政诉讼法》第13条及《最高人民法院关于适用〈中华人民共和国行政诉讼法〉的解释》第2条第2款的规定，蝶海月酒店等经营户请求撤销的大理市政府3号通告，系大理市政府发布的具有普遍约束力的决定，通告针对的对象不特定，且通告在专项整治期限内能反复适用，故蝶海月酒店等经营户的诉请依法不属于人民法院行政诉讼的受案范围，据此该院裁定对蝶海月酒店等经营户的起诉不予立案。

蝶海月酒店等经营户不服，向云南省高级人民法院提起上诉。云南省高级人民法院二审作出［2018］云行终252号行政裁定，认为根据在案证据及调查，2017年3月31日大理市政府3号通告发布，2018年6月29日蝶海月酒店等经营户向一审法院提起行政诉讼，请求撤销大理市政府3号通告。根据《中华人民共和国行政诉讼法》第46条第1款"公民、法人或者其他组织直接向人民法院提起诉讼的，应当自知道或者应当知道作出行政行为之日起六个月内提出。法律另有规定的除外"及《最高人民法院关于适用〈中华人民共和国行政诉讼法〉的解释》第64条第1款"行政机关作出行政行为时，未告知公民、法人或者其他组织起诉期限的，起诉期限从公民、法人或者其他组织知道或者应当知道起诉期限之日起计算，但从知道或者应当知道行政行为内容之日起最长不得超过一年"的规定，本案中，蝶海月酒店等经营户自 2017 年 3 月底至 4 月初已经知道大理市政府 3 号通告的内容，其向人民法院提起行政诉讼的时间为 2018 年 6 月 29 日，已经超过了一年的起诉期限。一审法院以蝶海月酒店等经营户起诉的大理市政府 3 号通告属于具有普遍约束力的决定不属于人民法院行政诉讼受案范围的认定缺乏依据，该院予以纠正。但一审法院对蝶海月酒店等经营户请求撤销大理市政府 3 号通告不予立案结果正确。据此，依照《中华人民共和国行政诉讼法》第 89 条第 1 款第 1 项之规定，裁定驳回上诉，维持原裁定。

蝶海月酒店等经营户向本院申请再审称，本案应当适用行政行为作出时有效的《最高人民法院关于执行〈中华人民共和国行政诉讼法〉若干问题的解释》有关两年起诉期限的规定，其提起本案诉讼并未超出法定的起诉期限。故请求撤销一、二审裁定，依法再审本案。

本院经审查认为，行政诉讼起诉期限是指法律规定的当事人不服某一行政行为向法院请求司法救济的时间限制。行政诉讼起诉期限制度的价值是多元的：一方面，有利于尊重长期存在的事实状态，维护社会秩序特别是公法秩序的稳定；另一方面，可以敦促当事人及时启动权利救济程序，及早解决行政纠纷，使不确定的行政法律关系尽快确定，从而提高行政管理和公共服务的效率。大理市政府 3 号通告作出时有效的《最高人民法院关于执行〈中华人民共和国行政诉讼法〉若干问题的解释》第 41 条第 1 款规定"行政机关作出具体行政行为时，未告知公民、法人或者其他组织诉权或者起诉期限的，起诉期限从公民、法人或者其他组织知道或者应当知道诉权或者起诉期限之日起计算，但从知道或者应当知道具体行政行为内容之日起最长不得超过 2 年"；而 2018 年 2 月 8 日施行的《最高人民法院关于适用〈中华人民共和国行政诉讼法〉的解释》第 64 条第 1 款将该规定修改为"行政机关作出行政行为时，未告知公民、法人或者其他组织起诉期限的，起诉期限从公民、法人或者其他组织知道或者应当知道起诉期限之日起计算，但从知道或者应当知道行政行为内容之日起最长不得超过一年"。

本案再审审查的争议焦点为：前述新旧司法解释对于同一起诉期限作出了不同的规定，蝶海月酒店等经营户于 2017 年 3 月底至 4 月初知道涉案通知内容并于 2018 年 6 月 29 日提起本案诉讼，是否超出法定起诉期限。

（一）适用一年起诉期限造成了当事人客观上起诉不能，影响行政诉讼法立法宗旨的实现

本案中，如适用《最高人民法院关于适用〈中华人民共和国行政诉讼法〉的解释》并直接从蝶海月酒店等经营户知道大理市政府 3 号通告内容之日起计算起诉期限，其起诉期限在 2018 年 3 月底 4 月初即已经届满，亦即，该司法解释于 2018 年 2 月 8 日施行之后，蝶海月酒店等经营户仅剩一个多月的起诉期限，而按照行政行为作出时有效的《最高人民法院关于执行〈中华人民共和国行政诉讼法〉若干问题的解释》第 41 条的规定，其尚有一年多的起诉期限。如此，因新司法解释实施而导致蝶海月酒店等经营户在本案中的起诉期限严重缩短，而对此蝶海月酒店等经营户显然无法预知。故适用一年起诉期限违反了"法不溯及既往"原则，亦有悖《最高人民法院关于适用〈中华人民共和国行政诉讼法〉的解释》的制定初衷。

（二）适用一年起诉期限违反了有利于行政相对人的法律适用原则，不利于当事人诉权的行使

《最高人民法院关于审理行政案件适用法律规范问题的座谈会纪要》第三部分规定了"实体从旧、程序从新"并有利于行政相对人的原则，对于发生在新法施行之前的行政行为应当从有利于保护行政相对人合法权益的角度选择法律及司法解释适用。故虽然起诉期限属于程序性规定还是实体性规定尚有争议，但在行政行为作出时有效的《最高人民法院关于执行〈中华人民共和国行政诉讼法〉若干问题的解释》规定的起诉期限较长的情形下，本案也应从有利于保护行政相对人行使诉权的角度，适用该司法解释有关两年起诉期限的规定，即使不能，亦应自《最高人民法院关于适用〈中华人民共和国行政诉讼法〉的解释》施行后从施行日起重新计算一年起诉期限，而不应如二审法院简单地认定本案超出法定起诉期限。

另，在加快生态文明体制改革，建设美丽中国，将生态文明建设放在突出地位的当下，大理市政府为切实减轻洱海入湖污染负荷、促进洱海水质稳定改善而作出大理市政府 3 号通告。对于该通告是否违反法律规定，本院不予审查，可由原审法院受理后依法审理。

综上，二审法院认定蝶海月酒店等经营户提起本案诉讼超过法定一年起诉期限，与"法不溯及既往"的法理相违背，亦不利于蝶海月酒店等经营户依法行使诉权，且缺乏法律及司法解释依据。本案依法应予再审。蝶海月酒

店等经营户的再审申请符合《中华人民共和国行政诉讼法》第91条规定的情形。依照《中华人民共和国行政诉讼法》第92条第2款,《最高人民法院关于适用〈中华人民共和国行政诉讼法〉的解释》第116条第1款、第118条第2款之规定,裁定如下:

一、指令云南省高级人民法院再审本案;

二、再审期间,中止原裁定的执行。

审 判 长　杨科雄

审 判 员　李智明

审 判 员　李德申

二〇一八年十二月二十八日

法官助理　曹　巍

书 记 员　朱小玲

第三节　"知道"或者"应当知道"的判断

【典型案例】

一、"知道"或者"应当知道"的具体含义

所谓"知道",是指有充分证据证明,起诉人知道作出被诉行政行为的时间;所谓"应当知道",是指法官遵循自身职业道德,运用逻辑推理和生活经验,根据相关证据,推定起诉人知道作出被诉行政行为的时间。判断行政行为的相对人与行政行为是否有利害关系,应当看行政行为是否对相对人的权利义务造成实质上的影响。

——[2019]最高法行申10506号——再审申请人区某诉被申请人广东省江门市××海区人民政府礼乐街道办事处等土地行政强制一案

二、知道或应当知道并非简单看到或存疑知道

知道或者应当知道行政行为内容的时点是起算起诉期限的前提和基础。公民、法人或者其他组织提起行政诉讼,应当是针对其确信是真实的行政行为。若起诉人尚对是否存在被诉行政行为存疑,便起算起诉期限,则有违设

置起诉期限制度的本意。知道或者应当知道行政行为的内容并非简单的"看到"。本案中,尽管再审申请人在起诉状中自认其在与智某海的交涉中,智某海向其出示了10615599号证,但智某海系另一自然人,并非主管行政机关或者其他有权机关,仅此事实难以认定其已经在行政诉讼法意义上知道或者应当知道该颁证行为。二审法院对再审申请人至迟在其自认2013年4月将智某海起诉到吴忠市利通区人民法院金积法庭时就知道或者应当知道10615599号证的认定不当。同时,本案亦无证据证明在再审申请人提起相关民事诉讼之前,其已经从再审被申请人吴忠市人民政府、吴忠市国土资源局等有权机关处获知该证的真实性,亦难以起算起诉期限。从本案相关情况看,只有本案一审法院所作另案终审民事判决关于再审被申请人吴忠市人民政府于2011年8月22日为智某海颁发10615599号证的认定,才能使再审申请人达到合理的内心确信。对于再审申请人而言,行政行为的内容至此才算具有确定性,才使其确信该证的存在已影响到其合法权益。再审申请人其后于2018年7月23日首次就10615599号证提起行政诉讼并未超过行为时有效的《最高人民法院关于执行〈中华人民共和国行政诉讼法〉若干问题的解释》第41条第1款规定的两年的起诉期限。一、二审法院关于再审申请人的起诉已超过法定起诉期限的认定构成适用法律错误,依法应予纠正。

——〔2019〕最高法行申7845号——再审申请人马某芳诉被申请人宁夏回族自治区吴忠市人民政府土地行政登记一案

三、仅在网站公布未向起诉人实际告知不能作为起算点

再审申请人于2014年3月12日以每亩28 576.80元标准获得补偿款,其提起本案诉讼要求增加征地补偿费的依据为晋政发〔2013〕22号《山西省人民政府关于调整全省征地统一年产值标准的通知》。虽晋政发〔2013〕22号文件于2013年6月9日已在山西省人民政府网站公布,但是该文件仅是在网站予以公布,被申请人未能举证证明向再审申请人告知了该文件的内容,因此并不能以此推断再审申请人于此时已经知道该文件的存在及相关内容。再审申请人同村的其他村民因晋政发〔2013〕22号文件于2015年7月27日得到增加补偿款,再审申请人主张其于此时知道晋政发〔2013〕22号文件及应当增加补偿,具有合理性。

——〔2018〕最高法行申9014号——再审申请人郝某明诉被申请人山西

省屯留县（区）人民政府土地行政补偿纠纷一案

四、知道的具体程度不必然影响提起行政诉讼

本案的核心问题是莱州市双联农业机械有限公司（以下简称"双联公司"）的起诉是否超过法定起诉期限。所谓的"知道行政行为"，主要是指知道或者应当知道行政行为对当事人的权利状态产生影响这一必要内容即可。换言之，起诉人知道行政行为的程度，并不必然影响或阻碍其依法提起行政诉讼。本案中，根据原审法院查明的事实，双联公司最迟于 2014 年 7 月 7 日申请查封一审第三人莱州镇豪机械有限公司名下的土地时，就应当已经知道了案涉行政行为以及该行为给自己权利造成的影响，此时，其提起本案诉讼的时机已经成熟。事实上，2015 年 6 月 23 日，双联公司曾就本案被诉行为以莱州市国土资源局为被告提起行政诉讼，要求撤销本案所涉土地的变更登记，莱州市人民法院于其时向双联公司释明被告主体错误，并要求其变更被告，但双联公司予以拒绝，导致其起诉被两审法院驳回，起诉期限被耽搁。此后，双联公司于 2016 年 12 月变更被告后，就同一行为提起本案诉讼已经超过起诉期限，此种情况不属于《行政诉讼法》第 48 条规定的"公民、法人或者其他组织因不可抗力或者其他不属于其自身的原因耽误起诉期限"的情形，原审法院以超过起诉期限为由，裁定驳回其起诉，并无不当。

——［2019］最高法行申 12267 号——再审申请人莱州市双联农业机械有限公司诉被申请人山东省莱州市人民政府土地行政登记一案

由于法律设定起诉期限制度的目的，在于充分保障并督促当事人及时行使诉讼权利，在维护社会秩序和公法秩序的稳定与权利救济之间达成一定的平衡。因此，此处所谓的"知道行政行为"，主要是指知道或者应当知道行政行为对当事人的权利状态产生影响这一必要内容即可。换言之，起诉人知道行政行为的程度，并不必然影响或阻碍其依法提起行政诉讼。本案中，再审申请人自认"知道大概从 2013 年开始土地被占用于修建一个沿河公园，但不知道占地主体、不知道占地面积、不知道土地是否被征收"。如前所述，不知道占地主体、不知道占地面积、不知道土地是否被征收均不影响诉权的行使。此外，根据原审法院查明的事实，被申请人自 2015 年 2 月 13 日起多次向禹城市十里望回族镇前河套村民委员会支付了徒骇河风景区占地补偿款，村委会及部分村民领取了补偿款，村委会至迟在 2015 年 2 月 13 日就已经知道被诉占

用土地行为的事实。再审申请人虽主张"村委会干部和部分被占地村民对占地一事知情不代表全体村民知情",但本案是过半数村民以村委会名义起诉,村委会是本案的诉讼当事人,法律并未要求所有村民都"知道行政行为"。综上所述,再审申请人于2017年6月19日提起本案诉讼,明显超过了两年的法定起诉期限。

——〔2019〕最高法行申10933号——再审申请人禹城市十里望回族镇前河套村民委员会(宋某莲等702名村民)诉被申请人山东省禹城市人民政府违法占地一案

五、被征收人知道时间可依领取补偿款日期推定

李某贵等人虽主张其不知道七星区人民政府实施征地及签订《征收土地协议书》的内容,但这些内容是调查清点地面附着物、计算支取补偿费的前提、依据与标准,李某贵等人参与了地面附着物的清点调查,领取了征地补偿款及地面附着物补偿款,就可推定其应当知道这些行政行为的内容。李某贵等人主张,再审申请人借款不能推定知道被诉行政行为的具体内容、知道土地被征收也不能推定知道征收的具体内容、未借款的再审申请人不知道被诉行政行为具体内容,这些申请再审理由均不能成立。

——〔2017〕最高法行申2606号——再审申请人李某贵等26人诉被申请人广西壮族自治区桂林市七星区人民政府等土地行政征收一案

六、强拆起诉期限从知道拆除事实和主体时计算

本案起诉期限应当从甘肃兴临建筑工程有限公司(以下简称"兴临建筑公司")知道或者应当知道案涉强制拆除行为的内容之日起计算。一般来说,强制拆除行为的内容,应该包括房屋被拆除的事实和实施拆除行为的主体,如果仅是知道房屋被拆除的事实,缺乏明确的行为主体,无法提起诉讼。由于在案涉房屋被强制拆除之前,兴临建筑公司没有收到兰州市城市管理综合行政执法局高新技术产业开发区分局(以下简称"高新区城管执法局")的任何告知,强制拆除时兴临建筑公司也不在现场,兴临建筑公司主张其不知道案涉房屋为谁所拆,直到2017年6月从其他案件的判决书中才确切知道案涉房屋系被高新区城管执法局强制拆除,是合乎情理的。本案从2017年6月起算,兴临建筑公司没有超过起诉期限。

——［2019］最高法行申 2092 号——再审申请人兰州市城市管理综合行政执法局高新技术产业开发区分局与被申请人甘肃兴临建筑工程有限公司行政强制执行一案

【实务应对】

"知道"或者"应当知道"是从主观状态来判断相对人起诉期限的重要方面。从上述案例中我们可以看到，最高人民法院通过再审案例的形式逐渐明晰了"知道"或者"应当知道"的具体含义和判断标准。其中关键的是，如何判断"知道"或者"应当知道"的程度问题。最高人民法院认为，并非要求相对人知道行政行为的所有内容方可起诉，而是以"必要内容"为判断标准：一是知道的程度足以使相对人确定其权益受损；二是知道的内容足以使相对人确定"起诉谁"（起诉对象）和"向谁起诉"（受理法院）即可。[1]

最高人民法院提出的"知道"或者"应当知道"的"必要内容"判断标准，是把双刃剑。一方面，正向地告知当事人，"知道"或者"应当知道"并非简单的"看到"或"存疑"知道，而是应"合理确信"实际知道了行为内容或起诉期限，否则法院就不能以超过起诉期限为由不予受理或者驳回起诉；另一方面，反向地告知当事人，只要"知道"或者"应当知道"的"必要内容"达到了"合理确信"程度，就应当及时提起行政诉讼保护自身合法权益，如果等到达到百分之百"确凿无疑"的程度再去提起行政诉讼，法院就会以超过起诉期限为由不予受理或者驳回起诉。

【法律法规】

《最高人民法院关于审理涉及农村集体土地行政案件若干问题的规定》

第九条　涉及农村集体土地的行政决定以公告方式送达的，起诉期限自公告确定的期限届满之日起计算。

《国务院法制办公室〈关于认定被征地农民"知道"征收土地决定有关问题的意见〉》（国法［2014］40 号，部分摘取）

一、申请人对行政机关已经发布征收土地公告的主张提出异议，行政机

---

[1]　最高人民法院行政审判庭编著：《最高人民法院行政诉讼法司法解释理解与适用》（下），人民法院出版社 2018 年版，第 329 页。

关不能提供证据的，不能认定申请人知道征收土地决定。

二、行政机关能够提供下列证据之一，经查证属实的，可以作为认定依法发布了征收土地公告的证据。

（一）行政机关出具的在被征收土地所在地的村、组内张贴公告的书面证明及视听资料；征收乡（镇）农民集体所有土地的，出具的在乡（镇）人民政府所在地张贴公告的书面证明及视听资料；

（二）被征地农民出具的证实其被征收土地已张贴公告的证言等证据。

征收土地公告有确定期限的，可以认定申请人自公告确定的期限届满之日起知道征收土地决定；征收土地公告没有确定期限的，可以认定申请人自公告张贴之日起满10个工作日起知道征收土地决定。

三、行政机关不能提供发布征收土地公告的相关证据，但是能够举证证明已经按照法律法规和规章的规定发布了征收土地补偿安置公告，且在公告中载明了征收土地决定的主要内容，经查证属实的，可以视为申请人自公告确定的期限届满之日起知道征收土地决定；公告没有确定期限的，可以视为申请人自公告张贴之日起满10个工作日起知道征收土地决定。

四、行政机关不能提供发布征收土地公告或者征收土地补偿安置公告的证据，但是能够举证证明申请人在征收土地决定作出后有下列行为之一，经查证属实的，可以视为申请人自该行为发生之日起知道征收土地决定：

（一）已经办理征收土地补偿登记的，自申请人办理征收土地补偿登记之日起；

（二）已经签订征收土地补偿协议的，自申请人签订征收土地补偿协议之日起；

（三）已经领取征收土地补偿款或者收到征收土地补偿款提存通知的，自申请人领取征收土地补偿款或者收到征收土地补偿款的提存通知之日起；

（四）已经签订房屋拆迁协议的，自申请人签订房屋拆迁协议之日起；

（五）对补偿标准存有争议，已经申请县级以上地方人民政府进行协调的，自申请人申请协调之日起。

同时存在上述两种或者两种以上行为的，以最早可以认定的知道征收土地决定的时间为准。

五、行政机关不能证明有本意见第二条至第四条情形，但是能够举证证明申请人通过行政复议、政府信息公开、信访、诉讼等其他途径知道征收土地决定主要内容，经查证属实的，可以认定申请人自有证据证明之日起知道征收土地决定。

第四节　不动产和不履责案件起诉期限的判断

【典型案例】

一、行政行为导致不动产物权变动的判断标准

本案真正存在争议的是何为"因不动产"，亦即如何界定"因不动产提起的行政诉讼"。通说认为，一般是指因行政行为直接针对不动产而引起的行政纠纷，而不应当扩大解释为与不动产有任何联系的行政纠纷。所谓"因行政行为导致不动产物权变动"，是指因行政行为直接导致不动产物权设立、变更、转让、消灭等法律效果。亦即，适用20年最长保护期限的案件，仅限于"因行政行为导致不动产物权变动而提起的诉讼"。

——［2017］最高法行申8347号——再审申请人张某义、张某奇诉被申请人山西省五台县人民政府行政处理一案

二、公有住房承租权变更行为适用20年起诉期限

《最高人民法院关于适用〈中华人民共和国行政诉讼法〉的解释》第9条第1款规定，《行政诉讼法》第20条规定的"因不动产提起的行政诉讼"是指因行政行为导致不动产物权变动而提起的诉讼。该条款虽然是对《行政诉讼法》第20条的解释，但也同样适用于该法第46条第2款，即适用20年最长保护期限的案件仅限于"因行政行为导致不动产物权变动而提起的诉讼"。直管公房是由政府公房管理部门或政府授权经营管理单位依法直接进行经营和管理的国有房屋。从现行公有房屋管理制度和公有住宅承租实践看，公有住房承租人享有的租赁权具有准物权性质，公有住房承租人的变更行为涉及原承租人的重大居住权益及其他合法权益，其实际效果与导致不动产物权变动的行政行为类似。当事人对该变更行为不服提起的行政诉讼，属于"因不动产提起的诉讼"并适用《行政诉讼法》第46条第2款规定的20年最长起诉期限。

——［2017］最高法行申3851号——再审申请人刘某秋诉被申请人北京市西城区人民政府公房承租人变更一案

《北京市人民政府关于城市公有房屋管理的若干规定》第16条规定："本规定执行中的具体问题，由市房屋土地管理局负责解释。"北京市房地产管理局根据该规定，统一制定了《北京市公有住宅租赁合同》。该合同虽属示范性的合同文本，但实践中北京市各区县房地产管理局、自管房单位、房产经营单位均依据该合同中的相关条款进行公有住宅的管理，且已经成为一种惯例。《北京市公有住宅租赁合同》第7条规定："租赁期限内，乙方同一户籍共同居住一年以上又无其他住房的家庭成员愿意继续履行原合同，其他家庭成员又无异议的，可以办理更名手续。"从该条规定的适用情况以及公有房屋承租实践看，公有房屋承租人的变更行为涉及原承租人家庭成员的重大居住权益，其实际效果与导致不动产物权变动的行政行为类似。案涉公有房屋原承租人为刘某会。原北京市崇文区房屋土地管理局天坛管理所于2002年4月23日将案涉公有房屋承租人变更为王某。再审申请人对该变更行为不服提起行政诉讼，故应适用《行政诉讼法》第46条第2款规定的20年的起诉期限。一、二审裁定适用该款规定的5年的起诉期限确有错误，应予纠正。

——［2017］最高法行申2591号——再审申请人刘某香、黄某潇、黄某海诉被申请人北京市东城区人民政府公房承租人变更一案

公房租赁是将国家、单位所有的房屋赋予特定相对人使用权的公益性住房制度安排，变更公房承租人行为将对房屋原使用权人产生影响。故相对人或利害关系人因此类行为提起的行政诉讼，属于上述法律规定的"因不动产提起诉讼"的范畴。刘某香、黄某潇、黄某海认为，北京市东城区人民政府将诉争房屋承租人变更为王某的行政行为，对其居住使用权构成了重大影响，且其提起的行政诉讼，未超过法律规定的20年的起诉期限，人民法院应予受理。原审裁定确有错误，再审予以纠正。

——［2019］京行再9号——再审申请人刘某香、黄某潇、黄某海诉被申请人北京市东城区人民政府公房承租人变更一案

三、行政机关明确拒绝履责的应即时计算起诉期限

在依职权履行法定职责案件中，如行政机关已经明确拒绝履行法定职责，说明原告已经知道不履行法定职责行为的存在，即应开始计算起诉期限。本

案中，原高阳镇人民政府于 2008 年将 463-2 号、463-3 号合同原件收回，并就案涉房屋搬迁补偿事宜与周某斌签订了 463 号补偿合同。周某斌等 3 人上访过程中，昭君镇人民政府、兴山县人民政府又分别于 2011 年 9 月 8 日、2011 年 12 月 14 日作出信访处理意见与信访复查意见，明确对周某斌等 3 人的补偿要求不予支持。因此，周某斌等 3 人最迟在 2011 年 12 月 14 日就已经知道被诉不履行法定职责行为。周某斌等 3 人于 2017 年 6 月提起本案行政诉讼，已经超过当时 2 年的法定起诉期限。

——［2019］最高法行申 11781 号——再审申请人周某斌等 3 人诉被申请人湖北省兴山县人民政府、湖北省兴山县昭君镇人民政府等不履行补偿安置协议法定职责一案

四、当事人再次申请仍不履责的可重新计算起诉期限

行政机关没有履行法定职责，且没有作出处理决定的，其履责义务呈持续存在状态，不因为超过起诉期限而免除。超过 6 个月起诉期限，公民、法人或者其他组织再次提出履责申请的，行政机关有义务继续履行，否则仍然构成不履行法定职责。此为行政机关新的不履责行为，与已超过起诉期限的前一个不履责行为不是同一个行政行为，公民、法人或者其他组织在行政机关 2 个月履责期限届满之日起 6 个月内提起行政诉讼的，人民法院应当依法受理。本案中，张某凡未能提供其曾经向嫩江县人民政府提出申请的证据，一、二审法院虽裁定不予立案，但对其向嫩江县人民政府请求发放移民安置补偿款，并不具有拘束力，张某凡可以重新向嫩江县人民政府提出履责申请，并根据上述法律和司法解释规定的起诉期限，另行提起行政诉讼。

——［2018］最高法行申 11122 号——再审申请人张某凡诉被申请人黑龙江省嫩江县人民政府不履行法定职责一案

五、《行政诉讼法》规定的 2 个月履责重在启动处理并非确定答复期限

本案所涉济南市自然资源规划局对案外人作出处罚后，被上诉人及时将案件处理结果告知了上诉人，履行了告知义务，被上诉人什么时候告知上诉人处理结果受处理时间和结论的羁束，上诉人请求确认被上诉人逾期告知或答复违法没有事实根据。《行政诉讼法》第 47 条是指针对当事人的相关申请行政机关 2 个月内不履行法定职责的可以判定其履行或确认违法，但不能以

此期间确定答复时间。上诉人如认为涉案行政处罚超期，可依法另行提起诉讼。

——［2022］鲁01行终344号——上诉人李某某诉被上诉人济南市钢城区自然资源局不履行法定职责一案

【实务应对】

《行政诉讼法》规定，因不动产提起诉讼的案件适用20年的最长起诉期限。相关司法解释又明确这涉及的是"因行政行为导致不动产物权变动而提起的诉讼"。"不动产物权变动"不应宽泛化，通常指的是物权的设立、变更、转让、消灭等，只有行政行为导致不动产物权的这些变动时，方可适用20年的起诉期限。

对于公有住房本身属于不动产本无异议，但对于公有住房承租权的变动是否可以适用20年最长起诉期限常有争议。目前，司法实践中秉持了这么一种判断标准，即公有住房承租权的变动涉及承租人的重大权益，其实际效果与导致不动产物权变动的行政行为类似。这种判断标准，回应了这一争议，有利于最大限度地保障公有住房承租人的诉权。

对于行政机关拒绝履责的行为，相对人应当及时起诉，这种及时性来自相对人"知道"了行政机关不履责的事实，及时行使诉权有利于保护自身合法权益。若超过法定6个月的起诉期限，其就丧失了起诉权，但可以通过再次要求行政机关履责的方式重新计算起诉期限。这对于保障行政相对人的诉权，敦促行政机关及时履行法定义务而言，具有积极的促进意义。

上述案例对于司法实务工作者正确认识不动产和不履责案件的起诉期限具有重要的启示意义。一是厘清了不动产物权变动的具体含义；二是明确了公有住房承租权变更的"类物权"属性；三是告知了我们对于不履责行为应及时起诉，同时明晰了对同一行政机关提出的前后两次履责申请，应分别适用行政诉讼的不同起诉期限。

【法律法规】

《中华人民共和国行政诉讼法》

第四十六条 公民、法人或者其他组织直接向人民法院提起诉讼的，应当自知道或者应当知道作出行政行为之日起六个月内提出。法律另有规定的除外。

因不动产提起诉讼的案件自行政行为作出之日起超过二十年，其他案件自行政行为作出之日起超过五年提起诉讼的，人民法院不予受理。

第四十七条　公民、法人或者其他组织申请行政机关履行保护其人身权、财产权等合法权益的法定职责，行政机关在接到申请之日起两个月内不履行的，公民、法人或者其他组织可以向人民法院提起诉讼。法律、法规对行政机关履行职责的期限另有规定的，从其规定。

公民、法人或者其他组织在紧急情况下请求行政机关履行保护其人身权、财产权等合法权益的法定职责，行政机关不履行的，提起诉讼不受前款规定期限的限制。

第五节　起诉期限可扣除的实践情形分析

【典型案例】

一、基于政府信赖等待处理结果耽误的期间应扣除

当事人基于对行政机关的信赖，等待行政机关就相关争议事项进行协调处理的时间，属于《行政诉讼法》第48条第1款规定的因"其他不属于其自身的原因"被耽误的时间，不应计算在起诉期限内。

——［2019］最高法行再63号——再审申请人刘某民诉被申请人黑龙江省哈尔滨市人民政府、黑龙江省方正县人民政府撤销行政复议、行政赔偿一案

所谓"不属于其自身的原因耽误的起诉期限"，是指在有效起诉期限内，基于地震、洪水等客观原因无法起诉而耽误的时间，或者基于对有关国家机关答应处理涉案争议的信赖，等待其处理结果而耽误的时间。因放弃法定起诉救济权利申诉上访，或者所谓"没有经济能力维权"、村民组长长期在外经商等原因耽误法定起诉期限的，均不属于依法应当扣除起诉期限的情形。

——［2017］最高法行申7741号——再审申请人海南省文昌市翁田镇明月村民委员会上崀三村民小组诉被申请人海南省文昌市人民政府等土地确权及行政复议一案

行政相对人就争议问题向行政机关申请协商解决后，行政机关同意予以

处理，后因对行政机关的处理结果不服，行政相对人提起诉讼前，因旅顺海渔局同意为单某某修理船舶，对于单某某等待行政机关针对赔偿问题处理的时间，应认定为"不属于其自身的原因耽误的起诉期限"，在计算起诉期限时，对该时间应予扣除。

——〔2021〕最高法行申3413号——再审申请人单某某诉被申请人辽宁省大连市旅顺口区农业农村局扣押船舶并赔偿一案

二、因行政机关错误告知而耽误的期间应予扣除

本案中，王某因房屋被强制拆除以昆明高新技术产业开发区管理委员会为被申请人向昆明市人民政府提出行政复议，昆明市人民政府告知系其他村民拆除，属于民事主体之间的民事侵权纠纷。直至2015年12月25日王某通过政府信息公开的方式获知其房屋系昆明高新技术产业开发区管理委员会拆除，进而提起本案之诉。王某在案涉房屋被拆除后没有及时提起行政诉讼的原因，与复议机关的错误告知具有密切联系，该期限利益不应当因复议机关的错误告知而丧失。王某自2010年10月25日申请行政复议至2015年12月25日通过政府信息公开获取新的证据之间的时间依法应当被扣除。在获取新证据之后，王某及时申请行政复议、提起行政诉讼，积极寻求权利救济，具有合理性，并未超过起诉期限。二审法院认为王某自2010年8月20日起就知道了本案被诉行政行为的内容，于2016年提起本案诉讼已超过法律规定的起诉期限，属于适用法律错误。

——〔2019〕最高法行申6077号——再审申请人王某诉被申请人昆明高新技术产业开发区管理委员会房屋行政强制拆除一案[1]

三、因法院原因导致的起诉期限超期应予扣除

（一）法院审理前案耽误后案诉讼的期间应扣除

针对同一诉讼目的，当事人基于不同的救济路径提起了两个不同的诉讼。因人民法院审理前案而耽误当事人提起本案行政诉讼的期间，是当事人基于对人民法院审理该案的信赖而耽误的期间，依法应当予以扣除。本案中，

---

[1] 再审申请人马某池诉被申请人昆明高新技术产业开发区管理委员会房屋行政强制拆除一案（〔2019〕最高法行申10410号）也持该种观点。

2016 年 6 月 6 日，海口市中级人民法院受理洪某芬提出的请求判令琼山区人民政府履行土地确权法定职责的行政诉讼，并于 2016 年 9 月 12 日作出[2016] 琼 01 行初 216 号驳回起诉行政裁定，在该案的起诉状中，洪某芬自认知道被诉颁发第××号国有土地使用权证的事实，洪某芬的起诉期限应当从其起诉之日起开始计算。但是，洪某芬提起该案的诉讼目的与本案（撤销海口市人民政府给海口红城湖公园管理有限公司颁发第××号国有土地使用权证的行政行为）的诉讼目的一致，都是维护其主张的宅基地使用权，只是救济路径不同而已。因人民法院审理前述案件而耽误洪某芬提起本案行政诉讼的时间，是洪某芬基于对人民法院审理该案的信赖而耽误的时间，依法应当予以扣除。洪某芬的起诉期限应当从 2016 年 9 月 12 日后收到该案一审判决书之日起开始计算，满 6 个月起诉期限届满。即，洪某芬的起诉期限应当在 2017 年 3 月 12 日后方才届满，其于 2017 年 2 月 14 日提起本案行政诉讼，并未超过法定起诉期限，二审法院以超过起诉期限为由裁定驳回洪某芬的起诉理由不当，本院予以指正。鉴于本案处理结果正确，再审徒增诉累，本院不予再审。

——[2018] 最高法行申 7775 号——再审申请人洪某芬诉被申请人海口市人民政府土地行政登记一案

（二）因选择管辖法院出错导致起诉期限超过的期间应扣除

判断超过起诉期限是否具备正当理由，应当充分考虑原告是否已经积极行使诉权，起诉期限是否因不属于其自身的原因而被耽误。因复议机关作出的复议决定并未明确指出应当提起诉讼的具体的人民法院，对此，当事人在法定期限内向无管辖权的人民法院提起行政诉讼。后经法院释明，当事人在合理期限内再次向有管辖权的人民法院递交了起诉状，说明当事人一直在积极行使诉权，即使存在错误选择管辖法院的情形，也不应因此承担不利后果。换句话说，当事人的起诉超过起诉期限，应当认为具备正当理由。本案中，陈某燕、庄某涛于 2015 年 2 月 15 日收到贵阳市人民政府的行政复议决定，该行政复议决定告知其不服该复议决定可在 15 日内向法院起诉。但由于该复议决定并未明确指出应当提起诉讼的具体的人民法院，陈某燕、庄某涛于 2015 年 3 月 1 日通过邮寄方式向云岩区人民法院提起行政诉讼。陈某燕、庄某涛从 2 月 15 日收到贵阳市人民政府的行政复议决定到 3 月 1 日向云岩区人民法院邮寄行政起诉状，时间是 14 天，并没有超过 15 天的法定起诉期限，即陈某燕、庄某涛在法定起诉期限内积极行使了诉权。因行政案件级别管辖调整的原因，对本案无管辖权的云岩区人民法院在收到陈某燕、庄某涛邮寄的起诉状后，于 3 月 10 日向陈某燕、庄某涛邮寄释明函、原起诉材料，告知其应依法另行向有管辖权的贵阳市中级人民法院起诉，并不违反法律规定。陈某燕、庄某涛于 3 月 11 日收到释明函后，于 3 月 17 日即向本案一审法院邮寄行政起诉状，亦没有怠于行使诉权。综上来看，虽然陈某燕、庄某涛没有按照管辖规定直接向本案一审管辖法院贵阳市中级人民法院起诉，但经过云岩区人民法院的释明，陈某燕、庄某涛在合理期限内再次向贵阳市中级人民法院递交了起诉状，说明陈某燕、庄某涛一直在积极行使诉权，即使存在错误选择管辖法院的情形，也不应因此承担不利后果。换句话说，陈某燕、庄某涛的起诉超过起诉期限，应当认为具备正当理由。

——［2016］最高法行再 105 号——再审申请人陈某燕、庄某涛诉被申请人贵州省贵阳市人民政府等房屋征收补偿决定一案

适格被告应当是街道办事处，而不应为区政府，当事人以区政府为被告（向中级人民法院）提起诉讼属于被告不适格。审理案件的中级人民法院经审查发现上述情形，应当告知原告变更被告。如果经释明原告拒绝变更，可以裁定驳回起诉；如果原告经释明同意变更被告，则可将本案移送有管辖权的基层人民法院。然而，审理案件的中级人民法院径自以原告不能证明被诉行为系区政府所为为由予以驳回，理由显有不当。鉴于法院未告知变更被告并不妨碍当事人就适格被告向有管辖权的基层人民法院提起诉讼，且虑及当事人主观上一直试图通过行政诉讼渠道寻求救济，因本案耽误的时间可不计算在起诉期限之内。

——［2018］最高法行申 5472 号——再审申请人张某强诉被申请人山东省济南市历城区人民政府行政强制一案

（三）因法院不立案造成的超期应予扣除

从文义解释的角度出发，《最高人民法院关于执行〈中华人民共和国行政诉讼法〉若干问题的解释》第 32 条第 3 款是任意性规定，而非强制性规定。起诉人"可以"向上一级人民法院申诉或起诉，而非"必须"或者"应当"，此系赋予当事人选择的权利。即，当事人可以向上一级人民法院申诉或起诉，也可以不向上一级人民法院申诉或起诉。本案中，周某寿等 7 人已在法定期限内（2010 年 3 月 22 日）向人民法院提起了诉讼，起诉时未超过起诉期限。

周某寿等 7 人为维护其权益于 2017 年再次起诉，两次起诉虽相隔七年，但第一次起诉时，宁德市中级人民法院对周某寿等 7 人的起诉未予立案、审理，并未作出书面裁定明确告知不予立案，周某寿等 7 人期间也一直通过相关途径主张权利。此外，房屋同时被强拆而另案起诉的部分当事人，相关诉求已经得到法院支持。本案非因当事人自身原因不能立案，应当对其权利予以保障。

——［2020］最高法行再 168 号——再审申请人周某寿等 7 人诉被申请人福建省宁德市城乡规划局等行政强制一案

再审申请人在法定期间内已经向有管辖权的一审法院递交了行政起诉材料，且就其行政起诉立案问题多次向相关部门反映情况。因此，一、二审法院关于案涉强制收治行为发生在 2010 年 12 月 28 日至 2011 年 2 月 1 日，再审申请人于 2016 年 8 月向法院提起诉讼超过法定最长起诉期限的认定，与事实不符，应予纠正。

——［2017］最高法行申 3663 号——再审申请人朱某冬诉被申请人湖北省武汉市人民政府、武汉市江岸区人民政府、武汉市公安局江岸区分局、武汉市江岸区一元街办事处确认行政行为违法一案

四、民事诉讼耽误的期限扣除及重新计算问题

（一）因民事诉讼耽误期限可以扣除的考虑因素

从合理性上看，本案具有在当时条件下政府发文、收储土地用于旧屋区改造、适用《城市房屋拆迁管理条例》推进项目建设之背景，即便赵某萍以相关民事主体为被告启动的是民事诉讼，也应视为及时寻求了司法救济。在强制主体至今仍存争议、需要进一步判断强拆活动是否带有行政因素的情形下，不宜苛求赵某萍在当时应当知晓究竟是启动民事诉讼还是行政诉讼，特别是涉案民事诉讼历经十年，几经周折，福建省福州市中级人民法院于 2016 年 12 月 30 日才作出［2015］榕民再终字第 93 号生效判决，认为确认强制拆除赵氏祠堂违法的诉讼请求不属于民事审判范围，判令福州仓山国有资产营运有限公司、福建省福州市房屋征收工程处在报刊上刊登赔礼道歉声明，驳回其他诉讼请求。在这十年的审理期间，法院既没有依职权将案件转至行政庭进行审理，亦未告知赵某萍"确认被告拆除岭后原赵氏祠堂违法"的诉请属于行政诉讼受案范围。由于法院未尽到告知义务致使赵某萍多年来一直未

启动本案行政诉讼，直至上述民事判决作出后，其于2017年8月29日提起本案行政诉讼。故存在起诉期限的合理扣除事由，本案应当认可赵某萍等7人有关起诉期限未超期的合理主张。

——〔2019〕最高法行申1292号——再审申请人赵某萍等7人诉被申请人福建省福州市仓山区人民政府行政强制一案

（二）应从民事判决生效之日起计算起诉期限

本案中，虽然可以认定再审申请人谷某青、李某明于2007年8月4日在〔2007〕舞民初字第293号谷某青、李某明等人诉舞阳县腾达通运有限公司、赵某杰侵权纠纷一案的庭审中知道了被诉房屋所有权证的存在。但是，一方面，由于起诉期限设定的立法初衷，在于防止行政相对人怠于行使诉权，故在再审申请人已就相关争议提起民事诉讼的情况下，民事诉讼的审理期间应当依据《行政诉讼法》第48条之规定，予以排除，而不应计入起诉期限；另一方面，本案中，再审申请人谷某青、李某明虽然在民事诉讼过程中知道了被诉行政行为，但根据《行政诉讼法》第25条第1款和第49条的规定，知道行政行为并不是当事人提起行政诉讼的充分条件，只有与行政行为具有利害关系的主体才能适格地提起行政诉讼。而具体到本案中，相关民事裁判作出并生效后，再审申请人才能确定其权利义务是否因行政行为而受到生效民事裁判的影响，因此，在当事人于民事诉讼中知道行政行为对其权利义务产生不利影响的情况下，行政诉讼的起诉期限应当从生效民事判决作出之日起计算。据此，由于谷某青、李某明诉舞阳县腾达通运有限公司、赵某杰侵权纠纷一案经过一审、二审、再审等程序，河南省漯河市中级人民法院最终于2016年9月28日作出了生效民事判决，故再审申请人的起诉期限应当从2016年9月28日起计算，其于2016年8月提起本案行政诉讼，不超过前述法定起诉期限。

——〔2019〕最高法行再15号——再审申请人谷某青、李某明诉被申请人河南省舞阳县人民政府及赵某杰土地行政登记一案

——〔2019〕最高法行再16号——再审申请人王某方诉被申请人河南省汤阴县人民政府行政指令一案

五、查找和确定被告的期间应予扣除

只有在公民、法人或其他组织知道或应当知道强制拆除行为的实施主体

之后，才可公允地被视为已较为完整地知道或应当知道行政行为的内容。若公民、法人或其他组织虽认为自身合法权益受到行政行为的侵犯，但不知道、亦不应当知道行为主体，尚思竭诚尽力查找行为主体时，便起算起诉期限，则不合该条款规定的主旨，亦有违设置起诉期限制度的本意。本案现阶段无证据证明再审申请人当时已被明确告知强制拆除行为是哪个行政机关实施，亦无证据证明再审申请人已了解相关情况而基本能够确定行为主体，故法院适用法律错误。

——［2020］最高法行再82号——再审申请人王某萍诉被申请人宁夏回族自治区银川市兴庆区人民政府城建行政强制一案

六、因通过复议和诉讼诉请履责耽误的时间应扣除

本案中，罗坪乡人民政府于2003年9月27日作出《土地权属处理决定书》，至迟于此时，陈某华已经知道了1629号土地证的内容。后因陈某华对该处理决定不服申请复议并提起行政诉讼，石门县人民法院于2004年2月28日作出判决撤销该决定书，判令罗坪乡人民政府重新作出具体行政行为。之后陈某华要求罗坪乡人民政府履行生效判决，但直至2011年5月3日，罗坪乡人民政府方才作出回复，称其无权进行确权。陈某华遂于2011年7月15日向石门县人民政府提交《关于重新确定土地权属的申请报告》，石门县人民政府于2011年10月13日作出不予受理的回复。2003年9月27日起至2011年10月13日，陈某华一直通过申请复议、提起诉讼、要求政府履行生效判决的法律程序解决争议，上述期间属于非因陈某华自身原因耽误起诉期限的时间，不应计算在起诉期限内。

——［2018］最高法行再196号——再审申请人陈某华诉被申请人湖南省石门县人民政府土地行政登记一案

七、从有利于相对人的角度判断是否超过起诉期限

司法实践中，对确有正当理由超过法定期限提起的诉讼，又作了特殊规定，并在是否因正当理由超过起诉期限的判断方面，作了有利于公民、法人或者其他组织的解释，以切实保障诉权。因此，判断行政相对人的起诉是否超过起诉期限以及超过起诉期限是否具备正当理由，应当充分考虑行政相对人是否已经积极行使诉权，是否存在行政相对人因正当理由而耽误起诉期限

的情形。

本案中，北京市东城区人民政府于 2015 年 7 月 15 日作出被诉复议决定，并告知"如不服本决定，可自收到本决定书之日起 15 日内，依法向人民法院提起行政诉讼"，但由于被诉复议决定并未明确指出应当提起诉讼的具体人民法院，黄某敬在 2015 年 7 月 16 日收到被诉复议决定后，于 7 月 30 日通过邮寄方式向东城区人民法院提起行政诉讼，是积极行使诉权的表现，且没有超过《行政复议法》第 19 条规定的 15 日起诉期限；即使存在错误选择管辖法院的情形，也不能因此承担相应的不利后果。因行政案件跨区划管辖及级别管辖的调整原因，本案无管辖权的北京市东城区人民法院在收到黄某敬邮寄的起诉状后，作出《立案审查暨补正告知书》，告知黄某敬应依法另行向有管辖权的北京市第四中级人民法院起诉，并不违反法律规定。黄某敬于 9 月 1 日收到《立案审查暨补正告知书》后，于 9 月 5 日即向一审法院邮寄本案的起诉书，亦没有怠于行使诉权；且即使认定为超过法定起诉期限，也应认为属于有正当理由。在现行法律规范未对正当理由作明确规定的情况下，人民法院对超过起诉期限但有正当理由的判断，应当按照有利于起诉人的原则进行。因此，原审法院认定黄某敬在 9 月 1 日收到《立案审查暨补正告知书》后，应当在 9 月 2 日前向一审法院起诉，其于 9 月 5 日向一审法院邮寄本案起诉书，超过《行政复议法》规定的 15 日起诉期限且无正当理由的认定，不符合法律规定；原一、二审法院分别裁定驳回起诉和上诉，属适用法律错误，应当予以纠正。

——［2016］最高法行申 4521 号——再审申请人黄某敬诉被申请人北京市东城区人民政府行政复议一案

《行政诉讼法》第 48 条对确有正当理由超过法定期限提起的诉讼，又作了"被耽误的时间不计算在起诉期限内"的特殊规定，行政赔偿诉讼亦应适用。在判断是否因正当理由超过起诉期限时，应当充分考虑行政相对人是否已经积极行使诉权，是否存在行政相对人因正当理由而耽误起诉期限的情形，作有利于公民、法人或者其他组织的解释，以切实保障诉权。

2015 年 12 月 10 日［2015］漯行初字第 2 号生效行政判决确认临颍县人民政府拆除张某伟养鸡场的行为违法后，张某伟在此前 2014 年 11 月 24 日提起的请求撤销河南省临颍县住房和城乡规划建设委员会作出的《限期拆除决定书》一案中继续积极进行相关诉讼活动，至河南省高级人民法院于 2018 年

8月22日作出［2018］豫行再62号行政判决，此期间属于张某伟因正当理由耽误的起诉期限，应予扣除。张某伟于2018年11月19日提起行政赔偿诉讼，并未超过起诉期限。另，因已经通过行政诉讼程序确认行政行为违法的，表明当事人选择了由人民法院解决行政赔偿问题，因此当事人无须经过赔偿义务机关先行处理程序，张某伟基于强制拆除行为被判决确认违法提起的行政赔偿诉讼无须临颍县人民政府先行处理。

——［2019］最高法行赔申344号——再审申请人张某伟诉被申请人河南省临颍县人民政府等行政赔偿一案

【实务应对】

行政诉讼起诉期限不能中止、中断，但可以扣除、延长。《行政诉讼法》第48条规定的扣除情形包括两种：一是不可抗力，即相对人不能预见、不能避免、不能克服的事由，如地震、台风、洪灾、冰冻等气象灾害；二是不属于自身的原因。不属于自身的原因包括病重在一定时间内无法正确表达意志[1]、人身自由受到限制以及路遇车祸不能在法定期限内起诉[2]。除了上述情形，其他可以扣除的情形主要出现在各地法院的案例中。

本部分的司法案例，从不同角度丰富和发展了起诉期限扣除的情形。一是，从行政机关角度而言，明确了出于对有关国家机关合理的信赖可以扣除情形。二是，从人民法院的角度出发，明确了因法院原因导致的起诉期限超期应予扣除，例如基于同一诉讼目的提起前后两诉且出于对法院处理争议的信赖而耽误的时间可以扣除，又如因不属于相对人自身的原因导致管辖法院出错而耽误的时间可以扣除，再如因法院不立案造成的超期应予扣除等。三是，从民事诉讼的角度出发，明确了因民事诉讼耽误的期限应予扣除，而且应从民事判决生效之日起开始扣除，因为民事判决未生效无法判断相对人权益是否真正受到影响。四是，从诉权保护的目的出发，非常鲜明地表明设置起诉期限的目的不是限制相对人起诉，而是敦促其及时行使诉权，故应从诉权保护的角度综合理解和判断起诉期限是否超期。

---

〔1〕　全国人大常委会法制工作委员会行政法室编著：《中华人民共和国行政诉讼法解读》，中国法制出版社2014年版，第132页。

〔2〕　江必新、梁凤云：《行政诉讼法理论与实务》（第3版），法律出版社2016年版，第1090页。

行政诉讼起诉期限的适用向来比较严苛，但在法定情形下也是可以扣除的，这在特定情形下会为相对人带来一线生机。上述案例为司法实践中判断起诉期限是否可以扣除提供了比较明确的指引。因此，在判断起诉期限可否扣除时，除了要严格按照行政诉讼法及司法解释的相关规定，更应关注司法案例发展出的扣除情形，尤其是提出的判断标准。当然，为确保案例的权威性和效力的终局性，所关注的司法案例应以最高人民法院颁布的指导性案例、典型案例和再审案例为主。

【法律法规】

《中华人民共和国行政诉讼法》

第四十八条　公民、法人或者其他组织因不可抗力或者其他不属于其自身的原因耽误起诉期限的，被耽误的时间不计算在起诉期限内。

公民、法人或者其他组织因前款规定以外的其他特殊情况耽误起诉期限的，在障碍消除后十日内，可以申请延长期限，是否准许由人民法院决定。

第六节　行政复议与起诉期限的关系

【典型案例】

一、未告知复议期限的可参照起诉期限的规定确定复议期间

《国务院法制办公室〈关于认定被征地农民"知道"征收土地决定有关问题的意见〉》（国法［2014］40号，以下简称《国法办40号意见》）第6条规定，行政机关在征收土地决定作出后，没有告知被征地农民申请行政复议的权利、行政复议机关或者申请期限的，行政复议申请期限参照《最高人民法院关于执行〈中华人民共和国行政诉讼法〉若干问题的解释》第41条办理，即：行政复议申请期限从公民、法人或者其他组织知道或者应当知道申请行政复议的权利、行政复议机关或者申请期限之日起计算，但从知道或者应当知道征收土地决定内容之日起最长不得超过2年。

但需要指出的是，因2015年5月1日起，修改后的《行政诉讼法》开始实施，《最高人民法院关于执行〈中华人民共和国行政诉讼法〉若干问题的解

释》第 41 条中有关 2 年起诉期限的规定与修改后的《行政诉讼法》第 46 条规定不一致，故《最高人民法院关于执行〈中华人民共和国行政诉讼法〉若干问题的解释》第 41 条中有关 2 年起诉期限的规定不再适用，《国法办 40 号意见》第 6 条关于参照《最高人民法院关于执行〈中华人民共和国行政诉讼法〉若干问题的解释》第 41 条规定执行的内容也同时丧失参照的根据。自 2015 年 5 月 1 日起，当事人参照《最高人民法院关于执行〈中华人民共和国行政诉讼法〉若干问题的解释》第 41 条规定享有的 2 年申请行政复议期限尚未届满的，最多只能保留《行政复议法》第 9 条第 1 款规定的 60 天复议申请期限。

2018 年 2 月 8 日《最高人民法院关于适用〈中华人民共和国行政诉讼法〉的解释》开始施行，该解释第 64 条规定，复议决定未告知公民、法人或者其他组织起诉期限的，起诉期限从公民、法人或者其他组织知道或者应当知道起诉期限之日起计算，但从知道或者应当知道行政行为内容之日起最长不得超过一年。也就是说，自 2018 年 2 月 8 日起，行政机关在征收土地决定作出后，没有告知被征地农民申请行政复议的权利、行政复议机关或者申请期限的，行政复议申请期限可以参照《最高人民法院关于适用〈中华人民共和国行政诉讼法〉的解释》第 64 条的规定，从知道或者应当知道申请行政复议的权利、行政复议机关或者申请期限之日起计算，但从知道或者应当知道征收土地决定内容之日起最长不得超过一年。

本案中，根据《国法办 40 号意见》的规定，段某招等 3 人于 2016 年 1 月 13 日应当知道《补偿安置方案》的主要内容，因该时间节点处于 2015 年 5 月 1 日修改后的《行政诉讼法》实施之后、2018 年 2 月 8 日《最高人民法院关于适用〈中华人民共和国行政诉讼法〉的解释》施行之前，故只能保留《行政复议法》第 9 条第 1 款规定的 60 天复议申请期限。因此，段某招等 3 人于 2018 年 1 月 2 日申请行政复议，显然已超过法定的 60 天复议申请期限。娄底市人民政府以段某招等 3 人的复议申请超过法定期限为由予以驳回，处理结果正确。

——［2019］最高法行申 8048 号——再审申请人段某招等 3 人诉被申请人湖南省娄底市人民政府等行政复议决定一案

——［2020］最高法行再 374 号——再审申请人海南新高贸易有限公司诉被申请人海南省人民政府等行政复议一案

二、相对人丧失的诉权不能通过复议的方式重新取得

《最高人民法院关于适用〈中华人民共和国行政诉讼法〉的解释》第59条虽规定："公民、法人或者其他组织向复议机关申请行政复议后，复议机关作出维持决定的，应当以复议机关和原行为机关为共同被告，并以复议决定送达时间确定起诉期限。"但该解释第136条第7款针对原行政行为不符合复议或者诉讼受理条件、但复议机关仍然作出维持决定的情形作出了规定："原行政行为不符合复议或者诉讼受案范围等受理条件，复议机关作出维持决定的，人民法院应当裁定一并驳回对原行政行为和复议决定的起诉。"根据该条规定，原行政行为已超过起诉期限的，即使复议机关嗣后作出了维持原行政行为的复议决定，原告在收到该决定之日起15日内提起行政诉讼，从维护起诉期限制度从而维护行政法律关系的稳定性出发，仍不应认为因超过起诉期限而已经丧失了的诉权可以通过行政复议的方式重新获得。故，陈某才等5人以其在收到76号行政复议决定之日起15日内提起行政诉讼为由，主张未超过起诉期限，于法无据，本院不予支持。

——［2018］最高法行申7418号——再审申请人陈某才等5人诉被申请人浙江省林业厅、国家林业和草原局林业行政许可及林业许可行政复议一案

在起诉期限已经超过的情况下，虽然沧州市人民政府作出的复议决定告知了纪某战有权在收到该决定之日起15日内向人民法院起诉，但从维护起诉期限制度从而维护行政法律关系的稳定性出发，不应认为因超过起诉期限而已经丧失了的诉权可以通过行政复议的方式重新取得，因此纪某战有关因行政复议决定告知其诉权而使其合法享有诉权的主张，本院不予支持。

——［2016］最高法行申1741号——再审申请人纪某战诉被申请人河北省沧县人民政府土地行政审批行为一案

三、复议机关自行撤销不予受理决定重启复议程序的复议期限

根据一、二审法院查明的事实，2017年9月18日，海阳市人民政府作出海政复不字［2017］1号不予受理行政复议申请决定（以下简称"1号不予受理决定"）。2017年12月12日，海阳市人民政府作出海政复撤字［2017］1号《关于撤销海政复不字［2017］1号决定的决定》（以下简称"1号撤销决定"），袁某波于2017年12月14日收到该决定书。2017年12月15日，

烟台市中级人民法院作出〔2017〕鲁 06 行初 93 号行政判决（以下简称"93号判决"），确认海阳市人民政府所作的 1 号不予受理决定违法。袁某波、海阳市人民政府分别于 2017 年 12 月 29 日、12 月 30 日收到该判决书。

行政机关在诉讼过程中具有对被诉行政行为进行改变和纠错的权力。如若被诉行政行为终结了行政程序，则自撤销决定作出后发生行政程序重启的效果。虽然现行的《行政复议法》及其实施条例并未对重启后的复议程序及期限作出明确规定，但是按照行政法的一般理论，行政行为应当遵循法定程序，重启的复议程序亦应如此。本案中，一、二审法院均认为应以 2017 年 12月 30 日海阳市人民政府收到 93 号判决之日，作为海阳市人民政府重启后的行政复议程序的起算日期，理由是此时一审法院对海阳市人民政府 1 号不予受理决定的合法性作出评判，袁某波、海阳市人民政府均获知评判结果，海阳市人民政府对于其此前 1 号不予受理决定的法律效果进一步明确。如前所述，人民法院对原行政行为的裁判结果并不影响行政机关重启程序行为的效力，故一、二审法院关于应以海阳市人民政府收到 93 号判决之日起算复议期限的观点，缺乏法律依据，本院予以纠正。但一、二审法院关于海阳市人民政府作出复议决定的期限未超过法定期限的结论，并无不当。袁某波关于应以其收到 1 号撤销决定之日作为复议审理期限起算点的主张，缺乏法律依据，本院不予支持。

——〔2019〕最高法行申 13867 号——再审申请人袁某波诉被申请人山东省海阳市人民政府行政复议一案

【实务应对】

行政复议期限与行政诉讼起诉期限之间存在一定的特殊关系，特别是起诉期限的判断标准在复议期间不明时具有重要的参照价值。

首先，本部分案例再次明确了行政机关未告知相对人复议期限的，可以参照起诉期限的规定确定最长的复议期间。这点在《国法办 40 号意见》中规定得非常明确。不过，其在适用中还应注意一个特殊的问题。即在新旧行政诉讼法司法解释衔接期间，涉及的复议期限如何计算。前述第一个案例采取的判断标准认为，2015 年 5 月 1 日新《行政诉讼法》正式实施，旧行政诉讼法司法解释关于 2 年的起诉期限与新行政诉讼法的规定不一致，故该 2 年的起诉期限不再适用，那么自 2015 年 5 月 1 日起复议期限也不能再参照 2 年的期间，只能最多计算 60 天的复议申请期限。

其次，本部分案例解决了司法实践中相对人通过复议或其他方式重新获得已经丧失的诉权的问题。有些相对人的起诉期限已经超过，为了获得法院审判和救济的机会，转而提起行政复议，对复议决定不服再提起行政诉讼，从而"曲线"实现了法院对行政行为的审查。这种方式不符合法律设定起诉期限的立法目的，也不利于解释行政法律关系的问题，最高人民法院在该类案例的审理中清晰地表明了态度，不支持这种"曲线救国"式的使过期诉权"起死回生"的方式。

最后，本部分案例阐释了复议机关自行撤销不予受理决定重启复议程序的复议期限问题。从最高人民法院的观点来看，此时的复议期限，既不能从法院判决生效之日起计算，又不能从申请人收到撤销决定之日起计算，而是应当从复议机关作出撤销决定之日起计算。但这里有个问题值得商榷，如果复议机关作出的撤销决定未送达申请人，或者申请人根本不知道复议机关的撤销决定，这种情况下意味着撤销决定并未生效，从撤销决定作出之日起计算显然不符合基本法理。笔者以为，人民法院对原行政行为的裁判结果并不影响行政机关重启程序行为的效力这一观点是正确的，但是复议机关重启程序后作出复议决定的，应以申请人收到撤销决定之日作为复议审理期限起算点，如此才是妥当的。

综上，在司法实践中应正确理解复议期限与起诉期限的关系，最高人民法院的上述案例给我们提供了鲜明的指引。即行政机关未告知复议期限的，可以参照起诉期限的规定确定复议期间，但并不是绝对的参照，而是应区分不同的情况。同时，对于起诉期限不可抱有侥幸心理，企图通过复议等方式使过期诉权"起死回生"，已被明确否定。同时，需要指出的是，复议程序与诉讼程序相比具有自己的独立性，诉讼程序启动并不影响复议机关根据案件事实自行改变或撤销原先作出的复议决定。

【法律法规】

《国务院法制办公室〈关于认定被征地农民"知道"征收土地决定有关问题的意见〉》（国法〔2014〕40 号）

第六条　行政机关在征收土地决定作出后，没有告知被征地农民申请行政复议的权利、行政复议机关或者申请期限的，行政复议申请期限参照《最高人民法院关于执行〈中华人民共和国行政诉讼法〉若干问题的解释》第四十一条办理，即：行政复议申请期限从公民、法人或者其他组织知道或者应当知道申请行政复议的权利、行政复议机关或者申请期限之日起计算，但从知道或者应当知道征收土地决定内容之日起最长不得超过 2 年。

第七节　行政信访与起诉期限的关系

【典型案例】

一、行政机关对履责申请以信访意见作出答复的起诉期限

刘某珍提起本案诉讼，请求确认庐阳区人民政府和大杨镇人民政府不履行补偿（赔偿）安置职责的行为违法，并判令庐阳区人民政府和大杨镇人民政府对其进行补偿（赔偿）和安置。本案系履行职责之诉，起诉期限应当从庐阳区人民政府和大杨镇人民政府作出答复之日起计算。大杨镇人民政府和庐阳区人民政府分别作出信访事项处理意见和信访事项复查意见，系以处理信访事项的形式对刘某珍的申请进行了答复，对其申请不予支持，该处理结论对刘某珍的权利义务有实际影响，因此，本案应当以信访事项复查意见的作出时间即 2018 年 1 月 31 日作为起诉期限的起算时点。刘某珍于 2018 年 7 月 9 日提起诉讼，未超过起诉期限。一、二审法院认为刘某珍最迟于 2004 年即已知晓其土地被征收、房屋被拆除，并以此为由认定其起诉超过起诉期限，属于适用法律错误，应当予以纠正。

——［2020］最高法行再 22 号——再审申请人刘某珍诉被申请人安徽省合肥市庐阳区人民政府、安徽省合肥市庐阳区大杨镇人民政府不履行法定职责一案

二、信访耽误的时间不能扣除和延长起诉期限

《最高人民法院关于执行〈中华人民共和国行政诉讼法〉若干问题的解释》第 43 条 "不属于起诉人自身的原因" 被耽误的时间是指基于地震、洪水等客观因素耽误的时间，或者基于对相关国家机关的信赖，等待其就相关争议事项进行处理的时间。仅仅是当事人单方向有关部门申诉信访，因申诉信

访耽误的期间没有可保护的信赖利益，属于当事人自身放弃通过法定诉讼途径解决争议耽误起诉期限的情形，不属于上述司法解释第 43 条规定应予扣除的期间。

——［2016］最高法行申 3225 号——再审申请人周某东诉被申请人辽宁省抚顺市顺城区人民政府强制拆除并行政赔偿一案

——［2018］最高法行申 3572 号——再审申请人吉林省永吉县双河镇万达石场诉被申请人吉林省永吉县人民政府资源整合行为违法一案

三、信访是与复议诉讼相互独立分离的救济制度

信访制度是与行政复议和行政诉讼制度相互独立、相互分离的权利救济制度。对于能够通过诉讼、仲裁、行政复议等法定途径解决的事项，信访途径是排斥的；基于同样理由，对于信访工作机构处理信访事项的行为、不履行《信访条例》规定的职责的行为，或者行政机关依据《信访条例》作出的处理意见、复查意见、复核意见和不再受理决定，行政复议和诉讼途径亦是排斥的。《信访条例》对不服信访答复意见提供了复查、复核等充足的救济途径，信访人穷尽救济途径或者自愿放弃救济，信访事项即告终结。

——［2017］最高法行申 364 号——再审申请人杨某国诉被申请人枣阳市人民政府不予受理行政复议决定并请求行政赔偿一案

【实务应对】

在我国法律体系下，我们在处理案件的过程中应坚持法律优先的原则，同时又要注意发挥典型案例的指引作用。信访不信法曾经在一段时期盛行，影响了矛盾和纠纷的实质性解决，颠倒了"法"与"访"的顺位。新时代下"法"应当成为解决纠纷的主渠道。在"法"与"访"的关系上，最高人民法院在上述案例中旗帜鲜明地表明：申诉信访不是法定的救济途径，而是一种诉求表达机制。因申诉信访耽误的期间没有可保护的信赖利益，属于当事人自身放弃通过法定诉讼途径解决争议耽误起诉期限的情形。这给当事人传递出一个非常重要的信号：信访就要自担后果。在征地拆迁活动中当事人因信访行为耽误了行政案件的起诉期限，司法实践中一般不予保护，需要当事人慎重选择。

第二章

征地拆迁诉讼的重复起诉问题

第一节　前后诉当事人相同的重复起诉判断

【典型案例】

一、被告形式不同但实质相同属重复起诉

再审申请人前后两次的诉讼请求都是确认征收土地行为违法，且后诉的 1.84 亩土地被前诉的 16.4327 公顷土地所包含。尽管后诉的被告是洛阳高新技术产业开发区管理委员会，前诉的被告是洛阳市人民政府，后诉与前诉的当事人并不相同，但是，针对同一个行政行为不应当以两个不同的行政机关为被告起诉两次，要么以其中一个行政机关为被告起诉，要么以另一个行政机关为被告起诉，要么以两个行政机关为共同被告起诉。在行政行为相同或者具有包含关系的情况下，分别以两个行政机关为被告提起前后两个诉讼，尽管表面上看来并不构成"后诉与前诉的当事人相同"，但人民法院经审查认为后诉的被告不适格的，应当以适格的被告判断后诉与前诉的关系。据此，一审和二审法院认定本案构成重复起诉，并无不当。

——［2018］最高法行申 149 号——再审申请人薛某平诉被申请人洛阳高新技术产业开发区管理委员会土地行政管理一案

二、当事人相同但地位不同不属重复起诉

刘某清于 2018 年提起的后诉与 2016 年提起的前诉相比，前后两诉的被告中都有中铁城建集团南昌建设有限公司和中铁二十四局集团有限公司；前后两诉的诉讼标的相同，同为建设工程施工合同法律关系；前后两诉的诉讼请求相同，刘某清在前后两次诉讼请求中所主张要求支付的工程款金额和依

据的事实理由相同，只是对于逾期未付工程款的利息利率的计算标准有所不同。但江西铁路工程建筑总公司南昌建设工程公司在前诉中的诉讼地位是第三人，在后诉的诉讼地位是被告，前后诉的诉讼地位不同，不符合重复起诉的第一项条件，原审法院将其认定为重复起诉确有不当。

——〔2020〕最高法民再 80 号——再审申请人刘某清与被申请人江西铁路工程建筑总公司南昌建设工程公司等建设工程施工合同纠纷一案

第二节　诉讼标的相同或类似的重复起诉判断

【典型案例】

一、相同行为以相同或近似理由再诉属重复起诉

原告就同一行政行为以相同或近似的理由再次提起行政诉讼的，不属于有其他的"正当理由"，构成重复起诉。人民法院应当不予受理，并可以告知当事人，对生效裁判不服，应当通过审判监督途径予以救济。

——〔2017〕最高法行申 5526 号——再审申请人林某燕诉被申请人海南省儋州市人民政府等颁发国有土地使用证一案

构成重复起诉的要件之一是后诉与前诉的诉讼标的相同。该要件对应的是既判力。如果人民法院判决驳回原告要求撤销行政行为的诉讼请求，即产生被诉行政行为并非违法的既判力，当事人不得在后诉中主张该行政行为违法，后诉之法院亦受不得确认该行政行为违法之拘束。故原告提起撤销诉讼，经判决驳回后，即已确认该行政行为合法，再就同一行政行为提起确认违法之诉，应为前诉之既判力所及。无论原告的诉讼请求是确认无效，还是请求撤销（或确认违法），法院通常都会对是否违法以及违法的程度作出全面的审查和评价。在对前诉实体上判决驳回之后，后诉即因前诉已经进行了全面的合法性审查而构成重复起诉。

——〔2016〕最高法行申 2720 号——再审申请人陈某生诉被申请人安徽省金寨县人民政府房屋行政征收及补偿协议一案

二、诉讼标的已受民事判决约束不可再次提起行政诉讼

本案中，郑某晚、伍某梁曾就征收补偿协议的效力问题以邵阳市大祥区铁路建设项目援建指挥部为被告提起过民事诉讼。征收补偿协议的效力争议，与本案对签订协议行为提起的行政诉讼，实质属于同一纠纷。在《行政诉讼法》修改之前，征收补偿协议争议究竟应当通过行政诉讼途径解决，还是通过民事诉讼途径解决，确实存在争议。但是，无论是选择民事诉讼，还是行政诉讼，当事人对同一纠纷只能进行一次救济。郑某晚、伍某梁在民事诉讼败诉后，再次提起行政诉讼，属于重复起诉。对岳某琴、岳某利、岳某容而言，其先前并未提起过民事诉讼，但是终审民事判决的结果已经对其本次提起的行政诉讼的诉讼标的——征收补偿协议的效力作出明确确认，协议效力已经不具有可争议性。郑某晚等人又针对该协议的效力问题提起行政诉讼，受民事生效判决的羁束。

——［2017］最高法行申 5519 号——再审申请人郑某晚等人诉被申请人湖南省邵阳市大祥区人民政府签订征收补偿协议行为一案

第三节　前后诉讼请求数量或表述不同的判断

【典型案例】

一、两次诉讼请求仅表述存在差异属重复起诉

所谓重复起诉，是指当事人对同一被诉行政行为提起诉讼，经人民法院依法处理后，再次提起诉讼的情形。其特点是两次起诉的原告和被诉行政行为均相同。即使两次诉讼请求的具体表述存在差异，人民法院依法处理被诉行政行为后，同一当事人又对同一行政行为再次提起行政诉讼的，亦属于重复起诉的情形。

——［2020］最高法行申 3367 号——再审申请人张某曾诉被申请人天津市河西区人民政府房屋征收决定一案

当事人提起撤销之诉的，法院经依法审查可以作出确认无效的判决结果。本案当事人针对同一行政行为，在两次诉讼标的相同的情况下，提起前诉的

诉讼请求是撤销，后诉的诉讼请求是确认无效，本质上并没有区别，在前诉仍在处理的情况下，判决结果可能是撤销或确认无效抑或驳回，并不局限于其诉讼请求，其再次提起本案确认无效之诉，属于重复起诉。

——［2019］最高法行申3528号——再审申请人靳某诉被申请人山东省人民政府批复确认无效一案

二、后案诉请包括且多于前案诉请的不属重复起诉

原告向人民法院提起诉讼并提出多项诉讼请求，其中部分诉讼请求与此前其向法院起诉并由法院已作出裁判案件中的诉讼请求存在重合情况，但该两案中，后案诉讼请求虽包括但多于前案诉讼请求，两案诉讼请求不尽相同的，不应认定构成重复起诉。

陈某因其与永兴房地产开发有限责任公司的合作开发房地产合同关系提起本案诉讼并提出多项诉讼请求，其在本案与［2018］甘11民初11号案件中均提出了确认案涉土地及4号楼权属的诉讼请求，但其在本案中亦提出了确认案涉土地其他建筑物权属的请求。因此，本案诉讼请求与［2018］甘11民初11号案件的诉讼请求不尽相同，不构成重复起诉。原审法院以重复起诉为由驳回陈某的起诉，属于适用法律错误。

——［2019］最高法民再290号——再审申请人陈某诉被申请人陇西县永兴房地产开发有限责任公司所有权确认纠纷一案

第四节　行政赔偿重复起诉问题

【典型案例】

一、行政赔偿撤诉后再次起诉不构成重复起诉

对于当事人提起行政赔偿诉讼后申请撤诉或者人民法院按照撤诉处理，原告再次起诉的，人民法院应否受理，《行政诉讼法》及其司法解释没有明确规定。《最高人民法院关于执行〈中华人民共和国行政诉讼法〉若干问题的解释》第36条第1款规定："人民法院裁定准许原告撤诉后，原告以同一事实和理由重新起诉的，人民法院不予受理。"该条规定适用的对象是当事人对行

政行为不服而提起的行政诉讼，是为了维护社会关系稳定、提高行政效率，避免当事人不当行使诉权导致行政行为的公定力、确定力等长期处于不安定状态，而对当事人诉权进行的必要限制。但行政赔偿诉讼与行政诉讼在审查对象、案件处理方式等方面存在不同，行政诉讼审理的对象是被诉行政行为的合法性。而行政赔偿诉讼审理的对象是违法行政行为是否对当事人的合法权益造成损失以及如何赔偿的问题。因此，行政赔偿诉讼在处理具体程序问题时，不能简单适用《行政诉讼法》及其司法解释的规定。行政赔偿诉讼与民事（赔偿）诉讼在审查内容、裁判方式等方面具有同质性，都涉及被告对原告的赔偿问题。重复起诉制度系基于一事不再理原则而设计，其主要目的是避免重复处理浪费资源以及出现相互冲突的裁判。《行政诉讼法》虽将重复起诉作为驳回起诉的法定事由之一，但在本案发生时并未对重复起诉作出明确界定，故对于重复起诉同样应适用《民事诉讼法》及其司法解释的相关规定。构成重复起诉的前提条件之一为：有一个诉讼（前诉）对当事人的诉讼事项正在处理，或已经对当事人的诉讼事项进行实质处理，没有提起另一个诉讼（后诉）之必要性。换言之，当事人之间的纠纷已经或可能在前诉中得以实质处理，参照或等待前诉的处理结果即可。

——［2016］最高法行赔申306号——再审申请人蚌埠市金达粮油饲料有限公司诉被申请人安徽省蚌埠市禹会区人民政府行政赔偿一案

——［2020］最高法行赔再6号——再审申请人临汾市邦翼达石材有限公司、李某宏诉被申请人山西省曲沃县人民政府行政赔偿一案

二、签订协议后再提赔偿之诉系重复处理

根据二审查明事实，2017年3月11日，陈某岭与长兴路办事处、惠济区长兴路街道老鸦陈村城中村改造工程指挥部、长兴路街道老鸦陈村村民委员会达成案涉《补偿安置协议》，该协议就被拆迁人陈某岭案涉房屋补偿金额、被拆迁房屋的面积、安置和过渡费等内容进行明确约定。上述事实说明，陈某岭已经通过签订《补偿安置协议》的方式，对相关损失补偿问题进行了处分。在该行政协议未经法定程序确认违法或者被撤销的情况下，陈某岭又就相同事项起诉请求惠济区人民政府、长兴路办事处对案涉房屋等损失予以行政赔偿，存在对同一法益通过不同程序申请重复处理的问题，二审法院不予支持，并无不当。

——〔2020〕最高法行赔申 336 号——再审申请人陈某岭诉被申请人河南省郑州市惠济区人民政府等行政赔偿一案

第五节　重复起诉其他类型判断问题

【典型案例】

一、法院观点冲突未进入实体审理的可再诉

虽然 2009 年再审申请人杨某生曾就本案提起行政诉讼，且人民法院已经裁定不予受理，从形式上看，本次提起的诉讼与其具有同一性，但考虑到以下两点不宜认定为重复起诉：一是在 2009 年的行政诉讼中，法院裁定不予受理的理由是本案不属于行政诉讼受案范围，应由民事诉讼管辖。此后，杨某生就本案提起了民事诉讼，生效裁定最终驳回杨某生的起诉，理由是本案应属行政诉讼受案范围。至此，杨某生的诉讼请求在生效的民事和行政裁判中均未能进入实体审理，造成这一局面的原因在于原审法院的民事审判和行政审判之间的观点冲突，杨某生并无任何过错，自然不应因此承担丧失诉权的结果。二是 2009 年行政裁定的内容已经完全被后续民事裁定所否定，在此情况下，判断是否重复起诉应以后续民事裁定为基准，而不应以 2009 年行政裁定为基准。综上，当事人按照后续民事裁定的观点再次提起行政诉讼，并非对诉讼权利的滥用，其提起本次行政诉讼仍具有诉的利益。二审法院对于本案适用重复起诉的规定错误。在民事裁定已经不予受理的情况下，原审法院以重复起诉为由再行驳回其起诉，违背了行政诉讼法的立法宗旨。

——〔2016〕最高法行申 4300 号——再审申请人杨某生诉被申请人山西省寿阳县人民政府房屋拆迁补偿协议一案

二、未交诉讼费按自动撤诉处理后可再诉

行政诉讼对撤回起诉后重新起诉，以不允许为原则，以允许为例外。例外情形主要包括：第一，重新起诉时有新的事实和理由，且仍在法定期限内的；第二，原告因未按规定预交案件受理费而按自动撤诉处理后，在法定期限内再次起诉，并依法解决诉讼费预交问题的。

——［2018］最高法行申9012号——再审申请人段某毛诉被申请人湖北省武汉市东西湖区人民政府等确认行政行为违法一案

三、撤诉后重新起诉须有合法正当的理由

原则上，人民法院裁定准予撤回起诉后，原告对同一行政行为不得以相同理由再次提起行政诉讼，有不同于第一次起诉理由的其他"正当理由"的除外。所谓"正当理由"，通常是指不同于第一次起诉的、常理能够说得通的其他有合理解释的理由。

——［2017］最高法行申5528号——再审申请人林某燕诉被申请人海南省儋州市人民政府颁发土地证一案

再审申请人撤回起诉是基于对政府主动解决行政争议的合理期待，该等待期间亦属于期待政府重新作出处理的合理期间，后因原海南省文昌市国土环境资源局（现为海南省文昌市国土资源局）再次要求通过诉讼解决争议，再审申请人才再次提起本案诉讼，因此应当认定再审申请人是因正当理由再行起诉，且耽误起诉期限系因不能归责于再审申请人自身的正当事由所致，不应简单以重复起诉或超过起诉期限为由驳回起诉。

——［2018］最高法行申4588号——再审申请人海南省文昌市文城镇名门村民委员会上文北村民小组诉被申请人海南省文昌市人民政府土地行政登记一案

【实务应对】

重复起诉的判断除了上述情形外，还涉及一个核心问题，即"同一事实和理由"的认定。从逻辑上看"事实"和"理由"是并列关系，必须同时具备，缺一不可，原意上是"主要事实"和"主要理由"，性质上可能会对案件定性和处理结果产生实质性影响。换言之，只要二者有一项改变，即"主要事实"或者"主要理由"改变就不属于"同一事实和理由"的情形。具体可以从法律规范、法律逻辑、立法原意、案件定性的角度进行全方面审查和判断。

（1）现有法律规范层面。《最高人民法院关于适用〈中华人民共和国行政诉讼法〉的解释》第60条第1款规定，人民法院裁定准许原告撤诉后，原告以同一事实和理由重新起诉的，人民法院不予立案。这是对原告撤诉后重

新起诉作出的限制性规定，目的在于保障行政行为效力的稳定性，使行政法律关系处于一种相对恒定的状态。但是，该司法解释并非绝对限制了原告的重新起诉权，只是规定不得以"同一事实和理由"再次起诉。

（2）根据基本的逻辑推理进行判断，"同一事实和理由"中的"事实"和"理由"是 p 且 q 的并列关系，必须同时具备，其负命题则是非 p 或非 q。换言之，只要二者有一项改变就不属于"同一事实和理由"。因此，只要原告以不同事实或者不同理由再次起诉，就应符合可予立案的条件之一。原告撤诉后再行起诉，诉讼事实或者理由与前诉不同若不允许其起诉，没有相应的法律依据。

（3）立法原意只是限制原告滥用诉权，并非绝对禁止原告正当行使诉权。对于"同一事实和理由"的改变，还应审查事实和理由改变的程度。原告再次起诉时，如果"主要事实"或者"主要理由"发生了改变，再次起诉就具有诉的正当性，不应认定为"同一事实和理由"；如果仅仅是"次要事实"或者"次要理由"的改变，则不具有诉的正当性，仍属于"同一事实和理由"。

（4）事实或者理由的改变可能会影响案件定性。在行政诉讼立案登记制下，一般不应审查改变的事实和理由是否会影响案件定性。但为防止原告滥用诉权，在此可作适度的、合理的审查。若原告改变的"主要事实"或者"主要理由"，不仅内容与前诉不同，而且可能会对案件定性和处理结果产生实质性影响，如导致被诉行政行为撤销或者被确认违法等，则应立案予以审理。

根据文本解释、立法原意、逻辑解释，"同一事实和理由"中的"事实"和"理由"二者是并列关系，必须同时具备，换言之，只要二者有一项改变（如主要事实或者主要理由有改变）就不属于"同一事实和理由"。

2018 年最新的《最高人民法院关于适用〈中华人民共和国行政诉讼法〉的解释》已经明确了"同一事实和理由"的判断标准，即"主要事实或者主要理由有改变的"就不属于"同一事实和理由"的情形。

2018 年 4 月出版的最高人民法院行政审判庭编著的《最高人民法院行政诉讼法司法解释理解与适用》一书明确阐述了该司法解释第 60 条中"同一事实和理由"的判断标准。其指出，"同一事实和理由中的'事实'，是指原告主张行政机关作出的行政行为违法的法律事实；'理由'是指原告主张所依据的规范性文件。判断事实和理由同一性的标准是主要事实和主要理由是否一致，主要事实和主要理由一致，就属于本条规定的同一事实和理由，而仅仅次要事实和次要理由的改变则不影响定性和处理"。

因此，实务中认定"同一事实和理由"时，一定要弄清楚主要事实和主要理由是否一致。例如，行政机关重新作出的行政行为依据的主要证据、事实和理由，与被撤销的行政行为所依据的主要证据、事实和理由基本相同，从而造成重新作出的行政行为直接与人民法院的生效判决认定的事实和理由相抵触的情形。如果生效判决仅仅是以事实不清、主要证据不足为由撤销原行政行为，行政机关重新作出行政行为时，依据新的证据，补充认定相关事实，完善决定理由，重新作出与原行政行为处理结果相同的行政行为，不属于以"同一事实和理由"作出与原行政行为基本相同的行政行为的情形。[1]

【法律法规】

《最高人民法院关于适用〈中华人民共和国民事诉讼法〉的解释》

第二百四十七条　当事人就已经提起诉讼的事项在诉讼过程中或者裁判生效后再次起诉，同时符合下列条件的，构成重复起诉：

（一）后诉与前诉的当事人相同；

（二）后诉与前诉的诉讼标的相同；

（三）后诉与前诉的诉讼请求相同，或者后诉的诉讼请求实质上否定前诉裁判结果。

当事人重复起诉的，裁定不予受理；已经受理的，裁定驳回起诉，但法律、司法解释另有规定的除外。

《最高人民法院关于适用〈中华人民共和国行政诉讼法〉的解释》

第一百零六条　当事人就已经提起诉讼的事项在诉讼过程中或者裁判生效后再次起诉，同时具有下列情形的，构成重复起诉：

（一）后诉与前诉的当事人相同；

（二）后诉与前诉的诉讼标的相同；

（三）后诉与前诉的诉讼请求相同，或者后诉的诉讼请求被前诉裁判所包含。

---

〔1〕〔2019〕最高法行再115号。

第一节　利害关系的判断标准

【典型案例】

一、主观诉讼下没有私利则没有利害关系

展读诉状，我们对这位老教师的义举心生敬意，也毫不怀疑她"不为一己私利"的动机，但是，也正是因为她提起诉讼"不为一己私利"，才不符合《行政诉讼法》规定的起诉条件。按照《行政诉讼法》第2条第1款的规定，只有自己的合法权益受到行政机关和行政机关工作人员的行政行为侵犯的，才能提起行政诉讼。《行政诉讼法》第25条第1款规定的原告资格，也要求与行政行为"有利害关系"。如果不是为救济自己的权益而提起诉讼，除法律明确规定的公益诉讼等特殊情形外，原则上均不能受理。

——［2018］最高法行申1576号——再审申请人毕某玲诉被申请人河南省登封市人民政府教育行政管理争议一案

退休教职工不具有对县级以上地方人民政府撤销公立学校行为提起行政诉讼的原告主体资格。县级以上地方人民政府根据当地教育发展规划等情况对辖区内中小学作出的设立、变更和终止等行为，系政府作为举办者依法对公办学校进行的调整和管理。区政府撤销中学的行为，所针对的是其直接管理的中学这一事业单位法人，并不侵犯该中学退休教职工享有的人身权和财产权，因此中学退休教职工以个人名义提起诉讼无法律依据，不具备原告主体资格。

——［2016］最高法行申359号——再审申请人马某根等诉被申请人北京市东城区人民政府教育行政管理一案

二、利害关系可以从相当因果关系的角度判断

对于《行政诉讼法》规定的利害关系的理解，还应当从原告是否具有值得保护的合法权益及其行政行为是否对该合法权益造成了影响进行判断。即如果没有行政行为，起诉人主张的损害一定不会产生，但是有了行政行为，一般都会产生这种损害，即可认为存在因果关系。如果没有该行政行为，起诉人主张的损害一定不会产生，而即使该行政行为存在，通常也不会发生这种损害，可认为不存在因果关系。

——［2019］最高法行申3302号——再审申请人徐某芳诉被申请人山西省工商行政管理局工商行政登记一案

三、行政行为作出时应作为判断利害关系的时间点

（一）只有行政行为作出时受影响的主体才有利害关系

本案被诉房屋登记行为作出于2006年5月，房屋所有权主体变更前后分别为漯河石化集团有限公司和中国中油能源集团股份有限公司，两者均未对房屋变更登记行为提出异议。2011年11月，案外人李某峰受让了相关民事主体对漯河石化集团有限公司的债权，漯河市逢春企业咨询有限公司（以下简称"逢春公司"）在本案二审阶段又从李某峰处取得该债权。因此，本案被诉行政行为作出时，案外人李某峰及逢春公司不是原漯河市房产管理局作出行政行为时应当考虑及保护的对象，案外人李某峰及逢春公司的权利和法律上利益亦不具有受到被诉行政行为侵害的可能性，其与购得相关不良资产前行政机关已经作出的被诉房屋变更登记行为，不具有利害关系。

——［2019］最高法行申10675号——再审申请人漯河市逢春企业咨询有限公司与被申请人中国中油能源集团股份有限公司、河南省漯河市国土资源局、原审第三人漯河石油销售总公司、漯河石化集团有限公司房屋行政登记一案

（二）商品房购买者与房屋初始登记行为不具有利害关系

考察上述一系列规定，并无关于房屋登记机关在初始登记时，必须考虑未来潜在的房屋买受人权利保障问题的要求，相关立法宗旨也不可能要求必须考虑类似于周某琼等未来不确定购房者订立房屋买卖合同、申请变更登记、取得房屋所有权等事宜。而人民法院对房屋初始登记行为是否合法作出评价，

亦主要依据申请人申请房屋所有权初始登记时提交申请材料是否完备、房屋登记部门是否依法履行审慎审查义务等行政行为作出当时的事实和法律状态，而非初始登记以后形成的事实和法律状态。因此，初始登记行为并不在登记部门与商品房购买者之间设定相应的行政法上的权利义务关系，商品房购买者与房屋初始登记行为也不具有利害关系，不能提出相应的行政复议申请或者提起行政诉讼。

——［2017］最高法行申 4298 号——再审申请人周某琼诉被申请人上海市人民政府行政复议不予受理决定一案

（三）未对初始登记起诉不可对后续变更登记行为起诉

土地登记案件中与涉案土地存在权属争议的组织或个人，原本与该颁证行为有利害关系，具有复议申请人、原告资格。但是，如果该利害关系人对初始登记行为未申请行政复议或提起行政诉讼，仅对后来的换证行为或者主体变更登记行为申请复议或起诉，因初始登记行为已经生效，土地权属已经明确，后来的换证行为或主体变更登记行为不可能侵犯其合法权益，该利害关系人与后来的换证行为或主体变更登记行为没有利害关系，不具有申请行政复议、提起行政诉讼的主体资格。本案中，惠东县人民政府于 2009 年将水泥二厂第 13230200670 号土地证项下的划拨土地收归国有后，重新登记在惠东县国土资源局土地储备中心名下，并核发被诉的第 020253 号土地证。因中心埔村民小组未对第 13230200670 号土地证提起诉讼，亦未举出充分证据证明，作为被诉第 020253 号土地证颁证行为主要证据和土地权属来源根据的第 13230200670 号土地证，存在重大、明显违法而无效，不能作为本案被诉颁证行为权属来源的证据。

——［2017］最高法行申 5033 号——再审申请人广东省惠东县大岭镇大岭社区中心埔村民小组诉被申请人广东省惠东县人民政府等土地登记一案

《最高人民法院关于审理房屋登记案件若干问题的规定》第 2 条第 2 款规定："房屋登记机构作出未改变登记内容的换发、补发权属证书、登记证明或者更新登记簿的行为，公民、法人或者其他组织不服提起行政诉讼的，人民法院不予受理。"第 5 条第 3 款规定："原房屋权利人、原利害关系人未就首次转移登记行为提起行政诉讼，对后续转移登记行为提起行政诉讼的，人民法院不予受理。"参照该规定，对于不动产变更登记，当事人只诉后序登记行为，不诉初始登记及前序登记行为的，不具有原告主体资格。

——［2018］最高法行申 8812 号——再审申请人黄某亮诉被申请人广东省茂名市人民政府等土地行政登记一案

在土地登记行政案件中，一般而言，与涉案土地存在权属争议的组织或个人，与该颁证行为有利害关系，具有原告资格。但是对于存在换发登记或者变更登记的情形时，则要作进一步的分析判断。如果当事人对初始登记行为未提起行政诉讼，仅对后来的换证行为或者主体变更登记行为起诉，因初始登记行为已经生效，土地权属已经明确，后来的换证行为或主体变更登记行为不可能侵犯其合法权益，则当事人与后来的换证行为或主体变更登记行为没有利害关系。当然，如果后一个登记行为并非属于对前一个登记行为的换证或者变更登记，而是一个新的行政行为，则此时利害关系人可以对该登记行为提起诉讼。

——［2018］最高法行申 1191 号——再审申请人海南健康岛房地产开发有限公司、海口市人民政府因被申请人吴某善诉海口市政府土地行政登记一案

（四）原土地人与土地征收后出让及登记行为无利害关系

本案被诉的是福建省莆田市人民政府批准出让涉案土地以及莆田市国土资源局出让该土地的行为。在涉案土地经福建省人民政府批准并完成征收，土地性质已由集体土地转变为国有土地的情况下，陈某林、魏某振与被诉的批准出让及出让土地行为已无法律上的利害关系。根据《最高人民法院关于执行〈中华人民共和国行政诉讼法〉若干问题的解释》第 12 条关于"与具体行政行为有法律上利害关系的公民、法人或者其他组织对该行为不服的，可以依法提起行政诉讼"之规定，陈某林、魏某振不具有本案诉讼的原告主体资格。因此，原审裁定并无不当。

——［2016］最高法行申 1210 号——再审申请人陈某林、魏某振诉被申请人福建省莆田市人民政府行政批准及福建省莆田市国土资源局土地出让行为一案

《国有土地上房屋征收与补偿条例》第 13 条第 3 款规定："房屋被依法征收的，国有土地使用权同时收回。"根据上述规定，一旦征收范围内国有土地上的房屋被依法征收，人民政府的征收决定将直接导致物权变动的法律效果，该房屋所有权即转归国家所有，被征收人对其房屋不再享有所有权。城市房屋的征收也意味着建设用地使用权的收回，房屋被依法征收的，国有土地使

用权亦同时收回。原土地使用权人对征收决定和补偿行为不服的，可以通过行政复议、行政诉讼等法定途径维护自身合法权益，但对于原房屋所有权人或土地使用权人起诉行政机关在其房屋被依法征收后收回国有土地使用权的行为或上级政府针对收回土地使用权的批复行为，则因为其不再具有利害关系，其诉求不会得到法院支持。

——［2017］最高法行申9297号——再审申请人熊某强诉被申请人湖北省宜昌市人民政府等土地行政管理及行政复议一案

在国有土地使用权经收回，并再行出让、转让的法律关系中，原土地使用权人超过法定起诉期限未对政府收回土地行政行为提起行政诉讼，收回土地行政行为已经实际发生法律效力，原土地使用权人丧失对相关土地的权利，之后再对政府出让被收回土地的行为，以及受让人取得土地使用权后转让相关土地给他人的转移登记行为提起行政诉讼的，原土地使用权人因丧失对相关土地的权利，与政府出让土地、办理相关土地使用权转让手续的行政行为没有利害关系，不具有原告资格。

——［2018］最高法行申2401号——再审申请人茂名市明恒房地产开发有限公司诉被申请人广东省茂名市人民政府及原审第三人林某国颁发国有土地使用权证一案

案件争议在于李某金是否与被诉行为有利害关系。被诉行为即太国用［2016］第0019号国有土地使用权证系集体土地被征收转为国有用地后，原审第三人通过出让获得的权属证书。李某金原享有使用权的集体土地，经历了土地征收、地上附属物补偿、国有土地挂牌出让等程序。因此，对申请人权益产生实质影响的是集体土地征收及补偿等行为。申请人如果认为权益受损，应当通过对以上行为主张权利进行救济。李某金与被诉行为没有利害关系，原审裁定驳回其起诉并无不当。

——［2020］最高法行申5080号——再审申请人李某金诉被申请人安徽省太和县人民政府、太和县国建置地有限公司土地行政登记一案

广西壮族自治区防城港市港口区光坡镇潭油村大坳生产组请求撤销防城港市人民政府于2012年2月9日作出的划拨土地协议出让手续的批复和防城港市不动产登记局依据上述批复发给北海市新北实业有限公司颁发的国有土地使用证。涉案集体土地被征收后转为国有，土地权属已经确定，广西壮族自治区防城港市港口区光坡镇潭油村大坳生产组已与后续的防政函［2012］

23 号《关于同意北海市新北实业有限公司办理港口区光坡镇潭油村 773. 63 亩划拨土地协议出让手续的批复》和颁发防港国用（2013）第 A-155 号《国有土地使用证》的行为没有利害关系，不具有行政诉讼的原告资格。

——［2020］最高法行申 12797 号——再审申请人广西壮族自治区防城港市港口区光坡镇潭油村大坳生产组与原审第三人北海市新北实业有限公司土地出让批复及土地行政登记一案

（五）征收后行为的可诉性取决于前置征收行为的有效性

山东省人民政府作出的鲁政土字［2016］1148 号《关于滨州经济技术开发区 2016 年第 5 批次建设用地的批复》确定征收的集体土地包括涉案土地。在此情况下，再审申请人与被诉后续土地划拨行为有无法律上的利害关系，取决于征收行为是否合法有效。对此，再审申请人主张被申请人在征收过程中没有补偿到位，但被申请人对此持不同意见。由此，被申请人是否已对再审申请人进行安置补偿以及安置补偿是否合法，本身需要独立的复议或诉讼程序予以解决。在该事实未被查证的情况下，被诉征收行为的合法性尚不能被否定，再审申请人与本案被诉土地划拨行为是否具有利害关系也就处于不确定的状态。

——［2020］最高法行申 7931 号——再审申请人李某立诉被申请人山东省滨州市人民政府、滨州经济技术开发区教育局土地行政划拨一案

四、未被认定违建前房主有提起赔偿的原告资格

实践中，有的地方以建设年限为标准对是否补偿进行了区分，有的地方规定无审批手续房屋按照建筑成本补偿，还有的地方规定无审批手续房屋不予补偿。因此，对于无建房手续房屋权利人提起的要求补偿的行政诉讼，如房屋未被认定为违法建筑，不宜简单地以不具备原告主体资格为由驳回起诉，而是要结合当地征收补偿的具体规定及征收项目补偿方案等实体审理后加以认定。本案中，王某洁自行加盖了部分建筑用于经营，该部分建筑并未被按照违法建筑进行处理，王某洁起诉要求长子县人民政府对其建设的房屋进行补偿，不宜否定其原告主体资格。二审法院认为王某洁不是行政行为相对人，驳回王某洁的起诉不当。

——［2019］最高法行申 5936 号——再审申请人王某洁诉被申请人山西省长子县人民政府不履行行政补偿法定职责一案

五、债权人与行政机关对债务人行为的原告资格

由债权的相对性所决定，在一般情况下，债权人不具有基于其债权针对行政机关对债务人所作的行政行为提起诉讼的原告资格。"行政机关作出行政行为时依法应予保护或者应予考虑的除外"属于有限地承认债权人原告资格的例外情形。根据《最高人民法院关于审理房屋登记案件若干问题的规定》第4条针对的是债权人对房屋登记机构为债务人办理房屋转移登记提起诉讼，本案属于债权人对房屋登记机构为债务人办理房屋初始登记提起诉讼，但是，转移登记与初始登记均属于不动产物权变动的法定情形，且行政机关作出的行政行为在职权依据、适用法律等方面均无本质区别，故上述司法解释的精神可以适用于本案。然而，根据十堰市中达建筑安装工程有限公司提供的证据，本案并不存在前述规定中行政机关作出行政行为时依法应予保护或者予考虑的相应情形，此时如要求行政机关作出行政行为时考虑对债权实现的影响既无法律法规依据，亦不符合一般登记规则。

——［2019］最高法行再24号——再审申请人十堰市中达建筑安装工程有限公司诉被申请人湖北省十堰市自然资源和规划局房屋行政登记一案

"有利害关系的公民、法人或者其他组织"不能扩大理解为所有直接或者间受到行政行为影响的公民、法人或者其他组织，"利害关系"一般也仅指公法上的利害关系，不包括私法上的利害关系。债权人的民事权益因行政机关对债务人所作的行政行为受损的，应优先选择民事法律途径救济解决，其直接针对行政机关对债务人所作的行政行为提起行政诉讼，因与被诉行政行为不具有公法上的利害关系，故不具有原告主体资格。

——［2021］最高法行申919号——再审申请人李某博诉被申请人海南省万宁市人民政府房屋拆迁行政强制一案

六、建筑材料生产者与建设行政处罚有利害关系

本案中，广东省住房和城乡建设厅（广东省住建厅）作出的10号处罚决定认定浈江建筑公司未按规定进行检验，使用了不合格的科彩牌电线，对浈江建筑公司处以罚款。结合广东省住建厅在作出行政处罚过程中认定的证据，案涉的不合格电线系由韶关市浈江区东联精工电线厂生产。广东省住建厅虽然是对产品使用者就建设工程质量问题作出行政处罚决定，但由于建设工程

使用的建筑材料属于产品范围，该处罚决定认定科彩牌电线不合格，客观上也是对建筑材料的产品质量作出负面评价，必然对该产品的生产者产生不利影响，即生产者可能会因此承担《产品质量法》所规定的行政处罚。因此，韶关市浈江区东联精工电线厂与 10 号处罚决定具有利害关系。

——［2019］最高法行再 107 号——再审申请人韶关市浈江区东联精工电线厂诉被申请人广东省住房和城乡建设厅等行政处罚一案

【实务应对】

第一部分的案例，从主观诉讼的角度认定了利害关系。我国行政诉讼法在原告资格的认定上，坚持以主观诉讼为主，客观诉讼为辅。主观诉讼要求行为人必须在自身利益受到行政行为侵害时方可提起行政诉讼，为了他人利益、国家社会公共利益，除了特定的机关或组织外（如检察机关），普通的公民不能提起行政诉讼。本处两则案例非常清楚地展示了主观诉讼的认定规则，即主观诉讼下没有"私利"则没有利害关系，看似冷酷无情，实则是稳定行政诉讼秩序之举。

第二部分的案例，从相当因果关系的角度提出了判断利害关系的标准，极具创新意义，符合一般的情理和事理。所谓相当因果关系，是从具有一般知识经验的普通人出发，依照日常社会生活的经验进行判断，若某行为导致某结果的发生，是一般的、相当的时候，就承认行为与结果之间具有因果关系。具体到行政诉讼利害关系的判断时可作如下理解：如果没有行政行为，原告的损害一定不会产生，但是有了行政行为，一般都会产生这种损害，即可认为存在因果关系。反之，如果没有该行政行为，原告损害一定不会产生，而即使有该行政行为通常也不会发生这种损害，可认为不存在因果关系。

第三部分的案例，从损害产生的时间角度判断了利害关系。行政机关不能未卜先知，只能是依据当时的基础事实和法律状态作出行政行为，而非以后形成的新的事实和法律状态。也就是说，只有行政行为作出时权益受到影响的相对人才与行政行为有利害关系。如与房屋初始登记行为有利害关系的只能是初始登记时的房屋权利人，后续的房屋购买人或受让者对房屋初始登记行为就不具有利害关系。同理，初始登记时的权利人仅对初始登记行为有利害关系，对后续的换证行为或主体变更登记行为一般也不具有利害关系。此外，土地使用人未对国有土地使用权收回行为起诉的，也无权再对后续出让、转让土地的行为起诉。

第四部分的案例，从产权保护的角度分析了利害关系。司法实践中违法建筑也有值得保护的利益，更何况该建筑是否违法尚未经过法定机关确认的情形之下，受到行政行为影响的建筑物权利人，理应具有通过复议或诉讼寻求救济的权利。

第五部分的案例，从债权人利益保护的角度阐述了利害关系。通常情况下，行政机关对债务人作出行政行为无须考虑债权人的利益，债权人也无权对该行政行为提起行政诉讼。但是，债权人的利益因行政机关的行为产生特别损害，该种特别损害属于正常情况下应予考虑或者保护的情形的，债权人就具有了对该行政行为提起诉讼的原告资格。房屋初始登记与转移登记在性质上均属于不动产物权变动的法定情形，债权人均有可予保护的利益之情形。

第六部分的案例，根据保护规范理论分析了利害关系人的判断标准。保护规范理论主张应以行政机关作出行政行为时所依据的行政实体法是否要求考虑和保护原告诉请保护的权利或法律上的利益进行判断。但是，这里所指的根据行政实体法进行判断，不应孤立考察，而是应当将其作为一个体系进行整体考察，即不能仅仅考察某一个法律条文或者某一个法律法规，而应当参照整个行政实体法律规范体系、该行政实体法的立法宗旨和目的、作出被诉行政行为的目的和性质，来进行综合考量，从有利于保护公民、法人或者其他组织的合法权益的角度出发，对利害关系作出判断，以提高行政争议解决效率、降低当事人维权成本。

综上，行政诉讼利害关系的判断是个看似简单，但实则复杂的问题，需要在司法实践中不断深化和探索。在从事司法实践的过程中，我们尤其要注意的是，利害关系的判断不能照抄照搬，要结合行政诉讼立法目的、法律规定、司法解释以及典型案例进行综合研判。一个核心的原则就是，相对人自身的合法权益确系受到了行政行为的影响，在此基础之上，再根据行为人受到影响的时间、内容、轻重等角度进行有区别的研判。其中，是否给行为人造成了特殊损害或特别牺牲，是最为重要的一项判断标准。在产生了超过一般常人的特殊损害或特别牺牲的情况下，行政相对人显然与行政行为具有了一定的利害关系，可以对其提出异议或诉讼。

【法律法规】

《最高人民法院关于适用〈中华人民共和国行政诉讼法〉的解释》

第十三条　债权人以行政机关对债务人所作的行政行为损害债权实现为由提起行政诉讼的，人民法院应当告知其就民事争议提起民事诉讼，但行政机关作出行政行为时依法应予保护或者应予考虑的除外。

《最高人民法院关于审理房屋登记案件若干问题的规定》

第四条　房屋登记机构为债务人办理房屋转移登记，债权人不服提起诉讼，符合下列情形之一的，人民法院应当依法受理：

（一）以房屋为标的物的债权已办理预告登记的；

（二）债权人为抵押权人且房屋转让未经其同意的；

（三）人民法院依债权人申请对房屋采取强制执行措施并已通知房屋登记机构的；

（四）房屋登记机构工作人员与债务人恶意串通的。

第五条　同一房屋多次转移登记，原房屋权利人、原利害关系人对首次转移登记行为提起行政诉讼的，人民法院应当依法受理。

原房屋权利人、原利害关系人对首次转移登记行为及后续转移登记行为一并提起行政诉讼的，人民法院应当依法受理；人民法院判决驳回原告就在先转移登记行为提出的诉讼请求，或者因保护善意第三人确认在先房屋登记行为违法的，应当裁定驳回原告对后续转移登记行为的起诉。

原房屋权利人、原利害关系人未就首次转移登记行为提起行政诉讼，对后续转移登记行为提起行政诉讼的，人民法院不予受理。

第二节　国有土地上房屋承租人的原告资格

【典型案例】

一、公房承租人与房屋征补行为的利害关系

（一）直管公房承租人与房屋拆迁补偿行为有利害关系

直管公房租赁权是国家为了保障公民居住权而规定的一项具有重大财产

利益的权利。不同于平等民事主体之间通过签订房屋租赁合同而取得房屋的承租权，直管公房承租人是通过向行政机关申请而获得直管公房租赁权。基于该项权利，直管公房承租人得以长期缴纳低房租居住该房屋，对该房屋享有长期的占有和使用权，其经济地位近似于房屋所有权人。因此，征收部门在征收直管公房的过程中，考虑到直管公房承租人的特殊地位，以及征收行为对直管公房承租人权益的直接且重大影响，应当对其合法权益予以充分保护。直管公房承租人认为补偿决定、强拆行为等侵犯了其合法权益的，可以认定承租人与该行政行为具有利害关系。

——［2018］最高法行申 221 号——再审申请人任某霞诉被申请人河南省驻马店市驿城区人民政府、驿城区人民街办事处行政强制违法一案

在公房征收案件中，享有直管公房或国有单位产权房租赁权的承租人，以国有企业职工等身份，对被征收的公房享有以低于市场价格长期占用、使用的权利，该权利是一种合法的社会福利权利。征收决定不仅造成房屋租赁关系的解除，而且对承租人依法享受的低价租赁房屋的社会福利权利产生现实的、直接的影响。因此，公房承租人与房屋征收决定有利害关系，具有原告主体资格。

——［2019］最高法行申 14203 号——再审申请人李某南诉被申请人新疆维吾尔自治区乌鲁木齐市新市区人民政府房屋行政征收一案

（二）公房承租人离婚后配偶仍事实使用公房的利害关系

案涉房屋是由重庆市公房管理处经营和管理的公有房屋，该管理处认可一审第三人刘某彬是该房的公房承租人。陈某与一审第三人刘某彬于 1980 年结婚，婚后与刘某彬共同居住在案涉公房内。2009 年 6 月陈某与刘某彬离婚，离婚时二人协议分割了案涉公房的使用权，前间由陈某居住，后间由刘某彬居住。此后，陈某一直单独向重庆市公房管理处住宅管理所缴纳案涉公房前间的房租，住宅管理所亦向陈某个人开具租用房屋发票，直至案涉房屋征收项目于 2016 年启动后，住宅管理所不再向其收取案涉房屋的房租。根据上述事实，应当认定陈某因正当事由而取得案涉公房使用权，并与重庆市公房管理处建立了事实上的公房租赁关系。基于此，陈某与本案被诉 2 号征收决定具有利害关系有权提起行政诉讼。最高人民法院遂裁定撤销一、二审判决，指令再审。

——［2019］最高法行再 81 号——再审申请人陈某诉被申请人重庆市渝

中区人民政府房屋行政征收一案

二、国有公房或产权房承租人对房屋征收决定有诉权

房屋征收案件中，房屋所有权人是房屋征收决定的行政相对人，与房屋征收决定存在利害关系，具有原告主体资格；同时，享受国有公房或国有单位产权房租赁权的承租人，对被征收的国有公房或国有单位产权房实际享有以低于市场价格占用、使用的权利，这种权利是一种历史形成的福利权，不同于平等主体之间的房屋租赁关系。房屋征收决定不仅造成房屋租赁关系的解除，而且会对承租人低价租赁房屋的福利权产生现实、直接的影响。因此，国有公房或国有单位产权房的承租人，亦与房屋征收决定存在利害关系，具有原告主体资格。本案中，杨某庆等 5 人在征收范围内拥有私有房屋，且持有产权证书，具有提起本案诉讼的原告资格。其余 45 人中杨某华、赵某华等人是国有公房的合法住户，征收行为可能影响其低价或无偿使用国有公房的福利权利，其与房屋征收决定存在利害关系，亦具有提起本案诉讼的原告资格。一、二审法院未查明其余 45 人中是否存在国有公房承租人，亦未对 109 号征收决定是否保障国有公房承租人的福利权进行审查，认定事实不清，适用法律错误。

——［2019］最高法行再 202 号——再审申请人杨某华、赵某华、杨某庆等 50 人诉被申请人湖南省通道侗族自治县人民政府房屋征收决定一案

三、法院应对公房承租的事实进行综合分析

原审法院以郑某珠提供的证据不足以证明其对涉案房屋享有产权，其不属于被征收人，与被诉强拆行为之间不存在法律上的利害关系为由，否认其原告主体资格。在案证据显示，郑某珠多年来一直居住于涉案房屋之中直至 2017 年 12 月该房屋被强制拆除，且 1987 年征迁之时其通过缴纳 1700 元集资费获颁了《租用公房凭证》，而原审法院对于上述事实未作进一步分析和考量，只是以产权证据不足为由，对郑某珠的原告资格不予认可。鉴于郑某珠于 1987 年缴纳 1700 元集资费、获颁《租用公房凭证》、长期居住至被强拆当日等事实，有理由认为其实际上是涉案房屋的按份共有人，拥有部分产权，退一步讲，其亦应当是涉案房屋的公房承租人，与被诉强拆行为之间有法律上的利害关系。

——［2019］最高法行再 287 号——再审申请人郑某珠诉被申请人福建省福州市仓山区人民政府房屋行政强制一案

四、一般承租人与强拆行为利害关系的判断

（一）一般承租人应通过民事途径挽回损失

一般承租人既不是被征收房屋合法产权人或者用益物权人，也不是直管公房、廉租房等特定房屋承租人，也不实际享受相应住房保障和房改政策，而仅与房屋所有权人形成一般租赁关系，同时也不因征收形成停产停业等经营性损失，案涉房屋被纳入国有土地上房屋征收范围，仅在客观上导致承租人与房屋所有权人之间私法上的房屋租赁合同履行终止，而不直接形成公法上的征收补偿法律关系，不具备被征收人法律地位，其相关租赁合同履行损失问题，宜通过民事诉讼途径解决。

——［2017］最高法行申 8664 号——再审申请人高某庭诉被申请人浙江省海宁市人民政府城建行政征收一案

（二）一般承租人可对侵害屋内财产的行为起诉

根据《行政强制法》第 8 条第 1 款的规定，公民、法人或者其他组织因行政机关违法实施行政强制受到损害的，有权依法要求赔偿。作为被强制拆除房屋的承租人，如果强制拆除行为造成了屋内财产损失，承租人与被诉强制拆除行为当然具有了法律上的利害关系，其有权就行政机关强制拆除行为造成的屋内财产损失提起诉讼。

——［2018］最高法行申 9275 号——再审申请人李某诉被申请人广西壮族自治区桂林市秀峰区人民政府、桂林市城市管理委员会房屋行政强制拆除一案

（三）经营性承租人可对装修部分的补偿提起诉讼

所谓"有利害关系"，是指被诉行政行为有可能对起诉人的权利义务造成区别于其他人的特别损害或者不利影响。房屋征收案件中，若承租人在被征收的房屋上有不可分割的添附或依法独立在其承租房屋开展经营活动，强制拆除房屋行为就有可能对承租人在房屋上的添附、承租人屋内物品或其正当行使的经营权造成不同于其他人的特别损害或不利影响，应当认为承租人与该行政行为有利害关系，具有原告资格。本案中，再审申请人提起行政诉讼，请求确认拆除其租赁房屋的行为违法，其提供了承租房屋进行装修、用于经

营活动的初步证据材料，证明番禺区人民政府实施的强制拆除租用房屋行为，可能侵犯其合法财产权益，欧阳某才与被诉的拆除行为有利害关系，具有本案原告资格。

——［2019］最高法行再 159 号——再审申请人欧阳某才诉被申请人广东省广州市番禺区人民政府拆除房屋行政强制执行一案

——［2019］最高法行再 166 号——再审申请人凌某华诉被申请人广东省广州市番禺区人民政府、番禺区新造镇人民政府拆除房屋行政强制执行一案

——［2020］最高法行申 3739 号——再审申请人湖南省长沙市雨花区人民政府、雨花区城市房屋征收和补偿管理办公室因被申请人陈某柱诉其及原审第三人长沙市金属材料有限责任公司房屋征收补偿一案

再审申请人系为商业经营而租赁房屋的经营者，并非为居住而租赁房屋的个人，通常对涉案房屋进行了重新装修，添附了不可分割的价值，房屋被征收势必对其造成一定的现实影响。但考虑到被征收房屋的价值并不在于建材本身，而承租人添附的价值主要体现在建材本身和相应的人工成本，故从司法惯例看，承租人可对装修部分的补偿提起诉讼，而非对征收决定提起诉讼。

——［2020］最高法行申 868 号——再审申请人浙江省丽水市莲都区好红陶瓷商行等诉被申请人浙江省丽水市莲都区人民政府房屋行政征收一案

（四）具有重大添附等特别利益的承租人与补偿行为有利害关系

所谓"有利害关系"，可以理解为被诉行政行为有可能对起诉人的权利义务造成区别于其他人的特别损害或者不利影响，且起诉人无法通过其他有效方式寻求救济。承租人通常并不与补偿行为有利害关系，其可以通过民事诉讼解决其与房屋所有权人之间的房屋租赁合同纠纷，并按照法律规定和租赁合同的约定来解决所租赁房屋上的添附以及因征收而造成的停产停业损失的补偿或赔偿问题。但是，补偿义务主体在知道或者应当知道存在房屋承租人且承租人具有独立的补偿利益后，既不在其与房屋所有权人签订的安置补偿协议或者作出的补偿决定中给付上述独立的补偿利益，也不另行与承租人签订安置补偿协议或者作出补偿决定解决上述独立的补偿利益问题，则房屋承租人有权以自己的名义主张上述独立的补偿利益。

——［2020］最高法行再 110 号——再审申请人广东省开平市赤坎镇隐没堂茶馆诉被申请人广东省开平市人民政府不履行法定职责一案

除承租人在租赁的房屋上有重大添附或者依托承租的房屋依法享有生产经营权，征收行为将会直接造成其在房屋上的重大添附损失或者存在停产停业损失，为维护其自身合法权益，承租人依法对征收决定或强制执行行为享有原告资格和复议申请人资格外，一般情况下，作为被征收房屋的普通承租人，与房屋所有权人之间存在的仅仅是普通债权债务关系，对政府征收房屋行为通常不具有原告资格和复议申请人资格。

——［2020］最高法行申 7667 号——再审申请人裴某梅诉被申请人北京市人民政府行政复议一案

在房屋征收补偿案件中，通常而言，补偿的对象是被征收人，即房屋的所有权人，承租人与征收补偿行为不具有利害关系，因而不能成为行政诉讼的适格原告。但如果承租人在租赁的房屋上有难以分割的添附，且以其所承租房屋依法进行经营活动，那么在该房屋被征收时，对于承租人提出的室内装修、机器设备搬迁、停产停业等损失，依法应予考虑，此时承租人与征收补偿行为之间应视为具有利害关系，可以作为原告提起诉讼。

——［2019］最高法行申 13115 号——再审申请人章丘市冠泉商务宾馆诉被申请人山东省济南市章丘区人民政府确认征收补偿协议无效一案

（五）对含承租人停产停业损失的补偿方案具有行政诉权

司法实践中，针对房屋征收决定提起行政诉讼的原告通常为被征收房屋的所有权人，同时一些政策性公房租赁人作为利害关系人亦享有相应诉权。但对于普通民事法律关系的承租人而言，一般无权对涉案项目行政征收行为本身施加不必要的影响，其相关民事权益宜通过向民事出租人提出主张而实现。当然，如果后续补偿决定依照安置补偿方案包含了企业停产停业损失的行政补偿，则对于行政补偿行为可以考虑给予营业性租赁人相应的诉权。本案中，再审申请人自认其系涉案征收房屋的承租户，原审法院不认可其针对征收决定的原告主体资格，并无明显不当。在后续补偿环节，按照《国有土地上房屋征收与补偿条例》第 2 条、第 17 条之规定，行政补偿及于被征收人。再审申请人因承租房屋被征收而遭受损失的，应由房屋所有权人依照租赁合同进行补偿，如发生争议通常属于民事纠纷范畴，应由租赁双方通过民事诉讼等途径来解决。但不排除特定情形下依照上述条例第 23 条有关停产停业损失的规定主张行政法上的合法权益。因此，一审法院裁定驳回丽水市开平建材零售店的起诉，二审法院裁定驳回上诉、维持原裁定，并无不当。

——［2019］最高法行申 7667 号——再审申请人丽水市开平建材零售店诉被申请人浙江省丽水市莲都区人民政府房屋行政征收一案

五、所有人对承租人申请行政许可的复议和诉权分析

在房屋承租人取得经营许可证的案件中，房屋所有权人虽从形式上并非行政许可相对人，但实质上仍属"未明示当事人"，其与许可行为也应存在"利害关系"，也应具有行政复议申请人资格。通常情况下，之所以不宜承认房屋所有权人对涉出租房屋行政许可的复议申请权或者诉权，是因为所有权人已经通过民事租赁协议方式处分了其房屋的使用权能。如其不同意承租方使用租赁房屋的方式，可以解除协议或者提起民事诉讼，而无通过行政诉讼请求撤销行政许可的必要性。因为行政机关的许可行为一般并不会侵犯房屋所有权和使用权。一审判决认为北京市东城区教育委员会作出的涉案办学许可，涉及了涉案房屋的产权，对北京联立房地产开发有限责任公司（以下简称"联立公司"）的合法权益产生了相应影响，因此联立公司与涉案办学许可之间存在利害关系"，其行政复议申请就应当受理的论证，并不完全成立。

联立公司作为出租房屋的实际所有权人，并不当然具有请求复议机关或者人民法院受理其撤销行政许可的权利。但本案特殊之处在于，在涉案房屋明显未经竣工验收备案并不得投入使用、行政许可申请人持明显伪造的联立公司房屋所有权证申请许可、而开办幼儿园安全条件未经有权机关认定、涉案房屋安全性存有疑问且相关民事诉讼均未能解决纠纷的情况下，认可联立公司有权申请行政复议，具有合法性与正当性。联立公司担心其所有的涉案房屋用于幼儿园园舍不符合国家卫生标准、安全标准，可能妨害幼儿身体健康或者威胁幼儿生命安全，其将承担《北京市房屋租赁管理若干规定》等法律规范所规定的不利后果，在请求北京市东城区教育委员会解决未果后，向北京市东城区人民政府申请行政复议，具备行政复议申请人资格、具有行政复议申请权。一、二审判决要求北京市东城区人民政府对联立公司的复议申请重新作出处理，符合法律规定。

——［2019］最高法行申 293 号——再审申请人北京市东城区人民政府因被申请人北京联立房地产开发有限责任公司诉其行政复议一案

【实务应对】

通常情况下，房屋所有人是征收补偿等行为的直接利害关系人，房屋承租人不能针对涉及房屋的征收补偿等行为提起复议或诉讼。房屋承租人与房屋所有人产生的租赁权益等纠纷应通过民事途径解决。但是，房屋承租人并非绝对不具有申请复议和起诉的权利，上述案例在如下方面进行了明确：

第一至三部分的案例，明确了公房承租人对房屋征补行为的原告资格。这里的"公房承租人"包括直管公房承租人（含事实上使用人）、国有公房或国有单位产权房承租人等。这些公房承租人多是历史形成，具有一定的公职身份[1]或者租赁权利，在长期的占有（居住）、使用过程中与公房出租人形成了不同于平等主体之间的普通房屋租赁关系。公房征收、补偿、强拆等行为会影响其低价或无偿使用国有公房的福利权利，法院在审理时应对公房承租的基础事实进行综合分析，不能以其不是产权人简单裁定驳回起诉。

第四部分的案例，明确了一般承租人对房屋征补行为的原告资格问题。通常情况下，一般承租人对房屋征收补偿强拆等行为不具有利害关系。但是，如果一般承租人基于房屋产生了不可分割的特殊利益，房屋征收补偿强拆等造成其特别损害时，其就具有了利害关系。如承租人在房屋上有不可分割的添附、屋内有承租人的合法财物或其具有正当行使的经营权、具有独立的补偿利益，以及征收补偿方案包含了房屋的停产停业损失时，一般承租人与征补行为就具有了相应的利害关系。

第五部分的案例，对所有权人和承租人的各自权益进行了区分。产权人享有独立的房屋产权，但是房屋出租后，承租人则享有房屋的占有、使用、收益等权能。对于这些权能的行使，如申请证照的许可行为，承租人具有独立的资格，出租人不应横加干涉，其对这些行为也不具有行政法上的利害关系。除非承租人在行使上述权利的过程中存在严重违法、严重侵害出租人合法权益的情况，在综合考量后可以允许出租人通过复议或诉讼寻求救济。

综上，在司法实践中，我们需要对国有房屋承租人的原告资格问题进行

---

〔1〕 如《上栗县房屋产权管理局直管公房租赁管理办法》第3条规定：租赁公房的，必须是本县城区范围内的机关、团体、企业、事业单位及其具有本县城区常住户口或暂住户口的干部、职工、居民。

辩证的分析。通常情况下，在房屋征收补偿案件中，只有房屋所有权人才与征收行为和补偿行为有利害关系，可以针对征收行为或者补偿行为提起行政诉讼。房屋承租人不具有提起行政复议或诉讼的主体资格。但是，特殊情况下房屋承租人也可以提起复议或诉讼，包括直管公房承租人、国有公房或国有单位产权房承租人、一般承租人产生特别损害等情况。不难看出，这些特殊情况均有一个共同点，那就是房屋承租人具有区别于其他承租人的特殊利益，正是基于这种特殊利益，房屋征收、补偿、强拆行为会对其造成特殊损害，这种特殊利益和特殊损害（或称特殊牺牲），可以成为我们判断房屋承租人是否具有复议或诉讼主体资格的一个重要标准。

第三节　国有土地上房屋使用人的原告资格

【典型案例】

一、无产权证的实际使用人与征补行为有利害关系

虽然未取得房屋所有权证，但长期实际使用房屋的权利人是适格的被征收人和补偿安置对象，应得到相应的征收补偿，具有提起要求市、县人民政府履行补偿安置职责之诉的原告主体资格。

——［2018］最高法行申 1995 号——再审申请人上海蝶球阀门技术开发部诉被申请人上海市闵行区人民政府履行征收补偿法定职责一案

虽未登记但实际居住多年的买房人与房屋征收决定具有利害关系。本案中，马某霞与开发商签订购房合同并支付购房款，购买了案涉房屋并实际居住多年，虽未经登记机关予以产权登记，但在没有证据排除案涉房屋归马某霞实际拥有的情况下，应当认可马某霞对案涉房屋的实际所有者地位。

——［2019］最高法行申 1125 号——再审申请人郝某亮诉被申请人山西省太原市迎泽区人民政府房屋行政征收一案

——［2019］最高法行申 1126 号——再审申请人马某霞诉被申请人山西省太原市迎泽区人民政府房屋行政征收一案

虽然涉案房屋的拆迁（安置补偿）权益已经生效民事判决确定为案外人如皋市人民医院所有和享受，陈某兰请求判令被申请人依职权主动履行征收

补偿安置义务，缺乏法律依据。但是根据在案证据，陈某兰系涉案房屋所有权证登记的所有权人，且直至房屋被强制拆除时，其实际居住于其中，其诉求之一是确认拆除行为违法并赔偿财产损失。无论其是否享有涉案房屋的拆迁权益，其作为实际使用人，对于强制拆除过程中确有可能造成其屋内财产损失，被诉强制拆除行为对其可能产生实际影响，就能认定其与被诉拆除行为之间具有利害关系。而原审法院仅以涉案房屋的拆迁权益为案外人所有和享受为由，认为陈某兰与涉案被诉拆除行为无利害关系，不具备原告主体资格欠妥，本院予以指正。

——〔2019〕最高法行申 2859 号——再审申请人陈某兰诉被申请人江苏省如皋市人民政府、如皋市住房和城乡建设局房屋征收补偿安置及赔偿一案

二、房屋实际居住人与强拆行为有利害关系

原则上除房屋所有权人和特定情形下的公房承租人之外，其他人与征收行为之间不存在利害关系，人民法院不承认其原告主体资格。但是，强拆房屋行为是将房屋所有权的客体房屋归于消灭的行为，其影响的范围不仅及于房屋本身，还及于房屋消灭时波及范围中的权利和利益。强制拆除房屋行为不仅会对房屋所有权人的权利造成损害，也有可能对居住其中的人的权利和利益造成损害。这也就要求政府在实施强制拆除房屋行为时，对居住其中的人的权利和利益必须予以考虑，并采取必要措施避免损失发生。

——〔2018〕最高法行再 190 号——再审申请人王某云诉被申请人河南省商丘市梁园区人民政府拆除房屋行为违法一案

——〔2018〕最高法行再 191 号——再审申请人田某华诉被申请人河南省商丘市梁园区人民政府拆除房屋行为违法一案

三、房屋产权实际受让人与征补行为有利害关系

通常情况下，行政机关应当以登记于不动产登记簿上的权利人为被征收人进行征收补偿活动，而要对征收不动产相关行政行为提起行政诉讼的，登记在不动产登记簿上的权利人才具有原告资格。但是，实施征收补偿、给予"利害关系人"原告资格的立法出发点，均是要对实际权利人的合法权益给予充分保护，而不是保护徒有虚名的名义权利人的"权利"，增加诉累，鼓励原产权人在民事活动中出尔反尔。因此，如果有证据证明，登记于不动产登记

簿上的原产权人，出于真实意思表示，已经将不动产转让并交付受让人，受让人实际占有、使用不动产，成为不动产的实际权利人，且征收补偿过程中，原产权人未对被征收的不动产权属提出异议的，征收管理部门以实际权利人为被征收人，与之签订征收补偿安置协议，协议签订主体的确定并不违反法律规定。在征收补偿行政程序完成后，原产权人未通过民事诉讼等法定途径依法确认其对被征收不动产的产权，仅仅以名义产权人身份提起行政诉讼的，实质上与不动产征收的相关行政行为不具有利害关系，没有原告资格。

——［2018］最高法行申 2872 号——再审申请人恩平金城实业发展有限公司诉被申请人广东省恩平市人民政府等国有土地上房屋征收决定及征收补偿方案一案

四、违法建筑权利人与强拆行为的利害关系

（一）违建实际居住使用人与强拆行为有利害关系

行政机关在处理违法建筑的法律关系中，应当针对不同情况进行相应的处置，主要分为两种情况：一是，对于正在进行建设的违法建筑，可对违法建设者予以处罚。二是，对于违法建筑已经建成多年并已出售的情况，由于行政机关实施强制拆除时已经产生了新的权利人，即除了违法建筑的建设者外还有违法建筑的实际居住、使用人。因此，行政机关对于违法建筑采取强制拆除的处理方式实际上直接影响的是购买该违法建筑并居住使用的利害关系人，对违法建筑原建设者的影响可能已经微乎其微了。在此情况下，行政机关在作出对违法建筑的处理时，必须考虑到直接受到该行政处理行为实际影响的利害关系人的正当权益。

在本案中涉及对违法建筑的处理上，即使当事人没有实际取得案涉房屋的房屋所有权证，但其作为房屋的实际居住、使用人，应当享有对涉及该房屋相关处理决定的知情权、陈述权和申辩权，这是行政诉讼法赋予利害关系人的正当程序权利。行政机关不能仅以对违法建设者的处罚及强制执行程序义务的履行来代替对强制拆除行为涉及的利害关系人的相应程序义务的履行。尽管案涉的行政处罚决定、行政强制执行决定等直接针对的是案涉房屋，也不可避免地会影响到案涉房屋内的财物。另外，涉案房屋是否因强制拆除行为造成财产损失与再审申请人是否持有房屋所有权证并无直接关系，不能因再审申请人不持有房屋所有权证就否认其对于居住房屋内自身财产权利的享

有和主张。

——[2018]最高法行申2376号——再审申请人刘某诉被申请人安徽省阜阳市颍州区人民政府、阜阳市颍州区城乡管理行政执法局等行政强制拆除一案

周某波系案涉房屋实际使用人,无论其房屋是否属于违法建筑,拆除房屋的行为均会对周某波造成实际影响,应当认可周某波具有行政诉讼原告主体资格。

——[2020]最高法行申13190号——再审申请人河南省平顶山市新华区人民政府因被申请人周某波诉其房屋行政强制一案

(二)未交付未居住的违建购买人与强拆行为无利害关系

李某洲向万宁惠泽房地产开发有限公司(以下简称"惠泽公司")购买的房屋是惠泽公司在未申请办理用地手续、未取得建设用地规划许可证、建设工程规划许可证和施工许可证的情况下,擅自改变林地用途、非法占用林地建设的违法建筑,该违法建筑依法不受法律保护。且万宁市人民政府在强制拆除惠泽公司违法建设的案涉房屋时,惠泽公司尚未将该房屋交付给李某洲,李某洲也未实际占有使用案涉房屋,故万宁市人民政府对惠泽公司违法建设的案涉房屋实施的强制拆除行为与李某洲没有公法上的利害关系,李某洲不具有针对该强制拆除行为提起行政诉讼的原告主体资格。李某洲因与惠泽公司签订《红英花园职工房合同》所遭受的财产损失,属于因房屋买卖合同纠纷遭受的债权损失,其可向惠泽公司主张赔偿,另循民事法律途径救济解决。

——[2021]最高法行申917号——再审申请人李某洲诉被申请人海南省万宁市人民政府房屋拆迁行政强制一案

五、单位集资房使用人与强拆行为有利害关系

案涉房屋属于集资住房,陆某亮与广西壮族自治区恭城瑶族自治县教育局(以下简称"恭城县教育局")签订《集资房协议》,出资建设并长期居住于案涉房屋,具有房屋的使用权和继承权,拆除房屋行为直接影响陆某亮的居住生活和财产利益,显然与陆某亮存在利害关系。恭城县教育局主张陆某亮已经调离原恭城县第一中等职业技术学校,出现了需要退回住房的情形。经查,陆某亮并非主动调离,而是因恭城县学校布局调整,陆某亮调至恭城县城厢初级中学工作,恭城县教育局不能以此为由收回房屋。即使符合退回住房的情形,陆某亮亦有权对强制拆除行为造成的房屋装修、屋内财产损失

主张权利。二审裁定认为陆某亮与拆除行为不存在利害关系，属于认定事实不清，适用法律不当。

——［2019］最高法行再 282 号——再审申请人陆某亮诉被申请人广西壮族自治区恭城瑶族自治县人民政府等房屋行政强制及行政赔偿一案

六、长期居住单位房屋的临时工有权征补安置

再审申请人虽为原株洲外贸包装厂临时工，但其 1985 年 5 月进入该厂工作后，即被安排居住于涉案房屋，直至该厂 2006 年破产。原株洲外贸包装厂破产重组后，再审申请人继续居住至 2016 年涉案房屋被征收。再审申请人在原株洲外贸包装厂工作 20 余年，经该厂安排长期居住于涉案房屋，其作为劳动者在特殊历史条件下享有的居住权利，在征收时应得到适当保障。被申请人在未能提供证据证明已对再审申请人居住条件进行适当保障的情况下，即作出《公示》认定再审申请人不属于征收安置对象，侵害了再审申请人的合法权益。

——［2020］最高法行再 96 号——再审申请人周某新诉被申请人湖南省株洲市荷塘区人民政府等安置资格认定一案

七、法院未追加房屋实际使用人违反法定程序

在中国建银投资有限责任公司并未登记为涉案房屋所有权人且延津县人民政府主张另有房屋实际使用人（包括部分延津县建行的职工以及从原职工处购得房屋的其他人）的前提下，原审法院应根据《最高人民法院关于适用〈中华人民共和国行政诉讼法〉的解释》第 27 条第 1 款的规定，追加涉案房屋实际使用人参加诉讼，以查清涉案房屋的实际性质，并对赔偿利益进行分配。原审法院未追加与本案处理有直接利害关系的涉案房屋实际使用人参加诉讼，就将赔偿款全部判付给中国建银投资有限责任公司，属于遗漏当事人的情形，违反法定程序。二审法院关于未追加涉案房屋实际使用人作为第三人参加诉讼并不影响其实体权利、其权益可以另行主张的认定，并不利于行政纠纷的实质性化解，亦会导致衍生更多诉讼、徒增当事人诉累的后果。故延津县人民政府提出涉案房屋存在其他权利主体、原审法院未追加其参加诉讼、原审程序违法的主张，本院予以支持。

——［2019］最高法行赔申 487 号——再审申请人河南省延津县人民政府因被申请人中国建银投资有限责任公司诉其行政赔偿一案

【实务应对】

第一、二部分的案例，对于利害关系的认定更加符合法律保护相对人权益的目的，明确了未取得产权证的实际使用人、居住人与房屋征收补偿安置等行为的利害关系。行政法上的利害关系人，不能局限于房屋的所有权人，用益物权人在特定情况同样与房屋征补行为存在利害关系。这种利害关系的判断：一是基于其长期居住、使用该房屋事实，通过这种用益物权的形式，从而与房屋本身产生了较强的生活依附性，房屋形状、面积、价值等变更都会影响其现有的生活状态和相应权利；二是房屋内部的财物，通常系由实际居住使用人所添附，其具有所有权，房屋征迁必然涉及这些财物的处置，显然与房屋实际居住使用人具有利害关系。

第三部分的案例，区分了房屋名义产权人和实际受让人之间的关系。诚实信用是法律所倡导的一项重要原则，法律不保护一直沉睡的权利，更反对出尔反尔、不讲信用的行为。现实中某些产权人将房屋出卖给他人后，因房屋拆迁价值上涨又反悔的事例不胜枚举。如果房屋已经完成过户登记等手续，出卖人再主张其拆迁利益显然不应得到支持。但是，有些时候房屋尚未过户，只是完成了交付、占有、使用等手续，此时房屋出卖人主张其拆迁利益应当如何处理？该部分案例给出了比较明确的指引，法律不支持这种出尔反尔违反诚信的行为，房屋征收部门可以与房屋实际占有使用人签订补偿安置协议。如果房屋买卖确有违法之情形，房屋出卖人可以通过民事诉讼另行主张其权利，而不是仅以名义产权人的身份提起行政诉讼。

第四部分的案例，对违法建筑使用人和所有人的原告资格进行了区分。违法建筑的所有人与强制拆除行为具有当然的利害关系，不论是原所有权人还是后所有权人，自不待言。那么，对于未取得所有权证的违法建筑使用人，行政机关在拆除违法建筑时是否需要考虑其相应的权益？第一个案例给出了比较明确的指引，强拆行为会不可避免影响到违法建筑使用人的部分合法权益，如使用房屋的权利、屋内的合法财产等，此时应认可其与强拆行为具有利害关系。但是，我们也应看到如果违建房屋购买人并未实际取得和居住该房屋，也未产生其他新增的合法财产，此时就不应认为其与房屋征收及拆迁行为存在利害关系。

第五部分的案例，对于现实中广泛存在的单位集资房问题进行了深入的阐释。单位集资房的所有权通常归属单位，单位职工基于特定的身份关系具有房屋使用权和继承权。随着时间的推移和城市发展的需要，不少单位集资房也会遇到拆迁的问题。此时，因房屋拆迁受到影响的利害关系人不能仅仅局限于单位，还应包括长期居住使用该集资房的单位职工。单位职工有权对房屋强制拆除行为造成其房屋装修和屋内财产等损失主张权利以寻求司法保护。

第六部分的案例，对于临时工的征补安置权益问题进行了明确。本处案例中当事人虽为涉案企业的临时工，并不是正式工人，但其在该单位工作20余年，并经该单位安排长期居住于涉案房屋，其作为劳动者在特殊历史条件下享有的居住权利，在征收时应得到适当的保障。

第七部分的案例，从行政纠纷实质性化解的角度明确了房屋实际使用人的诉讼地位。本处案例的特殊性在于，一审原告并不具有案涉房屋的所有权，一审被告延津县人民政府已经明确告知法院案涉房屋另有实际使用人，为减少讼累和更为高效地解决行政纠纷，法院应追加涉案房屋实际使用人作为第三人参加诉讼，而不是简单地告知其另行起诉。

从上述案例的分析中，我们不难发现，最高人民法院在判断行政诉讼原告资格时，对"利害关系人"的认定呈现出一种扩张的趋势。利害关系人早已超脱于房屋所有权人的范畴，而是扩大至受房屋征迁行为实际影响的实际使用人。尽管实际使用人不享有房屋的产权，但是其生产生活使用等各项权益，确实受到房屋征迁行为的实际影响。因此，在司法实践中我们务必对此给予足够的重视。即，房屋产权人并不一定具有行政诉讼原告资格，房屋使用人也并非绝对不具有行政诉讼原告资格，关键要看其权益是否受到行政行为的实际影响。

第四节　集体土地所有人和使用人原告资格

【典型案例】

一、村集体和村民个人均具有原告主体资格

（一）申请土地补偿费和安置补助费的原告资格

本案中，从被诉补偿协议的签约主体和内容看，系余杭区统一征地办公

室和瓶窑镇长命村村民委员会签订，补偿内容仅涉及土地补偿费和安置补助费，不涉及地上附着物和青苗补偿。因此，倪某伟以土地使用权人身份，起诉征收部门与土地所有权人集体经济组织签订的内容仅涉及土地补偿费和安置补助费的《征收集体所有土地补偿协议》，不具有行政诉讼原告主体资格。此外，土地征收过程中，与土地使用权的变更或行使相关联的是土地征收决定、限期搬迁决定、强制清除地上附着物等行为，以及对相关青苗、地上附着物的补偿等事项，土地使用权人如对上述行为或事项不服，可依法主张。

——［2019］最高法行申 7683 号——再审申请人倪某伟诉被申请人浙江省杭州市余杭区人民政府征地补偿协议纠纷一案

（二）合村并居审批行为的可诉性及原告主体

县级人民政府对建制村合并的审批行为属于行政诉讼的受案范围。对于该行为提起诉讼的原告主体资格，可参照《最高人民法院关于审理涉及农村集体土地行政案件若干问题的规定》第 3 条第 1 款的规定处理。《村民委员会组织法》第 3 条第 2 款规定，村民委员会的设立、撤销、范围调整，由乡、民族乡、镇的人民政府提出，经村民会议讨论同意，报县级人民政府批准。县级人民政府作出的同意乡镇人民政府报送的建制村合并方案的批复行为是行使其管理职能的行为，建制村的合并涉及村行政区划的调整以及村资产及债务的合并，该行为对合并前的村集体组织财产权益必然产生实际影响，属于行政诉讼的受案范围。在对起诉条件进行审查时，原告资格问题可以参照《最高人民法院关于审理涉及农村集体土地行政案件若干问题的规定》第 3 条第 1 款的规定，由原村集体经济组织或过半数的村民以集体经济组织名义提起诉讼。

建制村的设立、撤销、范围调整必须经过村民会议讨论同意，依法属于村民自治范围内的事项，乡镇人民政府可以给予指导、支持和帮助，但是不得干预。县级人民政府对建制村合并的审批行为，必将对原村集体经济组织的权利义务产生影响，因此原村集体经济组织对于建制村合并的审批行为可以提起诉讼。对于建制村合并的审批行为，原村集体经济组织或者过半数的村民方有权提起行政诉讼。当然，如果建制村的合并事项对个别村民区别于一般村民的特殊权益产生影响，则该村民有权以自己的名义提起行政诉讼。本案中，原六亩塘镇淝冲村共有 22 个村民小组，其中 13 个村民小组依法具有提起本案诉讼的原告资格。

——［2018］最高法行申 8815 号——再审申请人涟源市六亩塘镇涅冲村沙龙组等诉被申请人湖南省涟源市人民政府、涟源市六亩塘镇人民政府行政管理一案

二、征收公告不能单独作为否定利害关系的证据

原审法院认为案涉土地已经被征收，再审申请人与征收后的颁发国有土地使用证的行为不再具有利害关系。原审法院认为案涉土地已经被征收的依据是武汉市东湖新技术开发区的《征收土地公告》《省国土资源厅关于批准武汉市东湖新技术开发区 2010 年第 1 批次建设用地的函》（以下简称《批准用地的函》）。《征收土地公告》和《批准用地的函》涉及的土地均是集体土地，而本案再审申请人仍持有案涉土地的国有土地使用权证，在再审申请人持有的国有土地使用权证是否合法有效以及是否已由有权机关经法定程序予以注销或者收回、案涉土地是国有土地还是集体土地、案涉土地是否已经被征收、武新国用［2014］第 002 号国有土地使用权证载明的土地位置与再审申请人主张的土地位置之间的关系等基本事实尚未查明的情况下，原审法院依据《征收土地公告》《批准用地的函》否认再审申请人与武汉市人民政府颁发武新国用［2014］第 002 号国有土地使用权证的行为之间的利害关系，认定事实不清，主要证据不足。

——［2018］最高法行申 4669 号——再审申请人陈某诉被申请人湖北省武汉市人民政府颁发国有土地使用权证违法一案

三、宅基地被征收后仍可申请政府确权明确分配利益

关于对已被征收的宅基地能否申请政府确权的问题。土地权属争议调查处理，主要是对当事人土地权利存续期间的权利归属产生的争议进行确权，土地权利存续期间既包括土地权利的现实存在期间也包括曾经存在期间。实践中比较常见的情况是当事人对现存的土地权利归属产生争议，要求人民政府确定争议权利的归属。就曾经存在的土地权利而言，虽然该权利已经不再归属争议当事人，但土地权利的财产利益因某一法律事实转化为其他权利形态后，就可能进一步影响争议当事人之间的现实财产利益，因此，当事人之间对曾经存在的土地权利归属产生的争议与对现存的土地权利归属产生的争议具有同样的现实意义，当事人就此申请人民政府确权，当然属于人民政府

土地权属争议确权的职责范围。就本案涉及的已经被征收的土地而言，虽然争议土地之前的权利因征收行为而消灭，争议的权利归属也不可能因确权而恢复给当事人，但当事人可以通过确权明确由之前土地权利转化而来的土地补偿利益的归属。因此，未央区人民政府以涉案宅基地已经被征收为由不予受理确权申请，属于适用法律错误。

——［2018］最高法行申 1361 号——再审申请人李某艳诉被申请人陕西省西安市未央区人民政府不履行土地权属争议处理法定职责一案

四、土地使用权人与改变土地用途的行为有利害关系

二审法院认为，银川市人民政府作出 116 号批复行政行为的相对人为宁夏吉泰房地产开发有限公司（以下简称"吉泰公司"），闫某等 9 人起诉撤销 116 号批复的主体不适格。再审法院认为，原审法院以起诉人并非行政行为法定文书中载明的行政相对人为由，认定其不具有原告主体资格确有不当。一般而言，行政相对人在理论上可以分为直接相对人和间接相对人，不仅包括行政行为法定文书中载明的人，还包括行政行为法定文书中虽未载明，但其合法权益受到行政行为实际影响的人。本案现有证据材料难以否认再审申请人系高台寺村土地的宅基地使用权人，享有土地使用权。本案被诉 116 号批复将案涉土地出让给吉泰公司，并且明确用途为商住，还规定了总用地范围内的城市规划道路用地问题，实际上已改变了土地用途。现有证据尚不足以否认再审申请人作为土地使用权人对该批复所具有的利害关系。

——［2020］最高法行再 165 号——再审申请人闫某等 9 人诉被申请人宁夏回族自治区银川市人民政府土地行政批复一案

【实务应对】

对于农村集体土地行政诉讼案件的原告主体问题，《最高人民法院关于审理涉及农村集体土地行政案件若干问题的规定》第 3 条、第 4 条进行了明确，包括三类主体：一是村民委员会或者农村集体经济组织；二是过半数的村民（以集体经济组织的名义）；三是土地使用权人或者实际使用人（以自己的名义）。也就是说，村集体经济组织和村民个人分别有权提起行政诉讼，只不过要看以谁的名义提起。村民个人包括土地使用权人或实际使用人只能以自己的名义提起诉讼，不能以集体经济组织的名义提起。

第一部分的案例，对农村征地拆迁实践中常见的土地补偿相关费用发放、合村并居审批等行为的原告主体资格问题进行了明确。土地补偿相关费用主要包括四项：土地补偿费、安置补助费、地上附着物补偿费、青苗补偿费。前两项通常支付给农村集体经济组织，农村集体经济组织对这两项费用相关的行政行为不服的，可以提起行政诉讼，村民个人则无权提起。后两项通常支付给村民个人，村民个人对这两项费用相关的行政行为不服的，可以自己的名义提起行政诉讼。此外，如果土地征收决定、限期搬迁决定、强制清除地上附着物等行为，侵害了村民个人的合法权益，若农村集体经济组织不起诉，村民个人也可以自己的名义提起行政诉讼。对于合村并居审批行为的原告主体资格的认定亦是遵循了上述判断思路。

第二部分的案例，《征收土地公告》以及《批准用地的函》是判断土地是否被征收的重要证据。但是，在土地权属复杂的情况下，如涉案土地既有集体土地又有国有土地，仅有征地公告和批准函件，不足以否定土地权利人与涉案土地的利害关系。法院对此应进一步调查核实后再作决定。

第三部分的案例，对已被征收的宅基地能否再申请政府确权的问题进行了明确。通常情况下，宅基地被征收后其权属性质就发生了变化，原宅基地使用人就丧失了对宅基地的实际控制，也就无法再申请确权登记。但是，本处案例作出了比较清晰的说明：土地权利既包括现实存在的权利也包括曾经存在的权利。尤其是宅基地被征收后，其直接影响的是当事人之间的现实财产利益分配问题。故，权属不明的宅基地被征收后，仍有通过确权进一步明确其分配利益的必要性。这对于实质性化解行政争议而言，具有十分重要的意义。

第四部分的案例，明确了集体土地用途变更中间接相对人的诉权问题。本处案例具有特殊性，案涉批复的直接相对人是吉泰公司，闫某等9人并非行政行为的直接相对人，通常这种情况下闫某等9人并不具有诉权。但是，闫某等9人又确系宅基地使用权人，在其不知情且未得到任何补偿的情况下宅基地被划归为国有，显然严重侵犯到其合法权益。此种情况下，若不允许权益受到行政行为实际影响的间接相对人起诉，显然极不公平，也不符合基本的常理和情理。

综上，司法实践中涉及农村征地拆迁诉讼主体资格的认定时，一方面，应严格按照《最高人民法院关于审理涉及农村集体土地行政案件若干问题的规定》进行判断，准确区分出集体经济组织和村民个人的原告主体资格。另一方面，对于土地性质发生变化或者被征收拆迁的，不能想当然地、盲目地认为原土地或房屋的权利人就丧失了原告主体资格，还需要结合足以导致其权益受损的多方面因素进行综合判断。

【法律法规】

《最高人民法院关于审理涉及农村集体土地行政案件若干问题的规定》

第三条 村民委员会或者农村集体经济组织对涉及农村集体土地的行政行为不起诉的，过半数的村民可以以集体经济组织名义提起诉讼。

农村集体经济组织成员全部转为城镇居民后，对涉及农村集体土地的行政行为不服的，过半数的原集体经济组织成员可以提起诉讼。

第四条 土地使用权人或者实际使用人对行政机关作出涉及其使用或实际使用的集体土地的行政行为不服的，可以以自己的名义提起诉讼。

《国土资源部办公厅关于土地登记发证后提出的争议能否按权属争议处理问题的复函》（国土资厅函〔2007〕60号）

……土地权属争议是指土地登记前，土地权利利害关系人因土地所有权和使用权的归属而发生的争议。土地登记发证后已经明确了土地的所有权和使用权，土地登记发证后提出的争议不属于土地权属争议。土地所有权、使用权依法登记后第三人对其结果提出异议的，利害关系人可根据《土地登记规则》的规定向原登记机关申请更正登记，也可向原登记机关的上级主管机关提出行政复议或直接向法院提起行政诉讼……

第五节　集体土地上房屋承租人及附着物实际经营人原告资格

【典型案例】

一、房屋承租人与征补安置行为无利害关系

根据相关法律法规的规定，集体土地上房屋的承租人，不属于征收集体土地需补偿安置人员的范围，征收集体土地应支付的补偿费用也不包括房屋承租人的相关补偿费用。其与房屋所有权人之间的租赁关系属于民事法律关系，对于其作为房屋承租人享有的权利，可通过民事途径予以主张，但其在

房屋征收补偿安置过程中并不享有行政法律关系上的权利。

—— [2018] 最高法行申 4094 号——再审申请人向某玲诉被申请人重庆市人民政府行政复议申请决定一案

二、房屋承租人与限期拆除行为无利害关系

韩某平因不服后沙峪镇人民政府作出的限拆决定，向顺义区人民政府申请行政复议。根据原审法院查明的事实，该限拆决定是后沙峪镇人民政府针对案涉违法建设房屋的所有权人作出的，韩某平系部分房屋的租赁权人。韩某平所主张的租赁权系债权，其相关权益应通过民事途径依法予以救济，后沙峪镇人民政府作出案涉限拆决定，无须考虑韩某平的租赁权，故韩某平与案涉限拆决定不具有利害关系。

—— [2019] 最高法行申 4755 号——再审申请人韩某平诉被申请人北京市顺义区人民政府行政复议一案

三、附着物实际所有人或经营人对征补行为有利害关系

市、县政府实施征地时，承租人对涉案集体土地享有合法使用权，根据《土地管理法实施条例》第 26 条第 1 款关于"地上附着物及青苗补偿费归地上附着物及青苗的所有者所有"的规定，其享有对涉案土地上的附着物获得补偿的权利，市、县政府亦有义务支付被征收土地地上附着物补偿费。承租人作为涉案土地地上附着物的所有人，有权主张其应得到的相应补偿，具有提起要求市、县政府履行补偿职责之诉的原告资格。

—— [2018] 最高法行再 194 号——再审申请人咸丰县蕊华养殖专业合作社诉被申请人湖北省咸丰县人民政府土地行政补偿一案

被征收土地的实际经营权人，对地上附着物、青苗依法享有所有权，不服行政机关对地上附着物、青苗作出的行政补偿决定或达成的征收补偿协议行为提起行政诉讼的，具有原告主体资格。原告对征收补偿方案或征收补偿决定不服起诉的，应当先行由县级以上人民政府协调，协调不成向上一级人民政府申请裁决，不得直接提起行政诉讼；对地上附着物、青苗补偿协议行为不服直接向人民法院提起行政诉讼的，人民法院应当予以受理。

—— [2017] 最高法行再 96 号——再审申请人陈某诉被申请人广西壮族自治区防城港市防城区人民政府行政征收补偿一案

【实务应对】

上述案例对集体土地房屋使用人、承租人及附着物经营人等主体原告资格进行了界定。

第一部分的案例，认定了集体土地房屋承租人与征收补偿安置行为无利害关系。主要理由在于，承租人不属于《土地管理法》等法律所规定的征补安置对象，补偿费用如土地补偿费、安置补助费等也是针对所有人，并不针对承租人。不过，如果征补费用包含了承租人的损失，如租金损失、停产停业损失等，承租人就对征补安置行为具有了特殊利益，其应具有相应的原告资格。具体可以参照国有土地房屋补偿方案含承租人停产停业损失时的认定案例。[1]

第二部分的案例，认定了房屋承租人与所租赁的违法建设房屋不具有利害关系。主要理由在于，承租人与案涉房屋的租赁属于民事法律关系，不属于行政法范畴，可另行解决。从一般意义上而言，该案例的理由无疑是正确的。但是，该案例的观点并非适用于所有的情形。如果限期拆除决定或者强制拆除行为，对专属于承租人的财产造成了损害（如承租人屋内添置的财物），承租人当然与强拆行为具有利害关系，可以提起行政诉讼。此种情况可以参照本章第二节"国有土地上房屋承租人的原告资格"第四部分中明确的"一般承租人对侵害其财产的强拆行为有原告资格"。

第三部分的案例，认定了集体土地附着物的实际所有人或经营人对征补行为有利害关系。有人可能会对此提出疑问：为何附着物的实际所有人或经营人与征补行为有利害关系，而承租人通常与征补行为不具有利害关系。这里有一个判断的标准：土地征收补偿费用主要包括土地补偿费、安置补助费、地上附着物补偿费、青苗补偿费四项。前两项费用针对的是农村集体经济组织成员，后两项费用针对的是实际所有人。承租人、土地附着物的实际所有人或经营人，如果不是农村集体经济组织成员，显然与前两项费用相关的行为不具有利害关系。反之，则有利害关系。同理，正是因为土地附着物的实际所有人或经营人（包括承租人），是地上附着物（含青苗）的所有权人，所以其对征补行为具有利害关系。反之，则没有利害关系。

---

[1] [2019] 最高法行申 7667 号。

　　综上，通过上述案例，可以看到对于承租人、使用人等非所有权人利害关系的认定，集体土地房屋和国有土地房屋征迁中看似有所不同，即国有土地房屋征迁中广泛认定了承租人、使用人等非所有权人的利害关系，包括公房承租人、未取得产权证的实际使用人和居住人、单位集资房使用人等，但集体土地房屋征迁中并不承认承租人与征补安置行为的利害关系。

　　不过，深入分析，可以发现国有土地房屋征迁中之所以较为广泛地认定了承租人、使用人等非所有权人的利害关系，其中一个主要原因就是，这些承租人、使用人等非所有权人，产生了不同于一般承租人、使用人的特殊利益，他们或是基于特殊身份关系（如公房承租），或是基于实际使用关系（但并未办房产证），或是基于特殊财产利益关系（如屋内自行添置的财产），而正是基于上述特殊利益和特殊关系，其就可以具有原告主体资格。这种认定思路，其实也适用于集体土地房屋征迁工作。关键是看集体土地房屋承租人、使用人等非所有权人，如果其产生了不同于一般承租人、使用人的特殊利益和特殊关系，对征补安置、强制拆除等行为就具有利害关系。反之，则不具有利害关系不能提起行政诉讼。

第四章

征地拆迁诉讼的被告资格问题

第一节　立案时不宜强求被告确系行为实施主体

【典型案例】

对于涉及无行政主体认领强制拆除行为的案件，主张合法权益受到侵害的公民、法人或其他组织往往只是知道或应当知道强制拆除行为本身，无从准确知晓强制拆除行为的实施主体。对于此种情形，若在公民、法人或其他组织起诉时即要求其列正确的行为主体为被告，则无疑是强人所难。在立案环节，若已符合有明确的被告的要求，则对于是否有事实根据的审查，应重点审查相关证据材料能否证明存在被诉的强制拆除行为及所列被告是否在法律上或事实上具有较大可能作出被诉的强制拆除行为，不宜强求所列被告确为行为实施主体。至于所列被告是否确为行为实施主体，则在案件移送审判庭审理后，由审判庭经审理确定。在审理中，可通过综合审查、追加被告、通知第三人参加、举证责任分配等方式认定或推定行为实施主体。若经审理，所列被告确非行为实施主体，则此时不宜再认定错列被告，仍应以起诉缺乏事实根据为由裁定驳回起诉。经审理后，不宜未确定行为实施主体便裁定驳回起诉。

——［2020］最高法行申5042号——再审申请人马某诉被申请人甘肃省兰州市七里河区人民政府城建行政强制一案

征收土地补偿安置费用的支付一般情况下属于土地行政主管部门的职责，但市、县人民政府如未履行征收土地方案公告和征地补偿、安置方案批准等法定职责，则不能排除其亦负有支付征收土地补偿安置费用的职责，在此情形下，当事人如诉请判令行政机关履行支付征收补偿安置费用的职责或者确认行政机关未履行支付征收补偿安置费用的行为违法，市、县人民政府亦可成为行政诉讼的适格被告。由于立案审查阶段主要是通过形式审查对明显不符合行政诉讼起诉条件的起诉予以排除，通常不对案件事实、证据等实质性问题进行审查，故针对当事人以市、县人民政府和土地行政主管部门为被告提起诉讼的，人民法院应当在立案受理后，在查明相关案件事实的基础上进一步确定适格被告。

——［2019］最高法行再73号——再审申请人官某、严某兰诉被申请人四川省成都市人民政府、成都市国土资源局土地征收补偿一案

【实务应对】

行政诉讼的构成要件可以分为起诉要件、诉讼要件、本案要件。"起诉条件乃诉讼程序的开始，其涉及的仅仅是诉讼成立与否，因此其评价的对象也应当简化为诉状是否完整及诉讼费用是否缴纳等形式性事项，此为大陆法系通行之做法。"[1]起诉要件属于提起诉讼最低层次的要求，内容上一般包括当事人主体明确、诉状格式齐备、诉讼费用缴纳等事项。[2]也就是说，被告主体能否识别问题属于较低层面的起诉要件之范畴。在此阶段，只要原告诉状中列明的被告足以与其他主体相识别，则不宜径行以被告主体不明确不适格为由，不予立案或者驳回起诉。司法实践中处理该问题，应牢牢把握该项判断准则。正如［2020］最高法行申5042号判例所言，至于所列被告是否确为行为实施主体，不属于立案登记之起诉要件范畴，而属于诉讼要件范畴，故应在案件正式立案后交由审判庭审理确定。

【法律法规】

《最高人民法院关于适用〈中华人民共和国行政诉讼法〉的解释》

第六十七条 原告提供被告的名称等信息足以使被告与其他行政机关相区别的，可以认定为行政诉讼法第四十九条第二项规定的"有明确的被告"。

起诉状列写被告信息不足以认定明确的被告的，人民法院可以告知原告补正；原告补正后仍不能确定明确的被告的，人民法院裁定不予立案。

---

〔1〕 李凌：《立案登记制下诉的利益判断》，载《国家检察官学院学报》2017年第4期，第151页。

〔2〕 王华伟：《行政诉讼立案登记制源流及实施效果再思考》，载《湖北社会科学》2018年第11期，第134页。

第二节　双被告层级较高被告不适格的处理方式

【典型案例】

本案中，东宝区人民政府在房屋征收决定公告中已明确征收部门为东宝区住房和城乡建设局，再审申请人代某因不服案涉的房屋强制拆除行为提起诉讼，在未能提供相应的证据证明东宝区人民政府实施了强拆行为的情况下，以东宝区人民政府为被告，被告主体不适格。而根据《行政诉讼法》关于级别管辖的规定，以东宝区住房和城乡建设局为被告的行政诉讼不属于中级人民法院管辖。需要指出的是，与单独针对层级较低的行政机关到中级人民法院起诉不同，经审查共同被告中层级较高的行政机关不是适格被告时，受诉中级人民法院应首先予以释明，当事人坚持不予变更的，也不宜直接不予立案，而应在裁定驳回针对较高层级行政机关的起诉之后，将案件移送有管辖权的基层人民法院。一审法院处理确有不妥，但鉴于原审法院裁判结果并未影响再审申请人另行到有管辖权的人民法院提起诉讼的权利，本案没有进入到审判监督程序的实质意义。一、二审裁定结果可予维持。

——［2019］最高法行申 4535 号——再审申请人代某诉被申请人湖北省荆门市东宝区人民政府、荆门市东宝区住房和城乡建设局行政强制一案

——［2018］最高法行申 5472 号——再审申请人张某强诉被申请人山东省济南市历城区人民政府行政强制一案

【实务应对】

共同诉讼中经常涉及不同被告主体资格的确定问题，伴随而来的往往又是管辖法院的确定问题。按照法律的相关规定，对于原告所列被告主体不适格的情况，法院有释明的义务。原告拒绝变更的，可以裁定驳回起诉。但是，共同被告诉讼案件中可能会出现一个主体合格、一个主体不合适的特殊情况。此时，为减轻当事人诉累，提升案件审理效率，对于不适格的被告，法院可以裁定驳回对该主体的起诉；对于另一适格的主体，法院可以继续审理。如果认为对适格主体无管辖权，法院应按照《行政诉讼法》相关规定，将其移送至有管辖权的法院。这种区分处理的方式，有利于更好地保护当事人的合

法权益和提升人民群众对司法的满意度。

【法律法规】

《最高人民法院关于适用〈中华人民共和国行政诉讼法〉的解释》

第二十六条第一款　原告所起诉的被告不适格，人民法院应当告知原告变更被告；原告不同意变更的，裁定驳回起诉。

《中华人民共和国行政诉讼法》

第二十二条　人民法院发现受理的案件不属于本院管辖的，应当移送有管辖权的人民法院，受移送的人民法院应当受理。受移送的人民法院认为受移送的案件按照规定不属于本院管辖的，应当报请上级人民法院指定管辖，不得再自行移送。

第三节　行政机关职能部门或下属单位人员出庭应诉

【典型案例】

《行政诉讼法》第 3 条、第 31 条规定，被诉行政机关负责人不能出庭应诉的，应当委托行政机关相应的工作人员出庭。当事人的工作人员可以被委托为诉讼代理人。这里的"工作人员"不仅仅是指被诉行政机关的工作人员，也包括参与被诉行政行为的作出过程、了解案件主要事实的被诉行政机关所属相关职能部门或者下属单位的工作人员。虽然泰来县人民政府是本案被告，但是了解相关征收过程，具体负责征收补偿安置工作的，是泰来县房屋征收办公室及其工作人员。泰来县房屋征收办公室工作人员作为泰来县人民政府的诉讼代理人参加诉讼活动，更有利于查明案件事实，符合《行政诉讼法》规定的出庭应诉人员的身份条件。

——［2016］最高法行申 1025 号——再审申请人王某顺诉被申请人黑龙江省泰来县人民政府政府信息公开一案

【实务应对】

行政机关负责人出庭应诉制度实施以来，对于提升行政审判质效和促进矛盾纠纷化解，起到了积极的推动作用。但是，我们也可以看到该制度在实施过程中也出现了一些新的问题。比如，行政机关负责人无法出庭，指派相应工作人员出庭，这里的"工作人员"范围如何确定。这一问题，在相关司法解释和案例中进行了明确。这里的"工作人员"，不仅包括被诉行政机关的直接工作人员，也包括相关职能部门、下级行政部门的工作人员。这些人员的职权，可以是由被诉行政机关授权，也可以是由被诉行政机关委托。也就是说，只要这些人员能够提供行使被诉行政机关相应职权的证据或依据，其"工作人员"的身份就应被认可。

【法律法规】

《最高人民法院关于适用〈中华人民共和国行政诉讼法〉的解释》

第一百二十八条 行政诉讼法第三条第三款规定的行政机关负责人，包括行政机关的正职、副职负责人以及其他参与分管的负责人。

行政机关负责人出庭应诉的，可以另行委托一至二名诉讼代理人。行政机关负责人不能出庭的，应当委托行政机关相应的工作人员出庭，不得仅委托律师出庭。

《最高人民法院关于行政机关负责人出庭应诉若干问题的规定》

第十条 行政诉讼法第三条第三款规定的相应的工作人员，是指被诉行政机关中具体行使行政职权的工作人员。

行政机关委托行使行政职权的组织或者下级行政机关的工作人员，可以视为行政机关相应的工作人员。

人民法院应当参照本规定第六条第二款的规定，对行政机关相应的工作人员的身份证明进行审查。

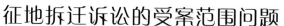

第五章
征地拆迁诉讼的受案范围问题

第一节　国有土地征收拆迁行为的可诉性

【典型案例】

一、房屋征收决定与补偿决定的可诉性

市、县级人民政府作出的房屋征收决定和房屋征收补偿决定属两种相对独立的行政行为，均具有可诉性。通常认为，尽管市、县级人民政府作出的房屋征收决定是作出房屋征收补偿决定的根本前提，但在被诉行政行为是房屋征收补偿决定，而房屋征收决定并非被诉行政行为的案件审理中，则不宜对房屋征收决定按照对行政行为进行合法性审查的一般标准进行审查，应主要从关联性、合法性、真实性等方面进行证据审查。若房屋征收决定尚未作出，或是房屋征收决定与房屋征收补偿决定针对的房屋无关，或是房屋征收决定的违法性极其严重以至于符合《行政诉讼法》第75条规定的重大且明显违法情形而构成无效行政行为，则被诉房屋征收补偿决定应被认定为主要证据不足。

——［2020］最高法行再8号——再审申请人马某麦诉被申请人甘肃省兰州市七里河区人民政府房屋征收行政补偿一案

二、房屋征收补偿方案系阶段行为不可诉

在国有土地上房屋征收与补偿过程中，房屋征收补偿方案是市、县级人民政府作出房屋补偿决定的重要依据。但房屋征收补偿方案并非针对单个权利主体，而是针对所有被征收人作出的征收补偿标准和方式。对单个权利主体的权益产生实质影响的是其后作出的房屋征收补偿决定。并且在被征收人

对房屋征收补偿决定依法提起行政诉讼，人民法院对房屋征收补偿决定审查时，也将一并对征收补偿方案的合法性进行审查。换言之，房屋征收补偿方案的效力已被房屋征收补偿决定所吸收，被征收人完全可以通过起诉房屋征收补偿决定维护自己的合法权益。房屋征收补偿方案是房屋征收补偿决定的前置阶段性行为，属行政程序尚未终结的不成熟的行政行为，并不单独对外产生效力。人民法院单独对补偿方案进行审查，也不符合诉讼经济、便利的原则。

——［2018］最高法行申 1255 号——再审申请人郭某时诉被申请人河北省邯郸市丛台区人民政府等房屋征收补偿及行政复议决定一案

——［2018］最高法行申 5975 号——再审申请人宋某娥诉被申请人山东省济宁市任城区人民政府行政征收一案

三、调整征收范围和认定棚户区行为不可诉

2014 年 6 月 27 日，河南省新乡市卫滨区人民政府作出《调整征收范围决定》。焦某顺认为卫滨区人民政府作出的《调整征收范围决定》不应将其所有的房屋排除在外，且《调整征收范围决定》作出后未及时公告，对原房屋征收范围不产生调整的效力，请求人民法院判决撤销《调整征收范围决定》。法院认为，卫滨区人民政府作出的《调整征收范围决定》不涉及焦某顺所有的房屋，对其财产权益不产生实际影响，焦某顺与被诉行政行为之间没有利害关系，遂裁定驳回了焦某顺的起诉。

——人民法院征收拆迁典型案例（第二批）：焦某顺诉河南省新乡市卫滨区人民政府行政征收管理案

2011 年 6 月 3 日，郑州市人民政府作出《关于下达 2011 年度第一批棚户区改造计划的通知》，通知所辖各区人民政府及相关部门决定将包括案涉南阳路 180 号粮机家属院在内的 9 个项目纳入棚户区改造计划，内容中未涉及具体征收及补偿标准，亦未向陈某杰等人送达。房屋小区被认定为棚户区后，陈某杰等人依然在其房屋中正常居住和生活，并没有因房屋所在小区被认定为棚户区而改变对其房屋的占有和使用状态。可见，郑州市人民政府将陈某杰等人房屋所在小区认定为棚户区的行为，没有对陈某杰等人的权利产生实质性影响或造成实际的损害。2013 年 11 月 22 日，郑州市惠济区人民政府作出《关于对国有土地上房屋征收决定的通知》，并据此对陈某杰等人的房屋进

行征收拆迁。因此，对陈某杰等人的权利产生实质性影响的是郑州市惠济区人民政府的征收行为，而非郑州市人民政府将陈某杰等人房屋所在小区认定为棚户区的行为。

——［2017］最高法行申3276号——再审申请人陈某杰等人诉被申请人河南省郑州市人民政府行政行为一案

四、注销产权证书是执行征收决定行为不可诉

有关执行征收决定的行为，主要是指行政机关依据人民政府的征收决定办理的注销房屋登记、土地使用权登记或者收缴房屋权属证书、土地使用权证书等行为。人民政府作出征收决定后，征收范围内的房屋所有权以及其所附土地使用权不再属于原房屋所有权和土地使用权人，而是属于国家所有。有关行政管理部门就需依据征收决定，注销房屋登记、土地使用权登记或收缴房屋权属证书、土地使用权证书等。对被征收人及其利害关系人的权益产生实际影响的，是征收决定，而不是注销和收缴等执行行为。因此，不可诉。

但是，公民、法人或者其他组织认为其房屋不在征收决定确定的范围，不服执行征收决定的行为，以执行征收决定错误为由而提起行政诉讼的，对起诉人权益发生实际影响的是执行征收决定的行为，而不是执行征收决定。因此，例外可诉。

——蔡小雪："关于房屋征收与补偿决定及相关行为的可诉性问题"，转自："话说民告官"公众号

五、补偿程序未完成前的拆除行为可诉

在房屋征收拆迁过程中，行政机关对被征收人依法作出补偿安置行为之前，应当保障被征收房屋正常的居住使用功能，不能随意对房屋进行破坏、拆除。房屋强拆行为不限于对房屋主体结构的拆除，对门窗、墙面等房屋必要组成部分的拆除以及对室内的清理，同样涉及被征收人的人身和财产安全，影响被征收人的合法权益。因此，在补偿安置程序尚未完结、法定拆除程序尚未开始的情况下，行政机关不能以拆除门窗、破坏墙体、清理室内等方式影响被征收人对房屋的居住使用。如果被征收房屋遭到破坏、拆除，行政机关应当举证证明系在其不知情的情况下由其他主体实施，否则要承担相应的法律责任。对此，当事人可以提起确认房屋强拆行为违法之诉，不属于没有

事实根据的情形。

——［2018］鲁行终 2417 号——上诉人盛某波、王某芳诉被上诉人山东省济南市市中区人民政府等行政强制一案

六、单位建分房引起的占腾房拆除纠纷不可诉

本案中，113 号、114 号房屋系南宁市人民政府办公厅公有住房。由本案再审申请人谭某文于 1993 年 10 月 28 日与南宁市人民政府办公厅房改领导小组签订合同购买。2001 年，谭某文再次参加南宁市人民政府办公厅滨湖路 53 号南湖公务员小区的集资建房，并于 2004 年取得该集资建房项目房屋的所有权证。南宁市人民政府根据有关规定，对谭某文涉案的 113、114 号公有住房进行清退，在危旧房改住房改造项目中对涉案 113、114 号房屋实施拆除。本案被诉行政行为虽是房屋强制拆除行为，但其实质是南宁市人民政府根据自治区、南宁市有关房改政策规定，在谭某文参加南湖公务员小区集资建房后，对其原已购的 113、114 号房屋实施清退、拆除，属于单位内部管理活动，属于《最高人民法院关于房地产案件受理问题的通知》第 3 条中"因单位内部建房、分房等而引起的占房、腾房等房地产纠纷"的情形，根据上述规定，上述纠纷不属于人民法院主管范围，当事人就此类纠纷提起的诉讼，人民法院应依法不予受理或驳回起诉，可告知其找有关部门申请解决。

——［2019］最高法行申 3824 号——再审申请人谭某文、谭某诉被申请人广西壮族自治区南宁市人民政府行政强制拆除及行政赔偿一案

七、历史遗留的落实政策性质房产纠纷不可诉

根据《最高人民法院关于房地产案件受理问题的通知》第 3 条的规定，不符合《行政诉讼法》有关起诉条件的属于历史遗留的落实政策性质的房地产纠纷不属于人民法院主管工作的范围，当事人为此而提起的诉讼，人民法院应依法不予受理或驳回起诉，可告知其找有关部门申请解决。刘某成等人系基于其曾祖父刘某庭于 1938 年购得的北流市大兴路 0136 号（原大兴街 163 号）铺屋 300 平方米及 1.55 亩土地使用权主张对案涉房地产享有使用权，以案涉房地产不符合政府代管条件以及收归国有条件等为由，申请予以返还。根据上述规定，涉案纠纷不属于人民法院主管范围，玉林市人民政府不予受理刘某成等人就该纠纷提起的行政复议申请是否合法亦不属于行政诉讼受案

范围。一审法院驳回刘某成等人的起诉，二审法院予以维持并无不当。

——［2020］最高法行申 5649 号——再审申请人刘某成等人诉被申请人
广西壮族自治区玉林市人民政府撤销不予受理行政复议申请决定一案

【实务应对】

上述案例就判断国有土地征收活动中的某些行为是否具有可诉性，给我
们以下启示：

第一，阶段性行政行为一般不具有可诉性。值得注意的是，最高人民法
院的判例明确了国有土地上房屋征收补偿方案的可诉性问题。在是否具有可
诉性的问题上，国有土地上房屋补偿方案与集体土地征地补偿安置方案存在
较大的区别，一般不具有可诉性。

第二，原告权益是否受到政府行为的实质影响，是判断其是否具有诉权
的重要标准。因此，司法实践中遇到较为复杂或者新颖的行为是否具有可诉
性问题时，应抓住重点，从相对权益减少或义务增加角度判断其权益是否受
到实际影响，从而判断该行为是否具有可诉性。该判断标准适用于政府调整
征收范围、认定棚户区、注销和收缴证书、拆除房屋等各种情况。

第三，历史遗留的、政策性的、内部性的房地产纠纷不宜由法院受理。
目前，《最高人民法院关于房地产案件受理问题的通知》（法发［1992］38
号）依然有效。司法实践中遇到此类纠纷时，应严格把握该通知规定的三类
案件范围。即"凡不符合民事诉讼法、行政诉讼法有关起诉条件的属于历史
遗留的落实政策性质的房地产纠纷""因行政指令而调整划拨、机构撤并分合
等引起的房地产纠纷""因单位内部建房、分房等而引起的占房、腾房等房地
产纠纷"。

【法律法规】

《最高人民法院关于房地产案件受理问题的通知》（法发［1992］38 号）

全国各地方各级人民法院、各级军事法院、各铁路运输中级法院和基层
法院、各海事法院：

随着我国当前经济的发展和住房制度、土地使用制度的改革，有关房屋
和土地使用方面的纠纷在一些经济发达的地区，不仅收案数量和纠纷种类有
增多的趋势，而且出现了许多值得重视和研究的新的情况和新问题。为了适

应形势发展的需要，现就不少地方提出的而又需要明确的有关房地产纠纷案件的受理问题通知如下：

一、凡公民之间、法人之间、其他组织之间以及他们相互之间因房地产方面的权益发生争执而提起的民事诉讼，由讼争的房地产所在地人民法院的民事审判庭依法受理。

二、公民、法人和其他组织对人民政府或者其主管部门就有关土地的所有权或者使用权归属的处理决定不服，或对人民政府或者其主管部门就房地产问题作出的行政处罚决定不服，依法向人民法院提起的行政诉讼，由房地产所在地人民法院的行政审判庭依法受理。

三、凡不符合民事诉讼法、行政诉讼法有关起诉条件的属于历史遗留的落实政策性质的房地产纠纷，因行政指令而调整划拨、机构撤并分合等引起的房地产纠纷，因单位内部建房、分房等而引起的占房、腾房等房地产纠纷，均不属于人民法院主管工作的范围，当事人为此而提起的诉讼，人民法院应依法不予受理或驳回起诉，可告知其找有关部门申请解决。

第二节　集体土地征收行为的可诉性分析

一、土地征收决定及征地批复

【典型案例】

（一）省级人民政府征收土地决定可复议不可诉讼

人民法院不受理公民、法人或者其他组织对法律规定由行政机关最终裁决的行政行为提起的诉讼。依据［2005］行他字第 23 号《最高人民法院关于适用〈中华人民共和国行政复议法〉第三十条第二款有关问题的答复》（以下简称"230 号批复"），省级人民政府作出的征收土地决定，以及省级人民政府对征用土地决定作出的行政复议决定，属于法律规定的最终裁决行为，当事人对此类行政行为提起行政诉讼的，人民法院不予受理。但是，上述规定并未限制当事人对征收土地决定通过行政复议寻求救济。省级人民政府作出的征地批复必然对土地权利人的合法权益产生影响，应当属于行政复议范围。公民、法人或者其他组织不服省级人民政府作出的征收土地决定，有权申请行政复议，复议机关依法应予受理，进行实体审查并作出决定。本案中，刘某兴不服广西壮族自治区政府作出的 230 号批复，向该政府申请复议，符合《行政复议法》的相关规定，该政府应当予以受理。广西壮族自治区政府以刘某兴等人的申请不符合行政复议受案范围为由，作出 84 号驳回决定，适用法律错误。

——［2016］最高法行再 79 号——再审申请人王某海等人诉被申请人吉林省人民政府驳回行政复议申请一案

——［2017］最高法行再 87 号——再审申请人刘某兴等 15 人诉被申请人广西壮族自治区人民政府行政复议一案

——［2017］最高法行再 92 号——再审申请人刘某兴等 15 人诉被申请人广西壮族自治区人民政府行政复议一案

（二）省级人民政府征地批复系征收决定可复议不可诉讼

省级人民政府作出批准征收土地的批复后，由县级以上地方人民政府予以公告并组织实施。因此，在具体征地过程中，省级人民政府的征地批复由下级人民政府予以公告，外化为直接产生征收土地法律效果的"土地征收决定"，对被征收人的权利义务产生实际影响，故该类批复符合《行政复议法》规定的行政复议范围。此外，原国务院法制办公室国法秘复函［2017］817号《对宁夏回族自治区人民政府法制办公室〈关于省级人民政府土地批复行政复议案件有关问题的请示〉的复函》也明确："根据《中华人民共和国行政复议法》的规定，判断某一行为是否属于行政复议范围，核心在于判断其是否属于影响公民、法人或者其他组织合法权益的具体行政行为。省级人民政府作出的征地批复性质上是行政征收决定，是征地审批机关行使征地审批权的具体的、唯一的表现形式，将对被征地农村集体经济组织和农民的财产权利等合法权益产生实质影响，依法属于行政复议范围。"

——［2019］最高法行申 8409 号——再审申请人汪某林诉被申请人宁夏回族自治区人民政府行政复议一案

最高人民法院［2005］行他字第 23 号复函旨在强调，人民法院当时适用《行政复议法》第 30 条第 2 款规定的一般标准，即省级政府的征地决定及行政复议决定未被纳入行政诉讼受案范围之内。原审法院将有关内容解释为省级人民政府作出的征地批复是最终裁决，不得申请行政复议，并不加区分地认为针对批复作出的复议决定均不属于人民法院的受案范围，存在一定误解，与《行政复议法》前述规定的精神不符，亦不利于对当事人法定的复议请求权的保障。

——［2018］最高法行再 8 号——再审申请人谭某立诉被申请人湖北省人民政府土地行政复议一案

根据《行政复议法》第 14 条"对国务院部门或者省、自治区、直辖市人民政府的具体行政行为不服的，向作出该具体行政行为的国务院部门或者省、自治区、直辖市人民政府申请行政复议。对行政复议决定不服的，可以向人民法院提起行政诉讼；也可以向国务院申请裁决，国务院依照本法的规定作出最终裁决"之规定，再审申请人提出的行政复议申请对象是被申请人山西省人民政府作出的征地批复，应属于行政复议的受理范围。

——［2018］最高法行申 3825 号——再审申请人苗某女诉被申请人山西省人民政府不予受理行政复议决定一案

（三）征地决定与征地批复不一致的可诉

本案中，夏邑县人民政府辩称被诉征收决定仅系对河南省人民政府豫政土［2012］359 号批复文件的实施行为，而非新的征收决定，未对再审申请人创设新的权利义务。但是，夏邑县人民政府并未提供确切证据，就再审申请人提供的商丘市国土资源局 2017 年 4 月 12 日作出的《商丘市国土资源局关于张新力等人申请政府信息公开的回复意见》、夏邑县人民政府办公室 2017 年 4 月 17 日作出的《政府信息公开申请答复书》以及夏邑县人民政府 2018 年 1 月 10 日作出的《夏邑县人民政府关于执行商丘市人民政府商政复决［2017］44 号行政复议决定书的答复意见》等材料所反映出的被诉征收决定可能与河南省人民政府豫政土［2012］359 号批复文件范围不一致的问题作出合理说明。对此，原审法院没有进行审查与回应，简单地以被诉征收决定系对河南省人民政府征地批复的重复，该决定对再审申请人没有设定新的权利义务，对其合法权益不产生影响为由裁定驳回起诉不当，应予纠正。

——［2018］最高法行申 10615 号——再审申请人张某力诉被申请人河南省夏邑县人民政府行政征收一案

（四）征地批复与征地公告不能重复申请复议

省级以上人民政府的征地批复与市、县人民政府将征地批复公告的行为，是国家征收农村集体土地的互相独立又互相联系的有机整体，两者合法性的审查要件基本相同。因此，对同项目、同地块、同性质的征地批复行为和公告行为的救济渠道宜保持统一并体现效率，在省级以上人民政府已经针对被征收人对征地批复行政复议申请作出行政复议决定，被征收人又根据《行政复议法》第 30 条第 2 款规定申请国务院作出最终裁决的情况下，被征收人又另行对征地批复公告申请行政复议，行政复议机关不再予以受理，并不违反《行政复议法》的规定。

——［2018］最高法行申 10804 号——再审申请人聂某香诉被申请人江西省宜春市人民政府行政复议一案

（五）经复议的征收决定及征地批复的可诉性分析

对省级人民政府作出的征收土地决定的起诉未被纳入行政诉讼受案范围，省级人民政府据此作出的行政复议决定，亦不属于行政诉讼受案范围。此处的行政复议决定是指复议机关受理行政复议申请后作出的实体决定，如果是以行政复议申请不符合受理条件为由决定不予受理行政复议申请或者驳回行政复议申请，当事人不服可向法院提起行政诉讼，以保障当事人对征收土地决定通过行政复议寻求救济的权利。

——［2018］最高法行申 10998 号——再审申请人李某方诉被申请人北京市人民政府土地行政征收一案

再审申请人徐某岁因与被申请人山东省人民政府行政复议一案，不服山东省高级人民法院［2019］鲁行终 292 号行政判决，向本院申请再审。本院依法组成合议庭对本案进行了审查，现已审查终结。徐某岁向山东省济南市中级人民法院提起诉讼，请求撤销山东省人民政府 2018 年 10 月 30 日作出的鲁政复驳字［2018］457 号《驳回行政复议申请决定书》，判令山东省人民政府受理其行政复议申请。一审和二审法院均受理和审理了该案，最高人民法院也受理了该案的再审，并依法作出了裁判。

——［2019］最高法行申 7501 号——再审申请人徐某岁与被申请人山东省人民政府行政复议一案

省级人民政府作出的征收土地批复，以及对征用土地决定作出实体处理的行政复议决定，属于法律规定的最终裁决行为，不属于行政诉讼受案范围。但是，省级人民政府未在法定期限内作出复议决定，或者以复议申请不符合受理条件为由作出的不予受理、驳回复议申请决定，不属于法律规定的最终裁决行为。本案中，天津市人民政府作出的律政复不受字［2019］2-215 号《行政复议申请不予受理决定书》（以下简称"215 号复议决定"），以闫某旺等 5 人与天津市人民政府作出的津国土房资准函字［2011］1024 号《关于批准津南区 2011 年第七批土地征收（挂钩试点）的函》不具有利害关系为由，决定不予受理其复议申请，显然不属于法律规定的最终裁决行为，一、二审裁定以 215 号复议决定系法律规定的最终裁决，不属于行政诉讼受案范围为由裁定驳回起诉不妥，本院予以指正。

——［2020］最高法行申 8645 号——再审申请人闫某旺等 5 人诉被申请人天津市人民政府行政复议一案

依据《最高人民法院关于适用〈中华人民共和国行政复议法〉第三十条第二款有关问题的答复》（［2005］行他字第 23 号）的规定，省级人民政府作出的征收土地决定，以及省级人民政府对征用土地决定作出实体处理的行政复议决定，属于法律规定的最终裁决行为，当事人对此类行政行为提起行政诉讼的，人民法院不予受理。但是，上述规定并未限制当事人对征收土地决定通过行政复议寻求救济。公民、法人或者其他组织不服省级人民政府作出的征收土地决定，有权申请行政复议，复议机关应依法受理，进行实体审查并作出决定。复议机关如认为复议申请不符合法定的申请条件，作出不予受理或程序性驳回决定，则不属于前述的最终裁决行为。在此情形下，当事人对复议机关作出的不予受理或程序性驳回决定提起行政诉讼，属于行政诉讼的受案范围，人民法院应予依法受理。本案中，王某生不服天津市人民政府作出的津国土房资准函字［2011］121 号《关于批准静海县 2011 年第一批次农用地转用土地征收的函》，向该政府申请行政复议，进而对该政府作出的津政复决字［2018］1-222 号程序性驳回复议申请决定提起行政诉讼，其选择的救济途径符合相关规定。一、二审法院认为该程序性驳回的复议决定不属于行政诉讼受案范围，适用法律错误，本院予以指正。

——［2020］最高法行申 5138 号——再审申请人王某生诉被申请人天津市人民政府行政复议一案

【实务应对】

第一，征收土地决定的复议诉讼问题。根据 1999 年《行政复议法》第 30 条第 2 款（2023 年修订时已删除）、《最高人民法院关于适用〈中华人民共和国行政复议法〉第三十条第二款有关问题的答复》（［2005］行他字第 23 号），最终裁决的行政行为包括如下类型：国务院或省级人民政府作出的行政区划勘定、调整决定；国务院或省级人民政府作出的征收土地决定；省级人民政府据此确认自然资源的所有权或使用权的行政复议决定。对于由行政机关最终裁决的行政行为，《行政诉讼法》第 13 条第 4 项规定，不属于行政诉讼受案范围。但是，法律包括《行政复议法》并未禁止对最终裁决行为提起行政复议。最高人民法院通过判例形式重申和明确了该观点。

第二，征地批复的性质及复议诉讼问题。征地批复系省级人民政府作出的行政行为，直接影响到被征地人的合法权益。但是，对于征地批复可否复议或诉讼一直存在争议。《国务院法制办公室对宁夏回族自治区人民政府法制办公室〈关于省级人民政府土地批复行政复议案件有关问题的请示〉的复函》（国法秘复函［2017］817 号）对此进行了明确。即省级人民政府作出的征地批复性质上是行政征收决定，依法属于行政复议受理范围。换言之，省级人民政府作出的行政征收决定系最终裁决的行政行为，不具有可诉性，征地批复自然也不具有可诉性。

第三，征地决定与征地批复的关系问题。虽然，征地决定与征地批复在性质上相似，但是，二者在内容上不能完全等同。有时候二者会存在一定的差异，特别是在先有征地批复后有征地决定的情况下，有的征地决定并未完全按照决定批复的内容来作出，此时不能否认二者的区别，而一概地认为征收决定属于对征地批复的完全重复而不可诉。［2018］最高法行申 10615 号重申了该观点。但是，有一个问题需要注意：这种情况下征地决定具有可诉性，是有一定前提条件的，即征地决定是依照征地批复而作出的。若非如此，在没有征地批复的情况下，省级人民政府单独作出的征地决定即属于一个独立的、终局的行政行为，仍不具有可诉性。

第四，征地批复与征地公告的关系问题。省级人民政府作出征地批复后，负责具体征收工作的市、县级人民政府会将征地公告或征地批复告知拟被征收的农村集体经济组织和人员。此时，征地公告已包含征地批复的批准机关、批准文号、批准时间和土地用途等内容，即征地批复被征地公告所包含。如果被征地人对征地批复或者征地公告不服，可选择其中一个申请复议。同时对两个行为提起复议或诉讼并无实际意义，反而会造成司法资源的浪费，徒增诉累。

第五，征地复议决定的终局性认定与例外问题。省级人民政府作出的征地批复类似征地决定，相对人不服的可以申请行政复议，但不可以提起行政诉讼。随之而来的新问题是：相对人对征地批复的行政复议决定不服，可否提起行政诉讼？该问题可以从如下角度考虑：一是征地批复类似征地决定，系最终裁决的行政行为，不可直接起诉，可以提起行政复议已是"法外开恩"。二是若对征地批复的行政复议决定允许起诉，实际上会导致最终裁决的行政行为又纳入行政诉讼受案范围，显然与法之旨趣不符。三是行政复议决定又分为实体审理、程序驳回两种情况。前者系复议机关对征地批复事实和依据进行了实质性审查，对复议决定不服的不应允许再起诉，否则会打破最终裁决行为不可诉之法律规定；后者系不符合受理条件而不予受理或者驳回复议申请，该案件并未进入审理程序，复议机关并未对案件事实和依据进行审查。四是对于实体审理后的行政复议决定不应再允许提起行政诉讼，对于程序性驳回的复议决定因未进入实体审理，应允许通过行政诉讼再寻求救济。

综上，通过上述案例的梳理和分析，可以看出，集体土地征收中涉及最终裁决的行政行为包括如下类型：一是，国务院或省级人民政府作出的行政区划的勘定、调整决定；二是，国务院或省级人民政府作出的征收土地决定；三是，省级人民政府作出的征收土地批复；四是，省级人民政府对征用土地决定作出的行政复议决定（程序性驳回除外）；五是，省级人民政府确认自然资源的所有权或使用权的行政复议决定。

依照现有法律规定，当事人对于上述行政行为不服，因《行政诉讼法》有明确排除性规定，故不能提起行政诉讼。又因《行政复议法》没有明确禁止性规定，加之有最高人民法院判例的指导，故可以提起行政复议。即对最终裁决的行政行为不服的，可以提起行政复议。不过，对行政复议决定不服，通常不能再提起行政诉讼，除非复议机关作出的是程序性驳回的复议决定。而程序性驳回的复议决定类型主要包括：不符合受理条件驳回、不予受理、不予答复、逾期未作决定等。对程序性驳回的复议决定，当事人可以直接起诉复议机关，但是仍然无权直接起诉原行政行为。

至此，对于集体土地征收中土地征收决定、征地批复、征地批复的复议决定等行为，其性质已经明确，均属于行政行为。其救济方式也已明确，可提起行政复议，不可提起行政诉讼。

【法律法规】

《中华人民共和国行政复议法》[1]

第三十条　公民、法人或者其他组织认为行政机关的具体行政行为侵犯其已经依法取得的土地、矿藏、水流、森林、山岭、草原、荒地、滩涂、海域等自然资源的所有权或者使用权的，应当先申请行政复议；对行政复议决定不服的，可以依法向人民法院提起行政诉讼。

根据国务院或者省、自治区、直辖市人民政府对行政区划的勘定、调整或者征收土地的决定，省、自治区、直辖市人民政府确认土地、矿藏、水流、森林、山岭、草原、荒地、滩涂、海域等自然资源的所有权或者使用权的行政复议决定为最终裁决。

《中华人民共和国行政复议法实施条例》

第二十五条　申请人依照行政复议法第三十条第二款的规定申请行政复议的，应当向省、自治区、直辖市人民政府提出行政复议申请。

《国务院法制办公室对宁夏回族自治区人民政府法制办公室〈关于省级人民政府土地批复行政复议案件有关问题的请示〉的复函》（国法秘复函〔2017〕817号）

根据《中华人民共和国行政复议法》的规定，判断某一行为是否属于行政复议范围，核心在于判断其是否属于影响公民、法人或者其他组织合法权益的具体行政行为。省级人民政府作出的征地批复性质上是行政征收决定，是征地审批机关行使征地审批权的具体的、唯一的表现形式，将对被征地农村集体经济组织和农民的财产权利等合法权益产生实质影响，依法属于行政复议范围。

《最高人民法院关于适用〈中华人民共和国行政复议法〉第三十条第二款有关问题的答复》（〔2005〕行他字第23号）

江苏省高级人民法院：

你院关于《关于适用〈中华人民共和国行政复议法〉第三十条第二款有关问题的请示》收悉，经研究，同意你院审委会第一种意见，即《中华人民

---

〔1〕　此处引用的是1999年的版本，第30条的内容一直沿用到2017年修正的版本，但于2023年修订被删除。

共和国行政复议法》第三十条第二款规定的最终裁决应当包括两种情形：一是国务院或者省级人民政府对行政区划的勘定、调整或者征用土地的决定；二是省级人民政府据此确认自然资源的所有权或者使用权的行政复议决定。

此复。

（六）农用地转用审批行为的性质与复议

【典型案例】

1. 农用地转用审批行为类似征地批复

农用地转用审批与征地审批具有高度关联性和相似性，两者往往同步进行、一并作出，均可直接影响所涉土地权利人的权益。虽然目前关于省级人民政府农用地转用批复是否可以申请行政复议没有明确规定，但由于其与征地批复的高度相似性，可以比照征地批复的救济规则予以处理。根据《行政复议法》的相关规定并结合实践的通行做法，对省级人民政府作出的征地批复虽然不能提起诉讼，但可以申请行政复议。国有农用地转用批复与一般的征地批复程序相似，同样会直接影响土地使用权人的权益，因此属于行政复议的受理范围。

—— ［2018］最高法行再 47 号——再审申请人陈某梅等 17 人诉被申请人新疆生产建设兵团不履行行政复议法定职责一案

2. 农用地转用审批行为可复议不可诉

农用地转用审批行为系有权机关出于对土地用途和规划等管制需要而作出，主要审查内容为农村集体经济组织准备用于建设的农用地是否符合农用地转用指标等条件，而不改变土地所有权的性质，不涉及国家将土地征收为国有的行为。农村集体经济组织将其所有土地用于建设系行使集体土地所有权权能的体现，基于建设需要对原有农用地进行的使用、调整、收回等均属农村集体经济组织的相关事务，当事人对此可通过相关民事诉讼解决其纠纷。据此，农用地转用审批行为对当事人的合法权益不产生实质影响，不具有可诉性。

—— ［2020］最高法行申 8221 号——再审申请人民勤县百盛养殖专业合作社诉被申请人甘肃省武威市人民政府土地行政批复一案

3. 国务院批准后省级人民政府批准实施的不可复议

江苏省国土资源厅作出的《关于同意南京市 2014 年度保障性安居工程农用地转用和土地征收实施方案的函》，是在国务院已经批准相关农用地转用和土地征收的前提下，对南京市人民政府农用地转用和土地征收实施方案的审批，该行为并非行使省级人民政府土地征收的法定批准权限，不是省级人民政府的土地征收审批行为，也即本案中批准征收土地的主体是国务院。再审申请人认为江苏省人民政府超越职权征收基本农田，缺乏事实根据，一审法院裁定不予立案，在认定事实和分析理由上并无明显不当。参考《国务院法制办公室关于国务院批准土地征收后省级人民政府批准实施方案行政复议有关问题的研究意见》中"国务院批准征收土地后，省级人民政府批准实施方案不是行使法定批准权限，不能视为省级人民政府的审批行为，不属于行政复议范围"之表述含义，原审法院处理结果之正当性、合法性应予肯定。

——［2018］最高法行申 4092 号——再审申请人陈某、湛某贵、韩某兰诉被申请人江苏省人民政府土地行政征收一案

省级人民政府在国务院批准土地征收后，根据国务院的批准文件再批准市级人民政府上报的土地征收实施方案。省级人民政府根据国务院土地征收批准文件作出的土地征收实施方案批准行为，属于对国务院批复行为的具体落实，并非新的独立的审批行为，未对当事人设定新的权利义务，不属于行政复议的受理范围。具体到本案，甘肃省人民政府作出的《关于兰州市 2010 年度第 2 批城市建设实施方案七里河区综合用地的批复》，是该政府在国务院已经批准相关农用地转用和土地征收的前提下，对兰州市农用地转用和土地征收实施方案的批准行为，系甘肃省人民政府对国务院已批复事项的具体落实，并非新的独立的审批行为。

——［2021］最高法行申 1876 号——再审申请人崔某某诉被申请人甘肃省人民政府征地批复一案

4. 未经征收直接"农转非"的不应一律认定违法

《土地管理法》第 43 条规定，建设使用集体土地必须经过法定征收程序。但是，《土地管理法实施条例》第 2 条规定，农村集体经济组织全部成员转为城镇居民的，即在通常所说的"农转非"情况下，原属于其成员集体所有的土地在性质上随之转化国家所有，而无须经过征地审批程序。这一上下位法律规定在文义上产生的歧义，导致一段时间内，我国各地在集体经济组织成

员整体"农转非"后，对于相应的集体土地是否需要另行征收，认识不一，做法多样。为此，原国务院法制办公室、原国土资源部于 2005 年 3 月 4 日联合颁发了《关于对〈中华人民共和国土地管理法实施条例〉第二条第（五）项的解释意见》（国法函〔2005〕36 号，以下简称《意见》），明确即使在"农转非"情况下，相应的集体土地仍须经过征收程序方能在性质上转化为国有土地。但需要注意的是，本案中 1993 年 12 月 3 日新郑县〔1〕人民政府作出的新政文〔1993〕74 号《县政府关于城区无地少地村民小组农民集体"农转非"问题的通知》，出台在 2005 年《意见》之前，没有经过征收而依据《土地管理法实施条例》第 2 条第 5 项的规定直接使用集体土地的行为，不宜简单认定为违法。理由在于，如果特定行政行为的"违法"，并非出于行政机关对法律的无知或是蔑视，而是因为法律规定本身的冲突或歧义，超出了行政机关对依法行政所应尽到的谨慎注意义务，则对此类行为的处罚将显得极不合理，且与《行政诉讼法》的立法初衷不符。

——〔2017〕最高法行申 7098 号——再审申请人鲁某保诉被申请人河南省新郑市人民政府要求确认其作出的《新郑市人民政府国有土地上房屋征收决定》无效一案

【实务应对】

农用地转用审批行为通常发生在因建设需要占用土地的情况下，此时需要将土地用途作出相应的改变，即由农用地转为建设用地。根据现有法律规定，土地用途的改变需要国务院或省级人民政府审批。《土地管理法》第 44 条、第 46 条以及《国务院关于授权和委托用地审批权的决定》（国发〔2020〕4 号）等，均规定了农用地转用审批的主体和权限。总体上，国务院负责永久基本农田转用审批，省级人民政府主要负责永久基本农田以外的农用地转用审批。

第一，上述案例明确了农用地转用审批行为的性质，即与征地批复性质类似。在此前提之下，可以参照征地批复的救济方式对农用地转用审批行为进行审查。即，当事人对农用地转用审批行为不服的，可以申请行政复议，但不可以提起行政诉讼。

第二，上述案例进一步明确了国务院批准农用地转用审批后省级人民政

---

〔1〕 现为新郑市。

府批准具体实施方案的救济方式。这种情况下，省级人民政府只是将国务院的批复具体落实，并未产生独立于国务院批复的其他意志，因此其行为不是一种独立的行政行为，不属于行政复议和行政诉讼范围。

第三，关于特殊情况下"农转非"征地效力的认定问题。正如判例所言，"农转非"发生在2015年《国务院法制办公室、国土资源部关于对〈中华人民共和国土地管理法实施条例〉第二条第（五）项的解释意见》出台之前，由于法律本身存在的争议和冲突，下级行政机关在适用时并无主观故意或过错，就不应判决其承担相应的不利后果。这是符合法理情理的。

第四，对于农用地转用审批行为的性质及救济问题。最高人民法院通过相关案例进行了明确，即省级人民政府作出的农用地转用审批类似于征地批复。无论从作出主体还是从行为内容方面来看，最高人民法院作出如此认定都符合法理之要义。同时这也为司法实务部门正确理解和适用农用地转用审批行为的救济问题，提供了极为重要的指导意义。为此，在司法实践中要重点把握如下要点：一是审查作出农用地转用审批的主体，是国务院还是省级人民政府。如果是国务院，因其是最高国家行政机关，对其作出的行政行为不可复议也不可诉。如果是省级人民政府，对其作出的农用地转用审批，可以提起行政复议。二是审查涉及农用地转用审批行为的内容。如果省级人民政府没有独立行使职权，只是将国务院的农用地转用审批予以具体化，形成具体工作方案，那么该具体工作方案就不属于行政复议和行政诉讼受案范围。

【法律法规】

《中华人民共和国土地管理法》

第四十四条　建设占用土地，涉及农用地转为建设用地的，应当办理农用地转用审批手续。

永久基本农田转为建设用地的，由国务院批准。

在土地利用总体规划确定的城市和村庄、集镇建设用地规模范围内，为实施该规划而将永久基本农田以外的农用地转为建设用地的，按土地利用年度计划分批次按照国务院规定由原批准土地利用总体规划的机关或者其授权的机关批准。在已批准的农用地转用范围内，具体建设项目用地可以由市、县人民政府批准。

在土地利用总体规划确定的城市和村庄、集镇建设用地规模范围外，将永久基本农田以外的农用地转为建设用地的，由国务院或者国务院授权的省、自治区、直辖市人民政府批准。

第四十六条 征收下列土地的，由国务院批准：

（一）永久基本农田；

（二）永久基本农田以外的耕地超过三十五公顷的；

（三）其他土地超过七十公顷的。

征收前款规定以外的土地的，由省、自治区、直辖市人民政府批准。

征收农用地的，应当依照本法第四十四条的规定先行办理农用地转用审批。其中，经国务院批准农用地转用的，同时办理征地审批手续，不再另行办理征地审批；经省、自治区、直辖市人民政府在征地批准权限内批准农用地转用的，同时办理征地审批手续，不再另行办理征地审批，超过征地批准权限的，应当依照本条第一款的规定另行办理征地审批。

第五十九条 乡镇企业、乡（镇）村公共设施、公益事业、农村村民住宅等乡（镇）村建设，应当按照村庄和集镇规划，合理布局，综合开发，配套建设；建设用地，应当符合乡（镇）土地利用总体规划和土地利用年度计划，并依照本法第四十四条、第六十条、第六十一条、第六十二条的规定办理审批手续。

第六十条第一款 农村集体经济组织使用乡（镇）土地利用总体规划确定的建设用地兴办企业或者与其他单位、个人以土地使用权入股、联营等形式共同举办企业的，应当持有关批准文件，向县级以上地方人民政府自然资源主管部门提出申请，按照省、自治区、直辖市规定的批准权限，由县级以上地方人民政府批准；其中，涉及占用农用地的，依照本法第四十四条的规定办理审批手续。

第六十一条 乡（镇）村公共设施、公益事业建设，需要使用土地的，经乡（镇）人民政府审核，向县级以上地方人民政府自然资源主管部门提出申请，按照省、自治区、直辖市规定的批准权限，由县级以上地方人民政府批准；其中，涉及占用农用地的，依照本法第四十四条的规定办理审批手续。

第六十二条第四款 农村村民住宅用地，由乡（镇）人民政府审核批准；其中，涉及占用农用地的，依照本法第四十四条的规定办理审批手续。

《国务院法制办公室关于国务院批准土地征收后省级人民政府批准实施方案行政复议有关问题的研究意见》

国务院批准征收土地后，省级人民政府批准实施方案不是行使法定批准权限，不能视为省级人民政府的审批行为，不属于行政复议范围。

《国务院法制办公室、国土资源部关于对〈中华人民共和国土地管理法实施条例〉第二条第（五）项的解释意见》

各省、自治区、直辖市人民政府：

根据《行政法规制定程序条例》第三十一条的规定，经国务院批准，现对《中华人民共和国土地管理法实施条例》第二条第（五）项作如下解释：

一、该项规定，是指农村集体经济组织土地被依法征收后，其成员随土地征收已经全部转为城镇居民，该农村集体经济组织剩余的少量集体土地可以依法征收为国家所有。

二、本解释自公布之日实施。

国务院法制办公室

国土资源部

二○○五年三月四日

（七）征地批复作出后两年内未用地的自动失效

《国务院关于深化改革严格土地管理的决定》（国发〔2004〕28号）第19条规定：严禁闲置土地。农用地转用批准后，满两年未实施具体征地或用地行为的，批准文件自动失效。《自然资源部关于健全建设用地"增存挂钩"机制的通知》（自然资规〔2018〕1号）第2条规定：规范认定无效用地批准文件。各省（区、市）要适时组织市、县对已经合法批准的用地进行清查，清理无效用地批准文件。农用地转用或土地征收经依法批准后，两年内未用地或未实施征地补偿安置方案的，有关批准文件自动失效。

关键在于，如何正确理解"满两年未实施具体征地或用地行为的""两年内未用地或未实施征地补偿安置方案的"。换言之，"只要两年内实施了具体征地和用地行为""两年内用地和实施征地补偿安置方案"，就不适用两年失效的情形。如此来看，如何理解"用地""具体征地""实施征地补偿安置方案"就是此类案件的突破点。

首先，"用地"。主要指的是政府部门或者建设单位使用土地，一般不包括原土地权利人擅自耕种土地种植农作物。《闲置土地处置办法》第21条规定："市、县国土资源主管部门供应土地应当符合下列要求，防止因政府、政府有关部门的行为造成土地闲置：（一）土地权利清晰；（二）安置补偿落实到位；（三）没有法律经济纠纷；（四）地块位置、使用性质、容积率等规划条件明确；（五）具备动工开发所必需的其他基本条件。"从该规定可知，用地的前提有两个：一是经过拆迁补偿安置后土地成为净地（"毛地"，一般是指在城市旧区范围内，尚未经过拆迁安置补偿等土地开发过程，不具备基本建设条件的土地；所谓"净地"，一般是指完成了基础设施配套及场地内拆迁平整的土地，二者最大的区别为是否完成了拆迁安置补偿），不是净地无法动工建设；二是土地经过招拍挂程序，由建设单位取得土地使用权具体使用土地进行开发建设；在此类案件中，相关政府部门只需要证明连续两年内已经启动或实施了具体征地活动和招拍挂活动，就可以说明已经着手或实际在使用土地。即使由于某些客观因素征地未完成或者招拍挂未成功，也不应认定为未用地。

其次，"具体征地""实施征地补偿安置方案"可归为一个层面。因为具体征地活动包括发布拟征收土地公告、调查登记拟征收的土地及地上附着物、拟定及公告土地征收补偿安置方案、签订土地征收补偿安置协议、拟定及公告土地征收方案。即，实施征地补偿安置方案是具体征地的一个环节。只要相关政府部门实施了上述任何一个环节的活动，就属于实施了具体征地行为。

最后，需要说明的是"两年"期限的计算问题。上述国务院和自然资源部相关规定，强调的是"满两年"或"两年内"。所以，严格来看，两年的理解应从 2014 年征地审批完成后，每隔两年计算一次。即，2014 年至 2016 年、2017 年至 2018 年、2019 年至 2020 年、2021 年至 2022 年。由于征地和用地程序的复杂性、长期性，在这每隔两年的时间段内，只要实施过"用地""具体征地""征地补偿安置方案"等行为，就不属于征地批复无效的情况。特别是，由于征地工作的长期性，存在征收工作已经启动，但是部分被征收人由于各种原因，未能在两年期限内签订补偿安置协议，或者未能按时清理附着物交出土地等情况，导致土地征收未全部完成。在此情况下，只要征地工作已经启动，即使补偿安置超过了两年，也并不代表征地批文就自动失效了。

【法律法规】

《中华人民共和国土地管理法》

第三十八条 禁止任何单位和个人闲置、荒芜耕地。已经办理审批手续的非农业建设占用耕地，一年内不用而又可以耕种并收获的，应当由原耕种该幅耕地的集体或者个人恢复耕种，也可以由用地单位组织耕种；一年以上未动工建设的，应当按照省、自治区、直辖市的规定缴纳闲置费；连续二年未使用的，经原批准机关批准，由县级以上人民政府无偿收回用地单位的土地使用权；该幅土地原为农民集体所有的，应当交由原农村集体经济组织恢复耕种。

在城市规划区范围内，以出让方式取得土地使用权进行房地产开发的闲置土地，依照《中华人民共和国城市房地产管理法》的有关规定办理。

《国务院关于深化改革严格土地管理的决定》（国发〔2004〕28号）

（十九）　严禁闲置土地。农用地转用批准后，满两年未实施具体征地或用地行为的，批准文件自动失效；已实施征地，满两年未供地的，在下达下一年度的农用地转用计划时扣减相应指标，对具备耕作条件的土地，应当交原土地使用者继续耕种，也可以由当地人民政府组织耕种。对用地单位闲置的土地，严格依照《中华人民共和国土地管理法》的有关规定处理。

《国土资源部关于印发〈关于完善农用地转用和土地征收审查报批工作的意见〉的通知》（国土资发〔2004〕237号，已失效）

（十四）　农用地转用和土地征收批准文件有效期两年。农用地转用或土地征收经依法批准后，市、县两年内未用地或未实施征地补偿安置方案的，有关批准文件自动失效；两年内未提供给具体用地单位的，按未供应土地面积扣减该市、县下一年度的农用地转用计划指标。

《国土资源部关于严格建设用地管理促进批而未用土地利用的通知》（国土资发〔2009〕106号）

一、……省级国土资源管理部门要加强对城市建设用地批后实施的跟踪管理和督促。国务院批准的城市建设用地，自省级人民政府审核同意实施方案后满两年未实施具体征地或用地行为的，该部分土地的农用地转用失效，并应以适当方式予以公告。

《自然资源部关于健全建设用地"增存挂钩"机制的通知》（自然资规〔2018〕1号，已失效）

二、规范认定无效用地批准文件。各省（区、市）要适时组织市、县对已经合法批准的用地进行清查，清理无效用地批准文件。农用地转用或土地征收经依法批准后，两年内未用地或未实施征地补偿安置方案的，有关批准文件自动失效；对已实施征地补偿安置方案，因相关规划、政策调整、不具备供地条件的土地，经市、县人民政府组织核实现场地类与批准前一致的，在处理好有关征地补偿事宜后，可由市、县人民政府逐级报原批准机关申请撤回用地批准文件。

（八）侵犯自然资源所有权或使用权之复议前置问题

【典型案例】

1. 作出确权处理决定的争议属复议前置

《行政复议法》第 30 条第 1 款规定的需要复议前置的案件，仅限于政府对自然资源权属纠纷作出确权处理决定的行政裁决案件，不包括颁发自然资源权属证书的案件，也不包括对自然资源所有权、使用权作出行政处罚、行政强制措施、行政强制执行等行为的案件。当事人因土地权属争议申请确权。县级人民政府作出的处理决定，是政府对土地权属纠纷作出确权处理决定的行政裁决案件，属于《行政复议法》第 30 条第 1 款规定的复议前置案件。当事人在复议机关程序性驳回其复议申请后，直接起诉处理决定，不符合法定条件。

—— [2019] 最高法行申 11293 号——再审申请人苏某新、苏某冰诉被申请人广西壮族自治区百色市人民政府等土地确权行政裁决一案

2. 颁发自然资源所有权或使用权证不属复议前置

关于针对土地颁证行为提起行政诉讼是否应当行政复议前置的问题。本案涉及对《行政复议法》第 30 条第 1 款的理解，行政机关颁发自然资源所有权或者使用权证书的行为不属于复议前置的情形。本案中，郭某亮诉请撤销1828 号使用权证，依法不适用行政复议前置。故一、二审法院认为本案应当行政复议前置属适用法律错误，应予指正。

—— [2018] 最高法行申 9242 号——再审申请人郭某亮诉被申请人宁夏回族自治区贺兰县人民政府、宁夏回族自治区贺兰县国土资源局土地行政登记一案

3. 土地承包经营权证系行政确认而非行政许可

《物权法》第 127 条规定，土地承包经营权自土地承包经营权合同生效时设立。县级以上地方人民政府应当向土地承包经营权人发放土地承包经营权证、林权证、草原使用权证，并登记造册，确认土地承包经营权。根据上述

法律规定，土地承包经营者自土地承包经营合同生效时取得土地承包经营权，县级以上地方人民政府向承包方颁发土地承包经营权证或林权证的行为，系对土地承包经营权的确认，并非行政许可。本案中，长治县人民政府虽针对范某福、范某红的长县林证字〔2006〕第00247号林权证作出撤销行政许可决定，但颁发林权证的行为属于行政确认，一、二审法院认定林权证初始登记属于行政许可，适用法律错误，本院予以指正。

　　——〔2019〕最高法行申757号——再审申请人范某福、范某红诉被申请人山西省长治县人民政府行政决定一案

　　《农村土地承包法》第23条规定："承包合同自成立之日起生效。承包方自承包合同生效时取得土地承包经营权。"《农村土地承包经营权证管理办法》第2条第1款规定，"农村土地承包经营权证是农村土地承包合同生效后，国家依法确认承包方享有土地承包经营权的法律凭证"；第4条第1款规定，"实行家庭承包经营的承包方，由县级以上地方人民政府颁发农村土地承包经营证"。第7条规定，实行家庭承包的，需在土地承包合同生效后，由发包方启动相应程序后层报至县级以上地方人民政府，经审核后再行颁发农村土地承包经营权证。根据上述规定，承包方自承包合同生效时取得农村土地承包经营权，县级以上地方人民政府依据承包合同向承包方颁发土地承包经营权证，确认土地承包经营权。因此，颁发承包经营权证并不是赋予承包经营权的行为，而是对承包方已经取得的承包经营权的一种登记确认行为，生效的农村土地承包经营合同是颁发承包经营权证的前提和基础。

　　——〔2019〕最高法行申13090号——再审申请人李某华农村土地承包经营户诉被申请人重庆市长寿区人民政府撤销行政回复一案

【实务应对】

　　首先，2017年《行政复议法》第30条第1款（2023年修订该法时予以删除）规定了行政复议前置的情形，即相对人认为行政机关侵犯其已经取得的自然资源所有权或使用权的，不能直接向法院起诉，应当先提起行政复议。争议在于，如何理解"侵犯"二字？从行政行为种类来看，行政处罚、强制、征收等负担行政行为，剥夺本人权利增加本人义务，均有可能构成"侵犯"。而行政确认、许可、给付等授益行政行为，授予他人利益，意味着可能会损害本人权益，也可能构成"侵犯"。因此，对于"侵犯"的理解至关重要。

从司法实践的情况来看，最高人民法院以司法解释的形式，将"侵犯"限缩为一种"确认"，即行政机关确认自然资源所有权或使用权的，侵犯本人的权益。亦即，将"侵犯"理解为行政确权行为，其他行为（如处罚、强制、征收、执行等）不属于侵犯之范畴。实践中遇到自然资源所有权或使用权的初始登记行为，是否属于行政确认，引起过比较大的争议。最高人民法院以答复的形式对此予以明确，认为这种初始登记行为属于行政许可，不属于行政确认。故而，不属于复议前置情形。换言之，当事人对自然资源所有权或使用权的初始登记行为不服的，可以直接向法院提起行政诉讼。

其次，关于土地承包中颁证行为的法律性质问题。即，在土地、矿藏、水流、森林、山岭、草原、荒地、滩涂、海域等自然资源承包过程中，县级以上人民政府向土地承包经营权人发放土地承包经营权证、林权证、草原使用权证等行为，属于行政确认。主要理由在于，行政机关在颁发土地承包经营权前，有一个前置性条件，即承包人与土地所有权人已签署承包合同，行政机关的颁证行为只是对已存在的承包合同的权利义务关系进行再次确认。这不属于初始登记行为，只能归属于行政确认。

综上，本部分案例明确了行政机关对自然资源权属初始登记和行政确认的关系。

第一，行政机关对土地等自然资源的初始登记行为，即，行政机关对有关权利人直接颁发土地等自然资源所有权证、使用权证，如颁发个人宅基地使用权证、集体土地使用权证、建设用地使用权证等，系权利人首次直接申领，属于初始登记的行政许可性质，并非行政确认。既然不属于行政确认行为，对初始颁证行为不服的可以不经复议，直接向法院起诉。换言之，在实践中当事人可以直接针对土地、矿藏、水流、森林、山岭、草原、荒地、滩涂、海域等资源的初始登记行为向法院起诉。该案例进一步厘清了2017年《行政复议法》第30条第1款行政复议前置的适用情形，赋予了当事人更多的选择权利。

第二，行政机关对土地等自然资源承包权的颁证登记，属于行政确认。因为这种颁证登记是对已经存在的承包经营合同权利义务关系进行的再次确认，不属于初始登记的行政许可性质。易言之，如果公民、法人或者其他组织对行政机关颁发土地承包权证等行为不服，认为侵害到其合法权益，应当先申请行政复议，属于行政复议前置的情形。

综上观之，区分行政机关对自然资源权属初始登记和行政确认的关键点，在于颁证前是否存在承包合同行为。如果存在承包合同，颁证即属于行政确认。反之，则属于行政许可。

【法律法规】

《中华人民共和国行政复议法》[1]

第三十条　公民、法人或者其他组织认为行政机关的具体行政行为侵犯其已经依法取得的土地、矿藏、水流、森林、山岭、草原、荒地、滩涂、海域等自然资源的所有权或者使用权的，应当先申请行政复议；对行政复议决定不服的，可以依法向人民法院提起行政诉讼。

根据国务院或者省、自治区、直辖市人民政府对行政区划的勘定、调整或者征收土地的决定，省、自治区、直辖市人民政府确认土地、矿藏、水流、森林、山岭、草原、荒地、滩涂、海域等自然资源的所有权或者使用权的行政复议决定为最终裁决。

《最高人民法院关于适用〈行政复议法〉第三十条第一款有关问题的批复》（法释［2003］5 号）

……根据《行政复议法》第三十条第一款的规定，公民、法人或者其他组织认为行政机关确认土地、矿藏、水流、森林、山岭、草原、荒地、滩涂、海域等自然资源的所有权或者使用权的具体行政行为，侵犯其已经依法取得的自然资源所有权或者使用权的，经行政复议后，才可以向人民法院提起行政诉讼，但法律另有规定的除外……

《最高人民法院行政审判庭关于行政机关颁发自然资源所有权或者使用权证的行为是否属于确认行政行为问题的答复》（［2005］行他字第 4 号）

甘肃省高级人民法院：

你院报送的《关于行政机关颁发土地、矿藏等自然资源所有权或者使用权证的行为是否属于确认具体行政行为的请示》收悉。经研究答复如下：

最高人民法院法释［2003］5 号批复中的"确认"，是指当事人对自然资源的权属发生争议后，行政机关对争议的自然资源的所有权或者使用权所作的确权决定。有关土地等自然资源所有权或者使用权的初始登记，属于行政

––––––––––––––––––

〔1〕　此处引用的是 2017 年的版本，第 30 条于 2023 年修订该法时被删除。

许可性质，不应包括在行政确认范畴之内。据此，行政机关颁发自然资源所有权或者使用权证书的行为不属于复议前置的情形。

此复

二〇〇五年二月二十四日

二、集体土地补偿安置方案及补偿标准

【典型案例】

（一）集体土地补偿安置方案可诉讼

1. 补偿安置方案直接影响相对人实体权益

征地补偿安置方案经过市、县人民政府的批准才具有法律效力，土地行政主管部门根据市、县人民政府批准的征地补偿安置方案开展具体的组织实施工作。在集体土地征收过程中，征地补偿安置方案是确定被征收土地的土地补偿费、安置补助费、地上附着物和青苗的补偿标准和支付方式、农业人员的具体安置途径以及其他有关征地补偿、安置具体措施的依据，直接影响到被征收土地权利人的实体权益，属于行政复议范围和行政案件的受案范围。

——［2018］最高法行再99号——再审申请人刘某等与赵某祥等诉被申请人湖南省长沙市雨花区人民政府征地补偿安置方案

2. 补偿安置方案不属行政规范性文件范畴

梅州市梅江区人民政府作出梅区府［2012］42号《梅州市江南新城铁路以北区域房屋征收补偿安置方案》（以下简称"42号补偿方案"），并于2012年12月20日在《梅州日报》上进行公告；补偿决定亦明确，依照42号补偿方案的规定作出。梅州市人民政府主张本案不适用《征收土地公告办法》，42号补偿方案不是具体行政行为不属于行政复议范围，两项理由均不能成立。从本案的事实来看，被征收人是集体经济组织成员，没有证据证明被征收房屋的所涉土地之前已经被征收为国有土地，适用《征收土地公告办法》并无不当；42号补偿方案是针对特定范围的征收事项和特定的被征收人作出的、具有直接执行效力，对相关被征收人权利义务产生实际影响的行政行为，属于可诉的行政行为，不是行政机关制定决定、命令等规范性文件的行政行为。

——［2018］最高法行再198号——再审申请人广东省梅州市人民政府

因被申请人李某珍、夏某文诉其不予受理行政复议决定一案

征地补偿安置方案不是规范性文件。根据《最高人民法院关于适用〈中华人民共和国行政诉讼法〉的解释》第 2 条第 2 款"行政诉讼法第十三条第二项规定的'具有普遍约束力的决定、命令',是指行政机关针对不特定对象发布的能反复适用的规范性文件"的规定,规范性文件具有适用对象不特定、能够反复适用等基本特征。本案中,福州市马尾区自然资源和规划局发布的马征地公〔2013〕第 04 号《征地补偿安置方案》,仅适用福州市琅岐环岛路西北段(二期)工程建设征地范围内的土地及其农民,适用对象特定;且仅适用于本次征收,不能反复适用,故该《征地补偿安置方案》不是规范性文件,袁某珠的起诉符合法律规定。

——〔2019〕闽行再 22 号——再审申请人袁某珠与被申请人福建省福州市自然资源和规划局、原审第三人福州市马尾区自然资源和规划局行政复议决定一案

本案中《八里台镇示范小城镇建设(巨葛庄村)土地整合拆迁补偿安置方案实施细则(修正细则)》针对的是具体拆迁补偿安置项目,被安置人员明确为被整合村基准日前的户籍在册人员,虽然可能涉及的人数众多,但其适用的对象是特定的,属于具体的行政行为。原审法院认为其属于行政机关针对不特定对象发布的能反复适用的规范性文件系对该实施细则性质的错误认定。

——〔2020〕最高法行申 8156 号——再审申请人闫某旺等诉被申请人天津市津南区人民政府行政复议一案

3. 具有强制执行力的补偿安置方案

集体土地上的征收补偿安置方案一般是在土地已被批准征收后,由土地行政主管部门拟订并听取被征地集体经济组织和农民的意见后,报市、县人民政府批准后实施的。在土地已确定被征收的情况下,被征收人对补偿标准或安置有争议并不影响征收土地方案的实施,被征收人的权益可在后续具体的补偿安置环节中得到救济。但是,如果集体土地未经征收,行政机关制定的被诉新政〔2018〕6 号《新蔡县城郊村袁庄城中村改造项目房屋征收补偿安置方案》不仅规定了征收补偿办法、相关补助及奖励标准,还明确了征收范围、征收期限、征收依据等,实质上包含了征收房屋决定,则不同于一般意义上的房屋征收补偿安置方案,明显对当事人的权利义务产生了直接影响。

——［2020］最高法行再29号——再审申请人李某光、袁某锋诉河南省新蔡县人民政府房屋征收补偿安置方案及河南省人民政府行政复议一案

（二）集体土地补偿安置方案不可诉

1. 补偿安置方案系阶段性行政行为

房屋征收系由多个过程性行为组成的行政行为，制定征收补偿方案、确定被征房屋价值评估时点等，均是市、县级人民政府作出征收决定的前置阶段性行为，不属于最终的行政决定，不直接对被征收人的权利义务产生影响。实际对被征收人权利义务产生影响的主要是房屋征收决定及补偿决定。如被征收人对房屋征收决定或者补偿决定不服，可依法申请复议或提起诉讼。复议机关或人民法院在审查房屋征收决定或补偿决定合法性的同时，一并对房屋征收中的相关过程性行为进行审查。本案再审申请人沙某芝单独针对《文化艺术城项目房屋征收补偿方案》、被征收房屋价值评估时点提起的诉讼，不属于行政诉讼受案范围。

——［2017］最高法行申6262号——再审申请人沙某芝诉被申请人安徽省萧县人民政府房屋征收补偿方案一案

2. 补偿安置方案属行政规范性文件范畴

关于龙南县人民政府作出的龙府办发［2016］90号《龙南县人民大道延伸段、石人片区、玉环北路等棚户区改造项目集体土地征收补偿安置方案》（以下简称"90号方案"）是否可诉的问题。制定补偿安置方案经由市、县人民政府批准，是组织实施征地中的一个环节，补偿安置方案在作出之后，相关征收部门还需继续推进实施。通常，补偿安置方案本身并不直接设定被征收人的具体权利义务，亦不对其权利义务产生直接影响，具有阶段性特点；产生直接影响的应当是相关征收实施部门根据方案所推进的后续具体的补偿安置、搬迁等行为。因此，被诉90号方案作为不对再审申请人产生实际影响的行为，不具有可诉性。同时，从内容上看，补偿安置方案涉及人数众多的不特定对象，具有一定普遍约束力，属于行政规范性文件范畴，具有抽象性，亦不属于行政诉讼受案范围。

——［2018］最高法行申9268号——再审申请人钟某运等38人诉被申请人江西省龙南县人民政府征收补偿安置方案一案

3. 不具有强制执行力的补偿安置方案

葛某三、刘某银提起诉讼请求撤销肥西县人民政府作出的《肥西县人民

政府关于印发上派镇 2018 年基础设施建设及旧城区综合改造项目等集体土地上房屋征迁安置实施方案的通知》（以下简称《通知》）。《通知》所附的《上派镇 2018 年基础设施建设及旧城区综合改造项目等集体土地上房屋征迁安置实施方案》（以下简称《房屋征迁安置实施方案》）第 7 条第 5 项规定："上派镇政府为本次房屋征迁的实施单位，负责在征迁公告发布后发放《征迁通知书》。"第 9 条规定："本方案由上派镇政府负责解释。"《通知》及所附的《房屋征迁安置实施方案》均没有强制实施的相关条款内容。本院审查期间，经询问，肥西县人民政府表示，上述《房屋征迁安置实施方案》不具有强制执行力，如果葛某三、刘某银不同意签订房屋征迁安置协议，政府不会对其实施征迁。因此，一审法院以《通知》对葛某三、刘某银不产生强制力为由裁定驳回其起诉，二审法院予以维持，并无不当。

——［2019］最高法行申 13732 号——再审申请人葛某三、刘某银诉被申请人安徽省肥西县人民政府房屋拆迁安置实施方案的通知一案

4. 不同程序环节可存在多份补偿安置方案

关于本案当事人对案涉补偿安置方案不服的权利救济渠道问题。第一，不同行政程序环节，可能存在多份不同的补偿安置方案。按照《土地管理法实施条例》第 25 条第 3 款的规定，从法律法规和实践层面看，同一个地块的补偿安置方案可能有多个：一是，市、县人民政府土地行政主管部门会同有关部门拟订的补偿安置方案；二是，在拟定补偿安置方案之后，土地行政主管部门对上述方案予以公告，公告的目的是听取被征收土地的农村集体经济组织和村民的意见；三是，在听取意见之后，土地行政主管部门将补偿安置方案报市、县人民政府批准，其中涉及上下级行政机关的请示和批准行为；四是，补偿安置方案经市、县人民政府批准后，由土地行政主管部门组织实施。因此，可能会出现不同阶段、不同版本的多份补偿安置方案，但实践中亦可能缺少某阶段方案，尤其是经批准的、最终实施版的补偿安置方案。第二，实践中当事人可能难以明确获取经批准的、最终实施版的补偿安置方案，而导致其难以主张实质权益。更为重要的是，经批准后，行政机关可能缺少制定或对外公布最终实施版补偿安置方案的行政程序环节，而导致最终实施版补偿安置方案在现实中难以获知或并不存在，当事人难以明晰补偿标准。

——［2020］最高法行申 3658 号——再审申请人高某等诉被申请人陕西省人民政府行政复议一案

【实务应对】

通过上述的案例，就集体土地补偿安置方案是否可诉问题，司法实践中存在较大的争议。即使在最高人民法院作出的再审判例中也存在不一样的认识。为此，我们分述如下：

首先，第一部分的案例均明确对集体土地补偿安置方案可诉讼，当事人不服的可以向法院提起行政诉讼。但是，可诉性的理由又有所不同。第一个案例，从相对前实体权益的角度展开分析，认为补偿安置方案直接影响到被征收人的实体权益，故属于行政复议和行政诉讼范围。对于实体权益的影响，是从补偿费用内容、发放、人员安置等角度进行判断的。第二个案例，从行为性质的角度分析，认为补偿安置方案不属于行政规范性文件，不是抽象行政行为。因为，其是针对特定范围内（征收区域）的特定事项（征收补偿）和特定人员（被征收人）作出的，又具有直接的执行效力，属于具体行政行为。第三个案例，从强制执行的角度进行了阐释，认为在未批先征的情况下，补偿安置方案规定了征补办法、征收范围、期限等事项，不再是普通的、一般的征地文件，而是具有了可以直接执行的效力，直接影响了当事人的权益。

其次，第二部分的案例均明确对集体土地补偿安置方案不可诉，当事人不可以向法院提起行政诉讼。不过，在具体理由方面又有所不同。其中，第一个案例，从行政行为成熟性原则的角度进行判断，认为补偿安置方案仅仅是土地征收过程中的一个环节，并非最终行政行为，不属于成熟性行政行为，不可诉。第二个案例，从行为性质的角度分析，认为补偿安置方案涉及不特定多数人的权益，具有抽象性，属于行政规范性文件，是抽象行政行为，故而不可诉。第三个案例，从执行效力的角度进行分析，认为房屋征迁安置补偿方案没有强制执行的条款内容，而且该案中若相对人不同意签订方案政府也不会强制实施征迁，该方案不具有强制执行力，故方案不具有可诉性。

最高人民法院上述案例存在一定冲突，这进一步加大了司法实践中该问题适用的难度。对此笔者倾向于认为补偿安置方案具有可诉性。

首先，需要澄清的一点是，笔者认为补偿安置方案在性质上不是行政规范性文件，更不是抽象行政行为。因为，补偿安置方案涉及的人和事实是确定的，其是针对特定范围内（征收区域）的特定事项（征收补偿）和特定人员（被征收人）作出的，应属于具体行政行为。

其次，补偿安置方案虽然是阶段性行政行为，但是其规定的内容比较明确，特别是补偿费用、人员安置等事项明确规定了被征收人的权利义务，显然会对被征收人的权益产生直接重大影响。如果补偿安置方案不规定这些内容，就不能被称为补偿安置方案，就不是合法合理的补偿安置方案，没有任何内容涉及相对人权利义务的补偿安置方案就是一纸空文。

最后，补偿安置方案也具有执行力。补偿安置方案的内容具有可执行性，补偿安置方案的内容直接决定着补偿安置协议的内容，被征收人不履行如拒不交出土地的，相关政府部门可以申请法院强制执行。因此，从这个意义上讲，补偿安置方案具有执行力。当然，被征收人明确表示不同意签订征迁安置协议的，政府不会对其土地实施征迁。

（三）集体土地补偿安置方案的批复行为

1. 征地补偿安置方案批复不可诉

《土地管理法实施条例》第 25 条第 3 款规定："市、县人民政府土地行政主管部门根据批准的征用土地方案，会同有关部门拟订征地补偿、安置方案……报市、县人民政府批准后，由市、县人民政府土地行政主管部门组织实施……"本案被诉成办函［2004］266 号《成都市人民政府办公厅关于四川成都出口加工区（一期补充工程）建设用地征地补偿安置方案的批复》（以下简称"266 号批复"）系成都市人民政府根据上述规定履行法定审查批准职责，对下级机关请示事项作出的内部审批行政行为，其内容对行政相对人不直接发生法律效力，而对行政相对人权利义务产生直接影响的是下级机关实施的具体行政行为。因此，原审法院以 266 号批复对胡某珍的合法权益不产生实际影响为由，认定其提起的本案诉讼不属于行政诉讼的受案范围，并无不当。

——［2018］最高法行申 1364 号——再审申请人胡某珍诉被申请人四川省人民政府、四川省成都人民政府土地其他行政行为一案

依据上述法律规定，本案中的批复系大石桥市人民政府履行法定批准职责，对下级机关请示事项作出的内部审批行为，其内容对刘某芬不直接发生法律效力，对其权利义务不产生直接影响，故不属于行政诉讼受案范围。

——［2019］最高法行申 7794 号——再审申请人刘某芬因安置补偿方案批复及复议决定一案

首先，涉案融政宗［2014］116 号《福清市人民政府关于江阴工业集中

区环保隔离带项目房屋搬迁补偿安置方案的批复》（以下简称"116号批复"）具有内部性特征。被申请人福清市人民政府作出的116号批复，在形式上并非直接针对再审申请人作出，而是上级政府（福清市人民政府）对其所属机构（××区管委会）有关涉案项目房屋搬迁补偿安置方案所作的审核回复，并不对再审申请人的权利义务产生直接影响，会产生直接影响的应当是××区管委会根据上述方案所推进的后续具体的补偿安置、强制搬迁等行为。其次，涉案116号批复具有过程性。作为征地补偿安置的一个环节，该批复行为在作出之后，下级机构还需继续推进实施相关补偿安置方案，因此，其属于征地过程中的一个阶段性行为，此时如果存在争议，通过相关法定行政程序先行解决更具有合理性、科学性，直接起诉116号批复在起诉时机上并不适宜。最后，涉案116号批复具有抽象性。该批复所针对的补偿安置方案，从内容上涉及人数众多的不特定对象，具有一定普遍约束力，属于行政规范性文件范畴。市、县人民政府就此所作的批复，也带有较为明显的规范性因素。此外，在对外以谁的名义颁布类似补偿安置方案上有关行政法规并未明确规定由市、县人民政府直接作为颁布主体。

——［2018］最高法行申6032号——再审申请人翁某华诉被申请人福建省福清市人民政府房屋拆迁管理一案

2. 征地安置补偿方案批复直接付诸实施可诉

本案有关部门将《孙口镇乔坊村棚户区改造安置补偿方案》作为台政文［2017］45号《台前县人民政府关于同意孙口镇乔坊村棚户区改造安置补偿方案的批复》（以下简称"45号批复"）的附件，连同45号批复一并在王某秋等3人所在村庄张贴公示，并按照该方案的规定对该区域实施了补偿安置及拆迁行为，目前该村绝大多数房屋已经拆迁完毕。综合上述情况，可知该批复相当于征收土地及房屋的决定，已经对外产生法律效力，对王某秋等3人的权利义务具有直接影响。一审裁定认为45号批复属于上级行政机关对下级行政机关作出的内部审批行为，未考虑该批复已经通过张贴公示的方式予以外化，适用法律不当，二审裁定认为45号批复及《孙口镇乔坊村棚户区改造安置补偿方案》仅是行政机关提出的要约，未考虑该批复已经实际实施，亦属于适用法律不当，依法应予纠正。

——［2020］最高法行再119号——再审申请人王某秋等诉被申请人河南省台前县人民政府等土地行政征收及行政复议一案

补偿安置方案制定及实施程序可分为三个阶段：市、县人民政府土地行政主管部门拟订征地补偿安置方案，予以公告并听取被征地农民的意见；市、县人民政府经审查后对补偿安置方案予以批准；市、县人民政府土地行政主管部门根据经批准的补偿安置方案组织实施。据此，补偿安置方案经市、县人民政府批准后即由土地行政主管部门组织实施，最终确定补偿安置标准的书面载体即市、县人民政府作出的批复及所附补偿安置方案。市、县人民政府作出该批复的受文对象虽系土地行政主管部门，但该批复并非仅在行政机关内部流转，而是直接对外实施。补偿安置方案的确定是市、县人民政府的法定职权，市、县人民政府作出该批复体现了其确定补偿安置标准的意思表示，属实质性批准行为，并非内部行政行为。在对补偿安置标准争议采取复议而非裁决方式予以救济的省市，该批准行为属于行政复议的受理范围。前述案件中，刘某等5人对甲县人民政府批复同意补偿安置方案的行为申请行政复议属于行政复议受案范围。乙市人民政府复议维持该批复后，刘某等5人对该批复及行政复议决定不服提起的诉讼属于行政诉讼的受案范围。据此，再审裁定撤销二审裁定，指令二审法院再审。

——最高人民法院第五巡回法庭2019年第42次法官会议纪要：征地补偿安置方案及其批准行为的审查规则

3. 征地补偿安置方案批复经复议后可诉

根据《行政诉讼法》第26条第2款的规定，经复议的案件，复议机关决定维持原行政行为的，作出原行政行为的行政机关和复议机关是共同被告。本案中，邹某杰就雨花区人民政府作出的雨政发〔2017〕106号关于《自然村城中村改造以及航空路修建安置用地项目自然社区筹委会征地补偿安置方案》（以下简称"第106号批复"）向长沙市人民政府申请复议。长沙市人民政府复议审查的对象系雨花区人民政府对案涉征地补偿安置方案的审批行为即第106号批复，长沙市人民政府经审查作出维持第106号批复的行政复议决定。虽然雨花区人民政府对案涉征地补偿安置方案的审批行为属于上级行政机关的批准行为，为行政机关内部的层级监督，对当事人的权利义务不产生实际影响，依法不具有可诉性，但因经过复议程序而变为可诉的行政行为。邹某杰将雨花区人民政府（原行政行为的行政机关）与长沙市人民政府（复议机关）列为共同被告，于法有据。

——〔2020〕最高法行再176号——再审申请人邹某杰诉被申请人湖南

省长沙市雨花区人民政府、长沙市人民政府征地补偿安置方案、行政复议决定一案

4. 征地补偿安置方案批复经复议后不可诉

《最高人民法院关于适用〈中华人民共和国行政诉讼法〉的解释》第136条第7款规定："原行政行为不符合复议或者诉讼受案范围等受理条件，复议机关作出维持决定的，人民法院应当裁定一并驳回对原行政行为和复议决定的起诉。"本案中，因批复不属于行政诉讼受案范围，营口市人民政府作出的维持决定，也并不对当事人的权利义务产生影响。故一审法院裁定不予立案，二审法院裁定驳回上诉，维持原裁定，并无不当。

——［2019］最高法行申7794号——再审申请人刘某芬因安置补偿方案批复及复议决定一案

【实务应对】

上述案例比较清晰地阐释了征地补偿安置方案批复的复议诉讼问题。前两个案例看似两个相反的情况，但从具体分析来看并不冲突，因为二者是从不同角度阐释征地补偿安置方案批复的可诉性问题的。从行为阶段的角度看，这两个案例认为征地补偿安置方案批复系上下级之间的内部审批行为，不具有对外法律效力，因此不具有可诉性。但从行为效果角度看，这两个案例认为经过公告等方式张贴征地补偿安置方案后批复效力已经外化，而且下级部门直接将该批复付诸实施，对相对人产生了直接的法律效力，故而具有可诉性。此外，上述案例分析了征地补偿安置方案批复的复议性问题。虽然通常情况下，征地补偿安置方案批复不具有可诉性，但是法律并没有禁止对征地补偿安置方案批复不能申请行政复议。在复议机关已经依法受理的情况下，相对人对批复的复议决定不服的，可以提起诉讼。但是，经复议的批复并非均具有可诉性，其应符合相应的条件，即如果是明显不符合复议或诉讼的受理条件，即使行政行为经过复议，也不具有可诉性。此外，对于明显缺乏诉讼保护必要性的案件，人民法院也不能仅仅因为其是行政程序或者复议程序的相对人，就当然地认可其具有诉权。[1]

司法实践中，对于征地补偿安置方案批复的复议诉讼问题应着重把握两

---

[1] ［2017］最高法行申4726号。

点：一是，重点审查该批复是否外化、是否直接付诸实施。如果征地补偿安置方案批复已经产生对外效力，或者已经付诸实施，就对相对人权利义务产生了直接的影响。此时，该批复具有可复议性，也具有可诉性。二是，重点审查该批复是否符合行政复议或行政诉讼的一般受理条件。如果符合复议或诉讼的一般受理条件，如主体要件、管辖要件、诉讼请求要件、受案范围要件等，此时就具有可复议性或可诉性。对于经过复议的批复决定也是如此审查的，虽然有的征地补偿安置方案批复经过了行政复议，复议机关也作出了复议决定，但是在该批复本身不符合行政复议受理条件的情况下，即使经过了行政复议，该批复也不具有可诉性，不能变相地进入诉讼程序。

【法律法规】

《最高人民法院关于不服农村集体土地征收补偿安置方案批复是否可以申请行政复议的答复》（〔2020〕最高法行他 4 号）

四川省高级人民法院：

你院川高法〔2020〕56 号《四川省高级人民法院关于农村集体土地征收补偿安置方案批复相关问题的请示》收悉。经研究，答复如下：

《中华人民共和国土地管理法实施条例》第二十五条规定，市、县人民政府土地行政管理部门会同有关部门拟定征地补偿、安置方案，报市、县人民政府批准后组织实施。征地补偿、安置方案与市、县人民政府批准行为是一体的，不能割裂。在补偿、安置方案已经被申请复议的情况下，集体经济组织或者农民不得另行对市、县人民政府的批准行为再次申请复议。

此复。

最高人民法院

2020 年 12 月 26 日

（四）集体土地补偿标准和补偿方式的救济程序

1. 集体土地补偿标准争议适用复议程序

《土地管理法实施条例》第 25 条第 3 款规定："……征收补偿、安置方案报市、县人民政府批准后，由市、县人民政府土地行政主管部门组织实施。对补偿标准有争议的，由县级以上地方人民政府协调；协调不成的，由批准征收土地的人民政府裁决……"《行政复议法实施条例》第 13 条规定："下级行政机关依照法律、法规、规章规定，经上级行政机关批准作出具体行政行为的，批准机关为被申请人。"《国务院法制办公室关于依法做好征地补偿安置争议行政复议工作的通知》（国法〔2011〕35号）规定，被征地集体经济组织和农民对有关市、县人民政府批准的征地补偿、安置方案不服要求裁决的，应当依照行政复议法律、法规的规定向上一级地方人民政府提出申请。有关地方人民政府应当采取有效措施，积极受理、依法审理、公正裁决征地补偿安置争议行政复议案件，及时化解行政争议，切实维护社会和谐稳定。根据上述规定，征收补偿、安置方案报市、县人民政府批准后的组织实施期间，当事人因对补偿标准有争议的，可以该批准机关为被申请人，向批准机关的上级行政机关申请行政复议，复议审查的对象包括该批准机关作出的批准行为，该批准行为依法属于行政复议的受理范围。

——〔2018〕最高法行再99号——再审申请人刘某等诉被申请人湖南省长沙市人民政府行政复议一案

——〔2019〕最高法行再103号——再审申请人刘某军诉被申请人河南省郑州市人民政府行政复议一案

——〔2019〕最高法行申970号——再审申请人熊某兰诉被申请人四川省成都市人民政府行政复议一案

——〔2019〕最高法行申12327号——再审申请人曾某蓉等9人诉被申请人四川省人民政府土地行政复议一案

2. 土地补偿安置标准争议应先复议后诉讼

从一、二审法院查明的事实和双方当事人的诉辩意见来看，本案土地征收部门未对再审申请人予以安置补偿，争议在于是否应对其安置补偿，不涉及补偿标准的争议，也不涉及是否按照征地补偿安置方案予以补偿安置的问题。二审裁定以本案争议应当先行裁决为由认定起诉不符合法定条件，裁定驳回起诉，属于适用法律、法规确有错误。

——〔2019〕最高法行申10499号——再审申请人代某诉被申请人宁夏回族自治区永宁县人民政府、宁夏回族自治区永宁县杨和镇人民政府土地行政补偿一案

《国务院法制办公室关于依法做好征地补偿安置争议行政复议的通知》（国法〔2011〕35号）规定，被征地集体经济组织和农民对有关市、县人民政府批准的征地补偿、安置方案不服要求裁决的，应当依照行政复议法

律、法规的规定向上一级地方人民政府提出申请。据此，对市、县人民政府批准的征地补偿、安置方案不服的，应当先向行政机关申请裁决（复议）。在此类复议前置案件中，由于复议机关的处理决定是人民法院审理相关案件的必要条件，因此，如果复议机关作出不予受理决定，当事人只能就该不予受理决定向人民法院提起诉讼，而不能直接针对原行政行为起诉。

——［2017］最高法行申 1118 号——再审申请人王某玲诉被申请人安徽省亳州市人民政府土地行政征收案

根据《最高人民法院关于审理涉及农村集体土地行政案件若干问题的规定》第 10 条之规定，土地权利人对土地管理部门组织实施过程中确定的土地补偿有异议，直接向人民法院提起诉讼的，人民法院不予受理，但应当告知土地权利人先申请行政机关裁决。根据《征用土地公告办法》第 15 条第 1 款之规定，因未按照依法批准的征用土地方案和征地补偿、安置方案进行补偿、安置引发争议的，由市、县人民政府协调；协调不成的，由上一级地方人民政府裁决。田某雨对签订协议行为不服，实质上是对补偿标准有异议，应当先行申请裁决，一、二审法院就该项诉讼请求作出的认定和驳回起诉的处理结果并无不当。

——［2017］最高法行申 3785 号——再审申请人田某雨诉被申请人湖南省邵阳市双清区人民政府、邵阳市双清区火车站乡人民政府房屋行政征收补偿协议一案

《国务院法制办公室关于依法做好征地补偿安置争议行政复议工作的通知》（国法［2011］35 号）规定，被征地集体经济组织和农民对有关市、县人民政府批准的征地补偿、安置方案不服要求裁决的，应当依照行政复议法律、法规的规定向上一级地方人民政府提出申请。根据上述规定，对市、县人民政府批准的征地补偿、安置方案不服的救济途径，应当向上一级地方人民政府申请行政复议。本案中，侯某春直接向批准补偿安置方案的泰安市人民政府提起行政复议不符合上述规定，泰安市人民政府驳回其复议申请并无不当。

——［2019］最高法行申 13274 号——再审申请人侯某春诉被申请人山东省泰安市人民政府行政复议一案

被征地集体经济组织和农民对有关市、县人民政府批准的征地补偿、安置方案不服要求裁决的，应当依照行政复议法律、法规的规定向上一级地方

人民政府申请。如果再审申请人对上述方案所确定的征地补偿标准有异议，可依循以下基本救济途径：一是先由县级以上地方人民政府协调；二是协调不成的，应当依照行政复议法律、法规的规定向上一级地方人民政府申请复议（裁决）。故即使再审申请人对涉案方案所确定的补偿标准存在异议，在程序保障上仍应当先向被申请人提出，由其先组织协调，协调不成的，再向被申请人的上一级地方人民政府申请复议（裁决）。在此类需行政程序前置的案件中，当事人直接针对补偿标准提起诉讼，同样不符合起诉条件。

——〔2018〕最高法行申 9268 号——再审申请人钟某运等 38 人诉被申请人江西省龙南县人民政府征收补偿安置方案一案

3. 集体土地补偿标准裁决与复议之衔接

本案的核心问题系再审申请人魏某昌等 33 人对《土地管理法实施条例》规定的"裁决"与《行政复议法》等法律规定的"行政复议"两者关系的理解是否正确。《土地管理法实施条例》第 25 条第 3 款规定，对补偿标准有争议的，由县级以上地方人民政府协调；协调不成的，由批准征收土地的人民政府裁决。《国务院法制办公室关于依法做好征地补偿安置争议行政复议工作的通知》（国法〔2011〕35 号）规定，被征地集体经济组织和农民对有关市、县人民政府批准的征地补偿、安置方案不服要求裁决的，应当依照行政复议法律、法规的规定向上一级地方人民政府提出申请。也即，"裁决"转化为"行政复议"，二者趋于同一。因此，被征收人对征地补偿、安置方案不服的，可以向批准征收安置补偿方案的上一级地方人民政府申请行政复议。

——〔2020〕最高法行申 10364 号——再审申请人魏某昌等 33 人诉被申请人山东省人民政府不履行征地补偿标准裁决的法定职责违法一案

4. 未征收情况下依政策制定的补偿标准可诉

一、二审法院经审理认为，对补偿标准有争议的，由县级以上地方人民政府协调；协调不成的，由批准征收土地的上一级地方人民政府裁决，法院不予受理针对补偿标准提起的诉讼。本院认为，为当事人设定行政诉讼的前置处理程序，必须有法律、法规的明确规定。本案中，被诉的 70 元/平方米的补偿标准系根据国家环境污染防治的有关规定和政策，针对相关企业关停后所受损失制定的补偿标准，而非《土地管理法实施条例》规定的集体土地征收过程中的补偿标准，本案亦没有证据证明涉案土地存在征收行为，故，二审法院依据上述法律规定认定被诉的 70 元/平方米的补偿标准不具有可诉性，系适用法律错误，依法应予再审。

——［2018］最高法行申 11190 号——再审申请人黄某诉被申请人河南省信阳市平桥区人民政府行政强制及补偿标准一案

【实务应对】

当前集体土地征收过程中，因补偿安置方案特别是补偿标准引发争议屡见不鲜，本部分案例进一步澄清和理顺了补偿标准裁决程序与行政复议程序的关系问题。

第一，集体土地补偿标准争议适用行政复议程序。当事人对征地补偿、安置方案不服，提出裁决要求的，在具体程序的设置和法律适用方面，应采用行政复议的法律程序。即，当事人应以批准征地补偿安置的机关为被申请人，向其上级行政机关申请行政复议。

第二，关于集体土地补偿标准争议的诉讼程序问题。当事人对补偿安置方案、补偿标准等争议不服，不能直接向法院提起行政诉讼，应当先申请裁决通过复议程序解决。如仍然不服，可以再向法院提起行政诉讼。这实际上将裁决（复议）作为诉讼的前置程序，即对补偿安置方案、补偿标准不服的，适用行政复议前置程序。如此处理的直接法律依据就是，《最高人民法院关于审理涉及农村集体土地行政案件若干问题的规定》第 10 条。

第三，关于"裁决"与"复议"程序的趋同性。如果被征收人对集体土地征地补偿、安置方案不服，有三种救济程序：协调—裁决（复议）—诉讼。其中裁决和复议是一种程序，适用相同的法律和标准。过去曾对此有所争议，但是原国务院法制办公室的［2011］35 号文件对此作了比较清晰的解释说明。

第四，有些案例具有一定的特殊性，它表明不是所有的补偿标准都不具有直接的可诉性。如果土地征收行为尚未发生，或者说并不是在土地征收过程中，政府部门依据上级行政机关的政策或规定制定了补偿标准，由于该补偿标准并非依据《土地管理法》所制定，性质上其类似行政机关作出的"补偿决定"，如果直接影响到相对人实体权益，那么该补偿标准就具有了司法审查的必要性，是一种可诉的行为。

综上，上述案例明确了集体土地补偿安置、补偿标准争议的处理程序和法律适用问题。即协调—裁决（复议）—诉讼三种救济渠道，协调是第一步，裁决（复议）是第二步而且是诉讼前置程序，诉讼是第三步。直接的法律法规依据系 2014 年《土地管理法实施条例》第 25 条第 3 款。但是，《土地管理法实施条例》于 2021 年 7 月 2 日进行了第三次修订，并且自 2021 年 9 月 1 日起正式施行。此次修订有很多亮点，也有不少变化。其中，有一项变化与本节探讨的补偿安置及补偿标准争议内容相关。具体如下：

新修订的《土地管理法实施条例》，删除了原《土地管理法实施条例》第 25 条第 3 款协调、裁决之内容。也就是说，现在的《土地管理法实施条例》并未规定补偿标准争议的裁决程序。这意味着，被征收人对集体土地补偿安置方案、补偿标准不服的，就无法再依照《土地管理法实施条例》申请协调、裁决。补偿标准争议的裁决程序由此就丧失了上位法依据。虽然《征用土地公告办法》（已被修改）、《国务院法制办公室关于依法做好征地补偿安置争议行政复议工作的通知》《最高人民法院关于审理涉及农村集体土地行政案件若干问题的规定》也规定了补偿标准争议的裁决程序，但是考虑到这些法规解释等制定的时间都比较早，可能会随着《土地管理法实施条例》的修改未来也进行进一步的修改。

《土地管理法实施条例》修订后未规定补偿标准争议裁决程序，若被征收人对补偿标准不服应如何寻求救济呢？修订后的《土地管理法实施条例》增加了一项新的制度，即个别未达成征地补偿安置协议的应当作出征地补偿安置决定。征地补偿安置决定取代了之前的补偿标准争议裁决程序。或者说，补偿标准争议裁决程序被征地补偿安置决定所吸收融化。也就是说，如果被征收人对补偿安置方案、补偿标准不服，不能再依据《土地管理法实施条例》申请协调、裁决，而是可以对征地补偿安置决定直接提起行政诉讼。因为，征地补偿安置决定必然包含补偿安置方式、补偿标准等内容，否则就不是一个规范、合法、可执行的征地补偿安置决定。"个别人对补偿安置决定不服提起复议或者诉讼的，可以一并提起对补偿安置方案合法性的审查，且应将补偿安置方案当作类似的规范性文件来对待。"也就是说，在审查征地补偿安置决定的诉讼中，可以将补偿安置方案作为证据进行一并审查。如果被征收人依然坚持对补偿安置方案单独起诉，"鉴于补偿安置方案是由地方政府自行确定，先行经过行政复议更有利于纠纷解决，故应当坚持复议前置"。[1]因此，

---

[1] 耿宝建、岑潇、王筱青：《新土地管理法征收补偿制度变化与司法应对》，载《法律适用》2022 年第 6 期，第 54~65 页。

此种情况之下依然需要先行复议，对复议不服的，再进行诉讼。

【法律法规】

《中华人民共和国土地管理法实施条例》（2014 年修订）

第二十五条第三款　……征地补偿、安置方案报市、县人民政府批准后，由市、县人民政府土地行政主管部门组织实施。对补偿标准有争议的，由县级以上地方人民政府协调；协调不成的，由批准征收土地的人民政府裁决。征地补偿、安置争议不影响征收土地方案的实施。

《征用土地公告办法》（已被修改）

第十五条第一款　因未按照依法批准的征用土地方案和征地补偿、安置方案进行补偿、安置引发争议的，由市、县人民政府协调；协调不成的，由上一级地方人民政府裁决。

《国务院法制办公室关于依法做好征地补偿安置争议行政复议工作的通知》（国法〔2011〕35 号）

……被征地集体经济组织和农民对有关市、县人民政府批准的征地补偿、安置方案不服要求裁决的，应当依照行政复议法律、法规的规定向上一级地方人民政府提出申请……

《最高人民法院关于审理涉及农村集体土地行政案件若干问题的规定》

第十条　土地权利人对土地管理部门组织实施过程中确定的土地补偿有异议，直接向人民法院提起诉讼的，人民法院不予受理，但应当告知土地权利人先申请行政机关裁决。

《中华人民共和国土地管理法实施条例》（2021 年修订）

第三十一条　征收土地申请经依法批准后，县级以上地方人民政府应当自收到批准文件之日起十五个工作日内在拟征收土地所在的乡（镇）和村、村民小组范围内发布征收土地公告，公布征收范围、征收时间等具体工作安排，对个别未达成征地补偿安置协议的应当作出征地补偿安置决定，并依法组织实施。

三、补偿安置协议与征收拆迁行为的关系

（一）补偿协议与前置征收行为的可诉性

1. 签订补偿协议后仍可对征收行为起诉

被征收人已签订补偿安置协议、领取相应补偿费用且交出土地后，又起

诉征收行为的，人民法院不予立案；但补偿安置协议明确约定保留提起诉讼权利，或者协议存在以欺诈、胁迫的手段订立，损害国家利益等无效情形的除外。

——最高人民法院行政法官专业会议纪要（五）（集体土地补偿领域"8.补偿安置协议的效力"）

被征收人签订补偿安置协议并领取相应补偿费用后，如坚持认为征收行为违法，仍可在法定期限内依法对征收行为提起行政诉讼，而不能认为签订补偿安置协议或领取相应补偿费用后，被征收人即丧失相应原告主体资格，无权提起相关行政诉讼；除非补偿安置协议对被征收人放弃相关诉讼权利并取得相应之补偿已经进行了明确约定。因此，一审法院认为朱某安签订补偿安置协议即实际处分自己权益，因而征地拆迁行为对其权利义务不产生实际影响，不符合法律规定。

—— [2017]最高法行申1145号——再审申请人朱某安诉被申请人江苏省无锡市人民政府、无锡市滨湖区人民政府土地征收一案

2. 签订补偿协议后不可对征收行为起诉

就集体土地征收案件而言，征收土地行为对土地实际使用人的权利义务确实会产生不利影响，因此，通常情况下被征收土地的实际使用人对政府实施的土地征收行为具有原告资格。但是，如果土地使用人与征收人达成土地征收协议，取得土地补偿后，又对政府实施的土地征收及其之前的行为提起行政诉讼，因其已经获得安置补偿，与被征收的土地不再具有利害关系，此时提起行政诉讼，不具有原告资格。

—— [2017]最高法行申10号——再审申请人张某、张某福诉被申请人吉林省公主岭市人民政府土地征收一案

农村集体土地征收案件中，被征收人与征收行为原本具有利害关系。但是，在被征收人经征收补偿决定或协议获得补偿，征收补偿决定或协议经过行政诉讼程序，终审判决已经发生法律效力，或者超过法定起诉期限，被征收人未对征收补偿决定或协议提起行政诉讼，征收补偿决定或协议产生确定力时，被征收人丧失对涉案土地、房屋的权利，之后再对征收决定及其前置行为提起行政诉讼，不再具有原告资格。

—— [2017]最高法行再31号——再审申请人尹某武诉被申请人辽宁省瓦房店市人民政府征地拆迁行为一案

因王某根与太原市杏花岭区杨家峪街道办事处于 2013 年 6 月 24 日签订了《房屋征收与补偿安置协议》，约定以产权调换方式取得补偿。协议签订后，王某根领取了搬家费、过渡费和附属物补偿费等费用。因王某根作为房屋所有权人已就案涉房屋的补偿问题签订相关协议，故其对案涉房屋的权利已经让渡，其与被诉房屋征收决定不具有利害关系。王某根如对案涉补偿安置协议的履行问题不服，可依法提起诉讼进行权利救济。

——［2019］最高法行申 10605 号——再审申请人王某根诉被申请人山西省太原市杏花岭区人民政府房屋行政征收一案

国某凤的母亲武某妮于 2003 年 6 月 10 日与原榆次区安居住宅合作社签订《房屋拆迁补偿协议书》，约定原榆次区安居住宅合作社一次性给付武某妮补偿款 53 225.31 元，武某妮将其房屋交由原榆次区安居住宅合作社拆除。在该协议未被撤销或确认无效且无证据证明案涉房屋系未经武某妮同意被强制拆除的情况下，应当认定案涉拆除行为系履行《房屋拆迁补偿协议书》的行为，不能认定榆次区人民政府存在行政强制行为，也不能认定该拆除行为影响了国某凤的合法权益，故国某凤的起诉无事实根据。

——［2020］最高法行申 14809 号——再审申请人国某凤诉被申请人山西省晋中市榆次区人民政府房屋行政强制一案

（二）补偿协议与后续强拆行为的可诉性

1. 签订补偿协议后实施的拆除行为可诉

征收补偿协议主要解决的是被征收房屋的价值补偿、被征收人的搬迁损失以及因搬迁引起的停产停业损失问题。征收补偿协议签订后，可以据此认定被征收人就房屋的征收以及上述相关事项的补偿与征收人达成了一致。但是，征收补偿协议约定的内容，显然不包括因违法强制拆除可能给被拆迁人造成的不应有的包括屋内动产在内的其他人身、财产损失。被征收人可在强制拆除行为被确认违法的情况下，取得相应的赔偿。因该利益独立于合法征收行为产生的补偿利益，故被征收人即使签订了征收补偿协议，也依然与可能存在的违法强制拆除行为存在法律上的利害关系，可以作为适格原告就此提起行政诉讼。

——［2019］最高法行再 72 号——再审申请人李某诉被申请人湖北省武汉市洪山区人民政府行政强制拆除一案

在行政强制拆除案件确认诉讼中，即便实施征收的行政机关在强制拆除行为实施后与被征收人签订了征收补偿协议或者作出征收补偿决定，被征收人在确认诉讼中仍与强制拆除行为有利害关系。被征收人请求确认行政机关实施的强制拆除行为违法的，人民法院应予受理。

——［2020］最高法行再 308 号——再审申请人来某国诉被申请人黑龙江省鹤岗市工农区人民政府强拆房屋一案

根据《香城镇詹邱村旧村拆迁实施方案》的规定，拆除被申请人房屋，需要其签订协议并服从拆迁，但现有在案证据不能证明被申请人已将房屋腾空交出，亦不能证明涉案房屋内的财产已得到妥善处置，在此情况下，由于拆除行为存在扩大被申请人损失的可能，因此，被申请人具有就拆除行为提起诉讼的原告主体资格。香城镇人民政府关于詹邱村村民委员会已取得涉案房屋的处分权，被诉拆除行为系履约行为而非行政强制执行行为的再审申请理由难以成立，本院不予支持。

——［2020］最高法行申 8195 号——再审申请人山东省邹城市香城镇人民政府与被申请人詹某金、原审第三人山东省邹城市香城镇詹邱村村民委员会房屋行政强制一案

2. 签订补偿协议后实施的拆除行为不可诉

房屋征收案件中，被征收人与征收管理部门签订补偿协议，法定起诉期限届满未对补偿协议提起行政诉讼的，征收补偿协议发生强制执行效力，被征收人丧失对被征收房屋土地的权利，与被征收的房屋土地不再具有利害关系，之后对行政机关就涉案房屋土地作出的行政行为提起行政诉讼的，没有原告资格。

——［2018］最高法行申 8872 号——再审申请人黄某云诉被申请人湖南省浏阳市永安镇人民政府等行政强制一案

——［2018］最高法行申 2708 号——再审申请人周某有诉被申请人江苏省如皋市人民政府如城街道办事处房屋行政强制一案

杨某忠以原阳县人民政府、原兴街道办事处违法强制拆除其房屋为由提起本案诉讼。根据原审法院查明，原兴街道办事处与杨某忠签订了《补偿安置清单》及《原阳县黄河大道等六条市政道路建设项目货币补偿协议书》，安置清单确定补偿金额，协议书约定了申请人可以获得的补偿款及奖金，并约定协议签订后 5 个工作日内，申请人要主动将被搬迁房屋腾空，自行拆除完毕。杨某忠在房屋验收单上签字确认后，涉案黄河大道东延项目搬迁安置指

挥部将补偿款及奖励金汇入杨某忠提供的银行账户。另查明，该项目涉及的123户房屋均已拆除完毕，相关道路亦已修好。根据以上事实，涉案房屋的拆除行为系申请人与原兴街道办事处协商一致，在对房屋面积、补偿金额及奖励措施无异议的情况下进行，属于涉案补偿协议的履行行为。杨某忠主张原阳县人民政府、原兴街道办事处违法实施了强制拆除行为，但未提供证据证明被诉行为存在。据此，原审法院以杨某忠的起诉没有事实根据为由裁定驳回其起诉，并无不当。

——［2020］最高法行申 8332 号——再审申请人杨某忠诉被申请人河南省原阳县人民政府等行政强制一案

2015 年 9 月 26 日，孔某英与房屋征收中心、北干道办事处签订《征收房屋补偿安置协议书》，双方约定采取产权调换的方式进行补偿安置，并由房屋征收中心、北干道办事处支付孔某英搬迁补助费、临时安置补助费等各项费用 74 351 元。同日，孔某英在验房单上签字确认。同年 12 月 25 日，上述款项已经汇入孔某英银行账户并由孔某英女儿刘某美代其出具了收款收据。在孔某英已签订房屋补偿安置协议并在验房单上签字确认的情况下，房屋征收中心依照约定将其房屋拆除，并无明显不当。

——［2020］最高法行申 6207 号——再审申请人孔某英诉被申请人河南省新乡市牧野区人民政府等强制拆除一案

再审申请人户于 2018 年 12 月 28 日与西安沣京工业园区管理委员会签订搬迁安置协议，并结算了搬迁安置费用。2019 年 1 月 2 日，乔某荣向西安沣京工业园区管理委员会交回整院房屋，领取了房屋安置卡。2019 年 1 月 9 日，西安沣京棚户区改造项目拆迁指挥部将乔某荣交回的整院房屋予以拆除。据此，在乔某荣签订搬迁安置协议且主动腾交房屋的情况下，拆迁指挥部实施拆除房屋的行为对乔某荣的合法权益明显不产生实际影响，乔某荣起诉请求确认拆除行为违法不符合法定起诉条件。

——［2020］最高法行申 7031 号——再审申请人乔某荣诉被申请人陕西省西安市鄠邑区人民政府房屋行政强制一案

集体土地征收过程中，被征收人的房屋在未予补偿安置的情况下被拆除，即使被征收人未能提供行政机关强拆房屋的直接证据，从保护被征收人合法权益的角度出发，也可推定征收部门实施了强制拆除行为；但被征收人已经签订安置补偿协议或接受了征收部门的补偿安置，又自愿交出房屋的，说明被征收人自愿放弃了对其房屋的占有使用，除非被征收人提供了确实充分的证据，否则其后发生的拆除行为不应视为行政强制行为。

——[2020]最高法行申5565号——再审申请人胡某磊等3人诉被申请人河南省新乡市牧野区人民政府土地行政强制一案

（三）领取补偿款与强拆行为的可诉性

1. 领取补偿款后实施的强拆行为不可诉

本案系再审申请人刘某孔、刘某星提起的要求确认济南高新技术产业开发区管理委员会强制拆除房屋行为违法的行政诉讼。根据原审查明的事实，刘某孔、刘某星已于2014年3月25日，就涉案房屋与章锦街道办事处、章锦村村民委员会签订了拆迁安置补偿协议，并且领取了协议确定的补偿款项。上述行为应当视为刘某孔、刘某星对拆迁补偿安置协议的履行，故其已丧失对涉案房屋的权益，其与涉案房屋的拆除行为不具有利害关系，原审裁定驳回起诉并无不当。

——[2017]最高法行申7800号——再审申请人刘某孔、刘某星诉被申请人山东省济南高新技术产业开发区管理委员会等房屋行政强制一案

本案中，穆某荣已签订《焦作市东海大道（马村区段）征迁安置协议》并领取补偿款，但未按照协议约定自行拆除房屋及地上附着物，应当视为放弃拆除，自愿交出房屋由安阳城街道办事处组织拆除。故本案不存在强制拆除房屋的行为，穆某荣提起诉讼，缺乏事实根据，一、二审法院裁定驳回起诉，并无不当。

——[2020]最高法行申4731号——再审申请人穆某荣诉被申请人河南省焦作市马村区人民政府房屋行政强制一案

王某杰虽与城关镇人民政府签订《房屋征收补偿安置协议书》，并向城北片区拆迁指挥部递交《助拆申请书》，但未领取房屋补偿款，《房屋征收补偿安置协议书》并未履行，王某杰仍实际占有房屋。故王某杰与强拆房屋行为具有利害关系，是本案的适格原告。根据一审庭审记录及太和县城市管理行政执法局一审答辩，城关镇人民政府、太和县城市管理行政执法局均已认可对王某杰房屋实施强拆。一、二审法院依据王某杰已签署的《房屋征收补偿安置协议书》《助拆申请书》，认为其起诉无事实根据，认定事实不清、适用法律错误。王某杰申请再审的理由成立，本院予以支持。

——[2019]最高法行申517号——再审申请人王某杰诉被申请人安徽

省太和县人民政府等房屋行政强制并赔偿一案

2. 领取补偿款后实施的青苗清理行为不可诉

原审查明，涉案集体土地已被依法征收，地上青苗及其他设施的补偿款也已全部拨付到位；且在实施清理前，相关部门对被征收土地上生产作物的补偿金额进行了公示，清理后又组织当事人对补偿金额进行了确认。故本案中相关部门对再审申请人被征收土地上的青苗实施清理，不会损害被征地人的实际利益。

——［2020］最高法行申5639号——再审申请人望城区乌山街道高冲村第十八村民小组诉被申请人湖南省长沙市望城区人民政府等土地行政强制一案

本案刘某并未与岳西县人民政府签订征收补偿协议，岳西县人民政府虽然在实施了清理行为后将征地补偿款及青苗费打至刘某的惠农卡内，但并不代表刘某已经认可岳西县人民政府的行为，而且刘某主张还有部分未支付补偿费的林地也已被清理。因此，刘某对岳西县人民政府实施的清除地上附着物的行为可提起行政诉讼。

——［2019］最高法行申14160号——再审申请人刘某诉被申请人安徽省岳西县人民政府土地行政强制一案

【实务应对】

对于补偿安置协议与征收拆迁行为的关系，司法实务操作中应注意把握如下几点：

第一，准确界定征收拆迁行为的阶段。《土地管理法实施条例》（2021年修订）第4章第3节明确了集体土地征收的程序和步骤，可以分为15个阶段，分别是编制审批土地征收方案、发布土地征收预公告、开展土地现状调查、开展社会稳定风险评估、拟定征收补偿安置方案、发布征地补偿安置公告、办理征地补偿登记、组织听证、签订征地补偿安置协议、提出土地征收申请、作出征地批复、发布征收土地公告、作出征地补偿安置决定、责令交出土地、申请法院强制执行。针对不同的阶段，具有不同的处理方式。准确界定征收拆迁行为的阶段，是分析每个阶段行为是否可诉的重要前提。

第二，实质分析对相对人权益影响的程度。从上述阶段可以看出，签订征地补偿安置协议前的各个阶段的行为，都可以称为"前置征收行为"。对于前置征收行为可诉性的审查，应从对相对人权益实质影响的角度进行重点分析，而不应拘泥于外在的形式，如果某个阶段的前置征收行为，如发布土地征收预公告、拟定征收补偿安置方案、发布征地补偿安置公告，存在明显重大违法之处，且已经实际侵害到被征收人合法权益，再继续实施显然并不合适，此时应赋予被征收人申请行政复议或提起行政诉讼等救济权利，以便及时止损。

第三，灵活结合最高人民法院判例的要点。对于被征收人签订征收补偿协议后，与前置征收行为、后续强拆行为是否具有利害关系，最高人民法院并未作出千篇一律的判决，而是结合不同案件的具体情况进行了判断。目前来看影响这些具体情况的要素主要包括，补偿协议中是否作出了诉权处分的特殊约定、是否已经实际履行完毕补偿协议、是否丧失了房屋占有使用权（包括居住、腾空情况）、是否造成对其他合法财产的损害。因此，在具体案件的处理过程中，需要结合最高人民法院判例及复函的精神，作出灵活、切合实际的判断。

【法律法规】

《最高人民法院行政审判庭关于签订征收补偿协议后被征收人与强制拆除房屋行为是否具有利害关系等问题征求意见的复函》（行复〔2021〕140号）

第二巡回法庭：

贵庭《关于签订征收补偿协议后被征收人与强制拆除房屋行为是否具有利害关系等问题征求意见的函》收悉。经研究，函复如下：

依照原《物权法》第28条的规定，征收决定生效时被征收房屋发生物权变动。但依照《国有土地上房屋征收与补偿条例》第27条第1款的规定，应当补偿安置在先、被征收人搬迁在后。对房屋强制拆除行为提出起诉的，起诉人提供证据初步证明合法权益遭受不利影响，应当先认定其与被诉行政行为具有利害关系，依法予以立案。立案之后，应当结合被征收人是否仍在房屋内居住生活、被征收人是否腾空交付房屋、房屋内是否存有物品等因素，实体审查被诉行政为是否实际影响原告的实体利益、被诉行政行为作出时是否应考虑原告的合法权益等情况，对其与被诉行政行为是否具有利害关系作出综合认定。

2021年10月27日

第三节　城乡征地拆迁公告的可诉性分析

【典型案例】

一、城乡征地拆迁公告原则上不可诉

（一）程序性告知征收内容的公告不可诉

征收土地公告仅是告知被征收人批准征地机关、批准文号、征收土地的用途、范围、面积以及征地补偿标准、农业人员安置办法和办理征地补偿的期限等具体内容，在被征收土地所在地的乡（镇）、村予以公示告知的行为，没有独立的决定事项，而张贴征收土地公告也仅是征收土地行为中的程序性行为，未对行政相对人设定新的权利义务。对被征收人权利义务产生实际影响的是征收土地批复以及后续相关征收土地行为，而非征收公告。

——［2016］最高法行申1963号——再审申请人张某山诉被申请人辽宁省大石桥市人民政府征收土地公告一案

——［2017］最高法行申5408号——再审申请人韩某明、凤某平诉被申请人江苏省江阴市人民政府不履行法定职责一案

——［2018］最高法行再99号——再审申请人刘某等诉被申请人湖南省长沙市雨花区人民政府征地补偿安置方案及长沙市人民政府行政复议一案

本案中再审申请人吝某堂的原审诉讼请求为"依法确认峰峰矿区人民政府征收涉案土地，因未出示省级以上人民政府的征收文件及未张贴征地公告的行政行为违法"，即其所诉的对象为"公告行为"。公告实际上是对被征收土地和补偿安置方案的一种告知行为，既未对被征收人创设新的权利，亦未在征收决定之外增设义务负担，行政机关是否张贴公告，均不影响被征收人的实体权益，因此属于不可诉的行政行为。

——［2018］最高法行申8529号——再审申请人吝某堂诉被申请人河北省邯郸市峰峰矿区人民政府土地征收纠纷一案

本案被诉的《关于湖南华菱涟源钢铁有限公司因含铁废弃物综合利用原料加工场三期项目娄底项目农用土转用、征收土地补偿、安置方案公告》（以下简称《征地补偿公告》）是关于征地补偿标准及相关问题的公告，本案的

诉求实质是对征地补偿标准有异议。按照规定，张某吾应先向相关的人民政府申请裁决或复议。在复议机关不予受理的情况下，依法应当起诉复议机关作出的不予受理决定，而不能直接起诉《征地补偿公告》。如直接向法院提起行政诉讼，法院应不予受理。已经立案的，应当驳回起诉。

——［2016］最高法行申 1761 号——再审申请人张某吾诉被申请人湖南省娄底市人民政府土地行政征收补偿标准一案

（二）限期搬迁的通告和告知不可诉

征收安置补偿方案公告已经明确被征收人停止经营活动、限期腾地的内容后，为进一步督促被征收人及时停止生产经营活动，在规定的期限内自行搬迁，国土资源部门再次发布终止经营活动、限期搬迁的通告，该通告行为属于《行政强制法》规定的催告履行行为，未额外增加被征收人负担、减损其合法权益，对被征收人的合法权益不产生实际影响，不属于行政诉讼的受案范围。

——［2017］最高法行申 3044 号——再审申请人戴某武诉被申请人湖南省长沙市开福区人民政府土地行政征收一案

马鞍山市雨山区城市管理行政执法局作出的《限期拆除事先告知书》，载明自收到限期拆除通知书之日起 3 日内自行拆除所建建（构）筑物的决定，你（单位）应自行改正违法行为。该事先告知书是拟对再审申请人所建建筑物限期拆除所作出的事先告知行为，目的是保障再审申请人的陈述和申辩权利，对再审申请人的权利义务尚未产生实际影响，不属于行政复议受案范围，故雨山区人民政府驳回其复议申请符合法律规定。

——［2019］最高法行申 1080 号——再审申请人钱某先诉被申请人安徽省马鞍山市雨山区人民政府城市管理行政复议一案

（三）签订协议后发布的催告不可诉

土地征收过程中，行政机关与被征收人达成征收补偿协议，约定自行搬迁期限后，被征收人未在约定期限内自行搬迁，行政机关依法发出催告履行通知书催告履行的行为，仅仅是对征收补偿协议约定义务的重复告知行为，并未对被征收人设定新的权利义务，属于对当事人权利义务不产生实际影响的程序性告知行为，是不可诉的行政行为。

——［2017］最高法行申 6500 号——再审申请人崔某荣诉被申请人海南省琼中黎族苗族自治县人民政府等搬迁通知及征地补偿一案

（四）安置房选房公告不可诉

一般来说，选房公告主要载明了安置房的分房与看房时间、分房地点、安置房位置、户型套数、分房规则及价格结算标准等内容，目的是将选择安置房的相关事宜告知被安置人员，该公告的性质属于一种单纯的告知行为，其本身并没有设定实体权利义务关系，对被告知人的合法权益不产生实际影响。因此，选房公告不具有行政可诉性。

——［2019］最高法行申 4853 号——再审申请人庞某清诉被申请人河南省商丘市睢阳区人民政府选房公告一案

（五）违建治理整改方案不可诉

永宁县人民政府作出的《永宁县城镇集中式饮用水水源保护区违法建设项目清理整改工作方案》，系再审被申请人对下级乡镇人民政府及所属职能部门作出，并明确了乡镇人民政府、县农牧部门、县水务部门、县环保部门、县国土部门等机关应当履行的具体职责。故该方案并不具备直接、对外发生法律效果的特征，在性质上属于再审被申请人对下级行政机关作出的内部工作安排，其工作要求还须通过有关乡镇人民政府及再审被申请人所属职能部门依职权针对特定行政相对人作出相应处理决定加以落实。

——［2019］最高法行申 4328 号——再审申请人永宁县菲思力牧业有限公司诉被申请人宁夏回族自治区永宁县人民政府其他行政管理一案

二、征地拆迁公告的可诉情形分析

（一）征收公告与征地批复内容不符的可诉

征收公告行为原则上属于不可诉的行政行为。但是，被征收人以征收公告内容与征地批复批准的征收土地的范围、用途、面积、补偿标准等内容不相符为由提起诉讼，并提供初步事实根据的，人民法院就不能以前述理由简单裁定不予立案或驳回起诉。

——［2016］最高法行申 2353 号——再审申请人孙某权与被申请人黑龙江省大庆市人民政府、原审第三人大庆市国土资源收购储备中心征地公告及行政赔偿一案

——［2017］最高法行申 6918 号——再审申请人曹某明诉被申请人广东省广州市从化区人民政府征收土地公告及行政赔偿一案

——［2018］最高法行申 8063 号——再审申请人关某许、关某、关某苏

诉被申请人广东省阳西县人民政府征地公告一案

——［2019］最高法行申 3656 号——再审申请人许某媛诉被申请人河南省唐河县人民政府土地行政征收一案

（二）未取得征地批复发布的征收公告可诉

市、县人民政府发布的征收土地公告没有载明批准征地机关、批准文号和批准时间等内容，实际上也没有获得上级政府关于征收土地的批复，属于未批先征，违反了《土地管理法》第 44 条、第 45 条等相关规定，且征收土地公告载明"本公告自发布之日起执行"。

——［2018］最高法行申 4370 号——再审申请人谢某敏等 10 人诉被申请人四川省阆中市人民政府土地行政征收一案

市、县人民政府作出的征收土地公告超出了征地批复范围或市、县人民政府未经有权机关作出征地批复直接作出载有征地内容的决定、批复等文件，对外公布并且实际实施的，对当事人的权利义务产生实际影响，属于行政诉讼的受案范围。

——［2020］最高法行再 119 号——再审申请人王某秋等诉被申请人河南省台前县人民政府等土地行政征收及行政复议一案

（三）未单独作出行政行为发布的公告可诉

如果行政机关在发布公告之前并未单独作出行政行为，那么公告除了是公示送达方式之外，同时也是行政行为本身的载体，此时公告应具有可诉性。本案被诉行为形式上是作为送达行政行为方式的公告，但从查明的事实来看，区政府并未作出房屋征收决定，该公告既是公示告知行为，亦是房屋征收决定的载体，对房屋所有人的权利产生实际影响，具有可诉性。

——［2019］最高法行申 8351 号——再审申请人邹某良诉被申请人新疆维吾尔自治区乌鲁木齐市新市区人民政府土地行政征收一案

（四）对相对人权益产生实际影响的公告可诉

根据本案有效证据难以证明西浐灞告字［2013］2 号《关于长乐坡村地区城中村综合改造项目拆迁工作的通告》（以下简称《拆迁通告》）系对《关于长乐坡村城中村改造项目相关事项的批复》的广而告之，亦难以证明该通告仅系程序性告知行为。《拆迁通告》径行规定了拆迁范围、要求停止生产经营、规定期限内搬离拆除现场等内容，对被拆迁人的权利义务产生了实际影响，具有可诉性。

——［2019］最高法行再 34 号——再审申请人李某娥诉被申请人陕西省西安市灞桥区人民政府、西安浐灞生态区管理委员会拆迁通告一案

行政机关发布的通报，一般不具有强制性，属于行政指导行为，但如果通报的发布主体具有权威性，发布内容具有很强的针对性，对行政相对人的后续处理作了明确的规定，客观上可能对相对人的权益产生实际影响，则该通报具有可诉性。

——［2019］最高法行申 10633 号——再审申请人北京天威瑞恒电气有限责任公司诉被申请人国家市场监督管理总局行政通报及行政复议一案

本案被诉《清理整顿金川北路两侧停车场的通告》的主要内容为："对临河区金川大道北路两侧停车场进行集中清理，要求上述范围内停车场负责人接到通知后自行搬迁，对清理整顿范围内的车辆实行交通管制，禁止车辆驶入、违者查扣车辆、从重处罚，对在规定范围内拒不搬迁的经营商户将依法进行强制取缔，对故意阻拦妨碍执法的由公安机关进行严肃处理。"本案临河区人民政府通告具备单方作出并对相对人权利义务产生实际影响以及确定力和拘束力的特征，属于可诉的具体行政行为，原审不予受理不当，应予纠正。

——［2016］最高法行申第 4093 号——再审申请人杨某平、张某萍诉被申请人内蒙古自治区临河区人民政府行政违法一案

【实务应对】

实务中，应牢牢把握上述案例反映的规律和要点进行判断。即，坚持"三个是否"的判断标准：公告是否属于对已有事项的重复告知，没有独立决定事项；公告是否属于履行阶段性和程序性的行为；公告是否属于内容上增设新的实体权利和义务。在这三个具体判断标准的指引下，再结合具体案例的情况，综合进行判断。为了在具体司法实践过程中更加方便判断，这里附上最高人民法院行政庭原资深法官蔡小雪的观点，供大家参考："公告一般情况下将征收决定规定的征收事项，在不改变其内容的情况下予以公示，其性质属于'告知'，本身并不对被征收人及其他利害关系人产生实质性影响，真正对被征收人及其他利害关系人产生实质性影响的是征收决定，故被征收人及其他利害关系人只能对征收决定提起诉讼，而不能对公告提起诉讼。但是，有个别情况，人民政府未作出征收决定，而是在征收公告中载有征收的具体内容的，此时的公告确定了被征收人及其利害关系人的权利义务关系，并对

他们直接产生了法律后果，因此此类公告是可诉的。"

——蔡小雪："关于房屋征收与补偿决定及相关行为的可诉性问题"，转自："话说民告官"公众号

【法律法规】

《国有土地上房屋征收与补偿条例》

第十三条第一款 市、县级人民政府作出房屋征收决定后应当及时公告。公告应当载明征收补偿方案和行政复议、行政诉讼权利等事项。

第二十六条第一款 房屋征收部门与被征收人在征收补偿方案确定的签约期限内达不成补偿协议，或者被征收房屋所有权人不明确的，由房屋征收部门报请作出房屋征收决定的市、县级人民政府依照本条例的规定，按照征收补偿方案作出补偿决定，并在房屋征收范围内予以公告。

《中华人民共和国土地管理法实施条例》

第二十八条 征地补偿安置方案拟定后，县级以上地方人民政府应当在拟征收土地所在的乡（镇）和村、村民小组范围内公告，公告时间不少于三十日。

征地补偿安置公告应当同时载明办理补偿登记的方式和期限、异议反馈渠道等内容。

......

第三十一条 征收土地申请经依法批准后，县级以上地方人民政府应当自收到批准文件之日起十五个工作日内在拟征收土地所在的乡（镇）和村、村民小组范围内发布征收土地公告，公布征收范围、征收时间等具体工作安排，对个别未达成征地补偿安置协议的应当作出征地补偿安置决定，并依法组织实施。

第四节　城乡征地规划行为的可诉性

【典型案例】

一、土地利用总体规划不属行政复议范围

土地利用总体规划系国家对土地利用的总体布局安排，其不会对当事人

的权利义务产生实际影响，因为需要利用相关土地时，国土资源主管部门还要开展建设用地预审、编制土地利用计划、开展建设用地审查报批、划定基本农田等工作，以确保土地利用规划目标的落实。本案中，被诉批复系福建省人民政府关于晋安区土地利用总体规划的批复，该批复未给再审申请人确定权利义务，未对当事人的合法权益产生实际影响，故再审申请人因不服被诉批复而提起行政复议，福建省人民政府决定不予受理该复议申请的结论正确，本院予以支持。

——［2019］最高法行申 2151 号——再审申请人汤某华等 16 人诉被申请人福建省人民政府不予受理行政复议一案

二、可行性研究报告、"四规划一计划"的可诉性

关于被诉征收决定与可行性研究报告相关内容不一致的问题。一方面，可行性研究报告主要是对推进实施有关征收建设项目的必要性和可能性的评估、预判，作用是供政府决策参考，其与最终确定的项目内容无须一致，本来就允许进行适当调整、变化；另一方面，从《国有土地上房屋征收与补偿条例》的相关规定看，也未将征收建设项目的可行性研究报告作为作出征收决定的合法性要件予以规定。故再审申请人以涉案征收建设项目与可行性研究报告的有关内容不一致为由，否定本案被诉征收决定的合法性，于法无据，本院不予支持。

——［2019］最高法行申 12049 号——再审申请人郑某茂诉被申请人江西省弋阳县人民政府房屋征收决定一案

关于涉案"四规划一计划"的制定程序是否违法的问题。人民法院审查的是相关征收建设活动是否符合"四规划一计划"，而非"四规划一计划"本身。"四规划一计划"通常情况下仅作为涉案证据从证据的客观性、关联性、合法性角度予以审查。再审申请人以"四规划一计划"制定程序违法否定被诉《弋阳县人民政府关于弋阳县一江两岸棚户区（城中村）改造项目二期（城北片区）国有土地上房屋的征收决定》的合法性，理据不足。

——［2019］最高法行申 12049 号——再审申请人郑某茂诉被申请人江西省弋阳县人民政府房屋征收决定一案

从海南省住建厅××复函以及三亚市××区国民经济和社会发展第十三个五年规划纲要、三亚市土地利用总体规划等证据亦足以证明该项目整体上符合

当地国民经济和社会发展年度计划的要求。但是，确实没有证据证明吉阳区人民政府已将该项目单独申请纳入当地国民经济和社会发展年度计划，并取得其符合土地利用总体规划、城乡规划和专项规划的专项审批，亦未履行征收补偿费用足额存储到专用账户的法定程序义务，存在程序违法情形。

——〔2019〕最高法行再 192 号——再审申请人孙某伟诉被申请人海南省三亚市吉阳区人民政府房屋行政征收一案

三、规划编制、审批行为的可诉性

就规划的编制和审批而言，因其属于针对不特定对象作出的面向未来的一般性调整，因此具有抽象行政行为的特征，不能直接对其提起诉讼。规划和规划批复之所以不可诉，在于它和行政规范性文件一样，都具有"普遍约束"性，而不在于它必须是行政规范性文件本身。

——〔2017〕最高法行申 4731 号——再审申请人艾某俊诉被申请人湖北省黄石市人民政府规划行政批准一案

某一规划和规划行为是否可诉或可复议，依赖于该规划和规划行为是否针对特定人，并对该特定人的权利义务直接产生影响。就规划的编制、审批以及修改而言，因其属于针对不特定对象作出的面向未来的一般性调整，因此具有抽象行政行为的特征，不能直接对其提起诉讼或申请复议。

——〔2017〕最高法行申 1313 号——再审申请人广德县骨外科医院诉安徽省人民政府规划行政复议一案

四、城市总体规划、详细规划的可诉性

（一）城市总体规划及批复不可诉

《城乡规划法》第 2 条、第 5 条规定，城市规划、镇规划分为总体规划和详细规划。详细规划分为控制性详细规划和修建性详细规划。城市总体规划编制属于公共政策和规范制定范畴，具有抽象性和实施中的不确定性。总体规划的内容，需要通过控制性详细规划和修建性详细规划来加以落实和具体化，并通过对建设项目颁发"一书两证"（即建设项目选址意见书、建设用地规划许可证和建设工程规划许可证）等行政许可决定才能得以具体化。当事人认为总体规划内容侵犯其合法权益的，应当通过对实施总体规划的详细规划尤其是修建性详细规划的异议程序以及对颁发或不颁发"一书两证"行政行为的司法审查程序寻求救济。

——［2019］最高法行申 10407 号——再审申请人湛江喜强工业气体有限公司诉被申请人广东省遂溪县人民政府等编制并批准土地利用总体规划一案

土地利用总体规划是对今后一段时间内土地利用的总安排，包括确定土地利用的目标和方向、土地利用结构和布局、对各主要用地部门的用地规模提出控制性指标、划分土地利用区域、确定实施规划的方针政策和措施等内容。韦曲等 25 个街道乡级土地利用总体规划作为被诉批复的主要内容，是一种宏观的、指导性的长期规划，是该区域土地用途管制的依据，针对的是该区域内的不特定对象，且可以反复适用，性质上类同于行政机关制定的具有普遍约束力的规范性文件，不具有可诉性。同理，以涉案总体规划为主要内容的被诉批复，同样不具有可诉性，不属于行政诉讼的受案范围。

——［2018］最高法行申 1225 号——再审申请人田某辉等 5 人诉被申请人陕西省西安市人民政府土地利用总体规划批复一案

（二）控制性和修建性详细规划的可诉性

司法机关对详细规划行为进行受理和合法性审查时应当审慎。特定地块权利人一般并不宜对详细规划的整体内容提起诉讼。只有在详细规划已经直接限制当事人权利且无须通过"一书两证"行为即能得出明确限制结论的情况下，才宜考虑承认修建性详细规划中有关特定地块规划限制内容的可诉性。相对人还应明确具体的诉讼请求。如对详细规划内容的合法性审查，更多体现为程序合法性审查。

——［2019］最高法行申 10407 号——再审申请人湛江喜强工业气体有限公司诉被申请人广东省遂溪县人民政府等编制并批准土地利用总体规划一案

修建性详细规划是以城市、镇总体规划、分区规划或控制性详细规划为依据，用以指导各项建筑和工程设施的设计和施工的规划设计，是城乡详细规划的一种。编制修建性详细规划的主要任务是满足上一层次规划的要求，直接对建设项目作出具体的安排和规划设计，并为下一层次建筑、园林和市政工程设计提供依据。行政机关批准修建性详细规划的行为并不直接对公民、法人或其他组织设定权利，加负义务，当事人对该行为不具诉权。

——一审：［2016］渝 04 行初 67 号 二审：［2017］渝行终 283 号

五、"一书两证""一书四方案"的可诉性

（一）依据详细规划作出的"一书两证"可诉

规划行政主管部门已经依据详细规划作出"一书两证"行为的，当事人应直接对颁发"一书两证"的行为申请行政复议或提起行政诉讼，或者对规划行政主管部门不依法履行颁发"一书两证"行政许可职责的行为申请行政复议或提起行政诉讼，而不宜再对详细规划的内容申请行政复议或提起行政诉讼。

——［2019］最高法行申 10407 号——再审申请人湛江喜强工业气体有限公司诉被申请人广东省遂溪县人民政府等编制并批准土地利用总体规划一案

（二）建设项目选址意见书不可诉

选址意见书是用地预审的必备文件，系在立项过程中形成的，主要是为相关部门审批决策建设项目提供参考，且在建设项目开始实施之前还有其他审批、核准、许可程序尚待完成。因此，仅凭选址意见书并不能直接决定建设项目的实施与否，也不会直接侵犯上诉人主张的土地、房屋等个人利益，即使此种利益存在，也非城乡规划部门核发选址意见书时需要重点审查的权益。

——［2020］鲁行终 898 号——上诉人程某爱等诉被上诉人山东省沂水县人民政府行政复议一案

（三）建设用地规划许可证不可诉

作出征收决定需依据的具体行政行为，称为征收决定的前置行政行为。在房屋征收和补偿案件中，前置行政行为主要有：颁发建设用地规划许可证、县级以上人民政府的有关审查批准文件、国有土地批准文件、国家的建设项目立项批准书等。前置行政行为处于不成熟阶段不具有可诉性，成熟后才具有可诉性。

——蔡小雪："关于房屋征收与补偿决定及相关行为的可诉性问题"，转自："话说民告官"公众号

根据《城乡规划法》第 37 条、第 38 条的规定，建设用地规划许可证是城乡规划主管部门确认建设项目的位置、用地性质、面积和范围等符合城乡规划的法律凭证。建设单位在取得建设用地规划许可证后，方可向土地管理部门申请用地。城乡规划主管部门作出的建设用地规划许可证，仅是申请建

设用地的前提条件，并不会直接产生设立、变更、转让或消灭不动产物权的效力。

——［2020］最高法行申 105 号——再审申请人王某香、杨某俊诉被申请人山西省住房和城乡建设厅行政复议一案

【实务应对】

本节所探讨的城乡征地规划行为，包括土地利用总体规划、"四规划一计划"、城市总体规划、详细规划、"一书两证""一书四方案"的制定或颁发等，是否属于司法审查的对象，或者说直接可诉呢？从上述案例分析中，我们可以提炼总结出两点比较重要的启示：一是通常情况下，规划编制、审批、制定等行为，不针对特定的对象，在内容和效力上具有普遍的适用性，可以视为抽象行政行为，因此不具有可诉性。二是特殊情况下，如果规划编制、审批、制定等行为，针对了特定的人和事，在内容和效力上具有直接的指向性，这就对特定人的权利义务产生了直接影响，此时就具有了可诉性。

上述两点，在司法实务应用中可以根据案件的实际情况酌情予以把握，当然也并非一成不变，仍需要进一步根据司法实践的新情况、新问题作出相应的调整和完善。

【法律法规】

《国有土地上房屋征收与补偿条例》"四规划一计划"

第九条第一款　依照本条例第八条规定，确需征收房屋的各项建设活动，应当符合国民经济和社会发展规划、土地利用总体规划、城乡规划和专项规划。保障性安居工程建设、旧城区改建，应当纳入市、县级国民经济和社会发展年度计划。

《中华人民共和国城乡规划法》"一书两证"

第二条第二款　本法所称城乡规划，包括城镇体系规划、城市规划、镇规划、乡规划和村庄规划。城市规划、镇规划分为总体规划和详细规划。详细规划分为控制性详细规划和修建性详细规划。

第十九条　城市人民政府城乡规划主管部门根据城市总体规划的要求，组织编制城市的控制性详细规划，经本级人民政府批准后，报本级人民代表大会常务委员会和上一级人民政府备案。

第二十一条 城市、县人民政府城乡规划主管部门和镇人民政府可以组织编制重要地块的修建性详细规划。修建性详细规划应当符合控制性详细规划。

第五十条第一款 在选址意见书、建设用地规划许可证、建设工程规划许可证或者乡村建设规划许可证发放后，因依法修改城乡规划给被许可人合法权益造成损失的，应当依法给予补偿。

《建设用地审查报批管理办法》"一书四方案"

第七条 市、县国土资源主管部门对材料齐全、符合条件的建设用地申请，应当受理，并在收到申请之日起30日内拟订农用地转用方案、补充耕地方案、征收土地方案和供地方案，编制建设项目用地呈报说明书，经同级人民政府审核同意后，报上一级国土资源主管部门审查。

第八条第一款 在土地利用总体规划确定的城市建设用地范围内，为实施城市规划占用土地的，由市、县国土资源主管部门拟订农用地转用方案、补充耕地方案和征收土地方案，编制建设项目用地呈报说明书，经同级人民政府审核同意后，报上一级国土资源主管部门审查。

第五节 征地拆迁阶段性、程序性行为的可诉性

一、土地征收前置行为的可诉性

【典型案例】

（一）先行用地审批系阶段行为不可诉

根据《建设用地审查报批管理办法》第6条的规定，特定情况下的先行用地审批是建设用地审批程序中的特殊环节，但不是必经程序。先行用地虽然可以在正式用地报批手续完成之前审批，但不具有独立性和最终性，仍然属于整个用地审批程序的组成部分，虽然该行为可能会通过其他行为对土地权利人的合法权益产生影响，但不是必然、直接和最终的影响。从整个用地审批程序来看，对土地权利人权益产生最终和实质影响的是后续的征地行为，先行用地审批呈现的过程性、阶段性和不直接产生外部法律效力等特征，决定了其与可诉行政行为存在本质区别。

——[2019] 最高法行申 3450 号——再审申请人李某声、朱某兰、徐某昌诉被申请人中华人民共和国自然资源部先行用地复函及行政复议一案

（二）土地增减挂钩行为不可诉

城乡建设用地增减挂钩是保持土地平衡的政策性措施。在再审申请人没有具体说明该项措施实施过程中的土地征收、强制拆迁或安置补偿等行为侵害其自身合法权益的情况下，济南市人民政府据此作出不予受理的行政复议决定并无不当。换言之，如果在增减挂钩实施过程中的土地征收、强制拆迁或安置补偿等某一具体行为侵害当事人的合法权益，则当事人可以针对该具体行为通过行政复议或行政诉讼寻求救济。

——[2019] 最高法行申 12826 号——再审申请人徐某新等诉被申请人山东省济南市人民政府行政复议一案

【实务应对】

本部分案例可以归结为涉及土地征收前的相关行为的案例。

首先，先行用地审批指的是国家重点建设项目中的控制工期的单体工程和因工期紧或者受季节影响亟须动工建设的其他工程，省级自然资源部门向原国土资源部提出先行用地的申请，经批准后仍在规定期限内完成用地报批手续。由此可见，先行用地审批只是特殊情况下用地的一个过程性、阶段性行为，不具有终局性和直接的影响性，显然不属于可诉的行为类型。

其次，增减挂钩是一项政策性措施，其依据是山东省国土资源厅印发的《山东省城乡建设用地增减挂钩试点管理办法》，该办法于 2016 年 2 月 1 日起施行，但是有效期至 2020 年 1 月 31 日。对于政策性措施，单独起诉法院的一般不予受理，但是可以对该政策性措施实施过程中具体的土地征收、强制拆迁或安置补偿等行为提起诉讼。[2019] 最高法行申 12826 号判例明确了该政策性措施的司法审查原则，并在说理中进行了详细说明。

综上，对于实践问题的处理，本部分案例给我们作出了比较明确的启示。一是要准确查询相应的法律法规依据，例如"先行用地""增减挂钩"等均是行政性比较强的专业术语，处理类似问题时要先准确定位和理解其基本含义。二是法律的问题归法律，政策的问题归政策，只有对当事人权益造成实质影响的具体行为，才适予司法审查，否则应对行政权保持必要的尊让。

【法律法规】

《建设用地审查报批管理办法》

第六条 国家重点建设项目中的控制工期的单体工程和因工期紧或者受季节影响急需动工建设的其他工程，可以由省、自治区、直辖市国土资源主管部门向国土资源部申请先行用地。

申请先行用地，应当提交下列材料：

（一）省、自治区、直辖市国土资源主管部门先行用地申请；

（二）建设项目用地预审意见；

（三）建设项目批准、核准或者备案文件；

（四）建设项目初步设计批准文件、审核文件或者有关部门确认工程建设的文件；

（五）国土资源部规定的其他材料。

经批准先行用地的，应当在规定期限内完成用地报批手续。

《山东省城乡建设用地增减挂钩试点管理办法》（鲁国土资规〔2015〕1号）

第二条 本办法所称增减挂钩，是指依据土地利用总体规划和土地整治规划，将若干拟复垦为农用地的农村建设用地地块（即拆旧地块）和拟用于农民安置、农村发展城镇建设的地块（即建新地块）共同组成拆旧建新项目区（以下简称项目区），通过土地复垦和调整利用，实现项目区内耕地面积不减少、质量有提高，建设用地总量不扩大，城乡用地布局更合理的土地整治措施。

二、调查、公示、核准、通告的可诉性

【典型案例】

（一）统建户认购资格公示行为的可诉性

统建户认购资格公示是整体搬迁安置房统建户认购工作的一个环节，若公示内容明确规定"对于公示期满无异议或异议不能成立，该公示内容将作为拆迁补偿安置的依据"，且已经作为拆迁补偿安置依据执行，剥夺了特定人的统建户认购资格。故统建户认购资格公示行为对特定人的权利义务已经产

生实际影响，应属人民法院行政诉讼的受案范围。

——［2018］最高法行再 53 号——再审申请人钟某玲诉被申请人深圳市大鹏新区管理委员会行政确认一案

（二）房屋面积测绘公示行为的可诉性

对于征收房屋过程中对房屋的面积、产权核实与公示行为，再审审查程序总体上认可行政复议机关和人民法院将其作为可复议、可诉讼的独立行政行为对待。同时，鉴于对此问题法律尚无明文规定，故对于能够在此后的补偿协议或补偿决定程序中对核实认定与公示行为进行审查，而生效裁判已确定不予单独审查的，再审审查程序中一般亦不认为该生效裁判确有错误需启动再审。

——［2020］最高法行申 1000 号——再审申请人浙江省绍兴市越城区人民政府因被申请人金某诉其行政复议一案

（三）未登记建筑的调查认定行为不可诉

行政机关对未登记建筑的调查认定和处理行为，属于阶段性的、不成熟的行政行为。在国有土地上房屋征收过程中，有权部门依法对征收范围内未经登记的建筑进行调查、认定和处理，仅是对嗣后评估机构依法作出评估报告，以及市、县级人民政府依法决定补偿作出准备、创造条件，其本身并不对征收补偿法律关系产生终局性影响，不在行政机关与被征收人之间直接设定行政法上的权利义务关系，因而不属于行政诉讼的受案范围。

——［2017］最高法行申 4275 号——再审申请人廖某庆诉被申请人上海市杨浦区人民政府要求履行法定职责一案

（四）地上附着物的调查行为不可诉

再审申请人认为济南高新技术产业开发区管理委员会（以下简称"高新区管委会"）在土地征收过程中，对其地上附着物（桃树）的调查结果错误，遂诉请确认该行政调查行为违法，判令高新区管委会予以补偿。高新区管委会对再审申请人地上附着物的调查，仅是土地征收的一个环节，在性质上即属于过程性行为，依法不属于行政诉讼的受案范围。一、二审法院据此分别裁定驳回起诉、驳回上诉，并无不当。

——［2019］最高法行申 13048 号——再审申请人刘某贵诉被申请人山东省济南高新技术产业开发区管理委员会行政调查一案

（五）调查结果的核准行为不可诉

本案中，李某明所诉行为系凌海市人民政府在实施锦凌水库工程移民安置工作中，对其所在村进行的核准实物量工作。该核准实物量工作系凌海市人民政府对锦凌水库建设淹没区内的土地实施征收补偿的准备工作，并非最终的补偿行为，不具备最终的、对外的法律效力，不具备可诉性。李某明所诉行为的效力被最终的补偿行为所吸收和覆盖，其可以通过对凌海市人民政府所实施的补偿行为提起行政诉讼获得救济。

——［2020］最高法行申 6826 号——再审申请人李某明诉被申请人辽宁省凌海市人民政府土地行政征收一案

（六）房屋拆迁通告行为的可诉性分析

本案中根据一、二审法院查明的事实，被诉《关于全面整治吉安市颐祥园老年公寓违法建设的通告》（以下简称《通告》）系案涉专项整治活动的第一阶段宣传行为，第二集中整治阶段将对违建承租户下达法律文书。且再审申请人也已收到了江西省吉安市吉州区城市管理局下达的《行政处罚决定书》，内容为：限期自行拆除违建，逾期将采取强制拆除措施。再审申请人亦已对上述处罚决定书提起了行政诉讼。据此，一、二审法院认定被诉《通告》系阶段性行为，不对当事人权利义务产生影响，并无不当。

——［2021］最高法行申 1944 号——再审申请人史某红等 26 人诉被申请人江西省吉安市人民政府等行政规划一案

从被诉通报的内容和性质看，其不具有强制性，属于行政指导行为，但由于其发布主体具有权威性，发布的内容具有很强的针对性，对相关企业的后续处理作了明确的规定，客观上可能对北京天威瑞恒电气有限责任公司的权益产生实际影响，故二审法院认定通报具有可诉性并无不当。

——［2019］最高法行申 10633 号——再审申请人北京天威瑞恒电气有限责任公司诉被申请人国家市场监督管理总局行政通报及行政复议一案

该被诉签约通知的内容仅是告知签约范围、协议签订期限及奖励、违法建筑的认定和处置办法、咨询及协议签订地点，未设定再审申请人的权利和义务，亦未对再审申请人的权利义务产生实际影响。

——［2020］最高法行申 5292 号——再审申请人林某梅等 23 人诉被申请人浙江省平阳县人民政府、平阳县鳌江镇人民政府其他行政行为一案

平顶山市新华区 G 地块连片开发改造指挥部向福岛快捷宾馆发出三份通

知，根据原审中双方提交的房屋交接单和案涉三份通知的内容可知，案涉三份通知已经对当事人的义务进行了明确告知并交代如不交付房屋将承担相应后果，福岛快捷宾馆已经根据指挥部的通知作出了中止相关租赁合同、腾空移交房屋等一系列行为，故案涉三份通知具有可诉性，属于人民法院行政诉讼的受案范围。

——〔2019〕最高法行申 8192 号——再审申请人河南省平顶山市新华区人民政府因平顶山市福岛快捷宾馆诉其行政征收一案

从一审法院查明的事实看，针对涉案违法建筑，福州市鼓楼区城市综合执法局经过责令限期拆除及催告拆除等程序后，作出《强制拆除决定书》，陈某曾针对该决定书提起过行政诉讼，生效判决亦确认了该决定书的合法性。在此情况下，实施拆除前又作出《拆除违法建筑物通告》属于拆除前的告知行为，未创设新的权利义务，不属于行政诉讼的受案范围，一审法院驳回起诉并无不当。

——〔2020〕最高法行申 8728 号——再审申请人陈某诉被申请人福建省福州市鼓楼区人民政府行政强制一案

【实务应对】

城乡征地拆迁中涉及的调查、公示、核准行为类型比较多，本节案例分析了一些常见类型的可诉性问题。调查、公示、核准等行为，是否可诉取决于该行为本身是否属于纯粹阶段性、程序性行为，如果属于则不具有可诉性，如果不属于则具有可诉性。具体而言，如果调查、公示、核准、通告等行为，作出后仍有后续的行为，其内容和效力也会被后续行为所吸收，显然其只是阶段性、程序性行为，不具有可诉性。反之，如果没有后续行为作出，该行为也具有事实上的最终性、独立性，则具有可诉性。以房屋面积测绘公示行为为例，由于该核实认定与公示行为系之后房屋补偿安置的主要依据，对当事人权益具有直接且重大的影响，加之后续的补偿协议或补偿决定诉讼涉及的生效裁判确定不予单独审查该认定公示行为的，此时将其作为独立的行政行为予以司法审查更具有合理性。〔1〕

---

〔1〕〔2020〕最高法行申 1000 号。

【法律法规】

《最高人民法院关于适用〈中华人民共和国行政诉讼法〉的解释》

第一条第二款 下列行为不属于人民法院行政诉讼的受案范围……（六）行政机关为作出行政行为而实施的准备、论证、研究、层报、咨询等过程性行为……

三、证明、登记、鉴定行为的可诉性

【典型案例】

（一）证明行为仅是事实确认不可诉

行政证明行为是行政机关为证实行政相对人权利或确认某种事实存在的行政行为，是行政机关依职权或依申请对法律上的事实、权利或关系作出的认定，行政证明行为不同于其他行政行为，其主要特征是具有证明性、事实认定性。一般而言，行政证明行为既不赋予行政相对人权利，也不为相对人创设义务，只是对某种已存在的事实以证件、说明的形式证明其客观存在。

——［2019］鲁01行终72号——上诉人韩某师要求确认被上诉人山东省济南市公安局市中区分局大观园派出所出具的证明无效一案

（二）先行登记保存行为的可诉性分析

先行登记保存属于证据收集和保全行为，而非行政强制措施，其是一种执法手段，是行政行为中的一个环节，不是最终的处理结果，通常不具有可诉性。但法定的先行登记保存期限是7日，7日内行政机关就应当作出处理。结合行政案件查处的一般程序和案件实际情况，这种处理可能是予以返还、送交检验、检测、检疫、鉴定，也可能是采取查封、扣押措施，作出处罚没收违法物品，或者是解除先行登记保全措施。本案中，榆树市盐务管理局作出《先行登记保存通知书》之后，直至今日没有后续的处理行为，其行为明显对当事人的权益产生实际影响。故大连齐澦制盐厂的起诉符合人民法院审理行政案件的受理条件。

——［2020］吉行再12号——上诉人大连齐澦制盐厂诉被上诉人吉林省榆树市盐务管理局先行登记保存通知一案

（三）行政机关委托鉴定行为系过程行为不可诉

从诉讼的实体利益可得性而言，就强制腾房行为申请复议或者诉讼更为直接，而其如果对鉴定结论有异议宜通过其他法定渠道主张，如果对政府委托鉴定机构鉴定的行为本身有异议，依法不能申请行政复议或提起行政诉讼，此类委托鉴定行为可视为过程性行政行为，虽然可能间接影响行政相对人的权利义务，但其法律效果会依附并被最终的行政决定所吸收。

——［2019］最高法行申 10754 号——再审申请人周某良诉被申请人浙江省温州市人民政府其他行政行为行政复议一案

【实务应对】

本节案例分析了证明、登记、鉴定行为的可诉性问题。

首先，行政证明行为仅是事实确认，不可诉。行政证明行为的主要目的是证明某种事实或权利状态的存在，具有证明性、事实认定性特征，不创设新的权利义务关系，因此司法审查中一般认为其不具有可诉性。

其次，先行登记保存行为的可诉性分析。从立法者的观点来看，先行登记保存措施属于行政强制措施。全国人民代表大会官方网站——中国人大网就"行政机关应当如何实施抽样取证和登记保存措施？"指出："登记保存措施是一种带有强制性的行政措施，应当严格依法实施。"全国人民代表大会常务委员会法制工作委员会编写的系列丛书之《中华人民共和国行政强制法释义》明确提出，2009 年《行政处罚法》第 37 条规定的"登记保存"，属于《行政强制法》第 9 条第 5 项规定的"其他行政强制措施"。[1]可见，这一行为本身就具有司法审查性。

再次，行政机关委托鉴定行为的可诉性问题。比如，征收拆迁过程中对房屋价值的评估，通常是政府委托专门的鉴定机构进行的。对于鉴定结论有异议的，当事人可以依法申请复核、专家委员会鉴定等，而没有必要对鉴定行为提起行政诉讼。

最后，城乡征地拆迁中涉及的证明、登记、鉴定行为类型比较多，本部分的案例分析了一些常见类型的可诉性问题，如行政证明行为、先行登记保存行为、政府委托鉴定行为等。对于上述行为是否可诉，应着重从行为的内

---

[1]　信春鹰主编：《中华人民共和国行政强制法释义》，法律出版社 2011 年版，第 34 页。

容、阶段、效力等角度进行综合分析，通常认为如果上述行为具有事实上的最终性、独立性、效力性，就属于直接影响当事人权益的具体行为，具有可诉性。

【法律法规】

《中华人民共和国行政处罚法》

第五十六条 行政机关在收集证据时，可以采取抽样取证的方法；在证据可能灭失或者以后难以取得的情况下，经行政机关负责人批准，可以先行登记保存，并应当在七日内及时作出处理决定，在此期间，当事人或者有关人员不得销毁或者转移证据。

《国土资源违法行为查处工作规程》（国土资发〔2014〕117号，已失效）

8 调查取证……调查中发现证据可能灭失或者以后难以取得的情况下，经国土资源主管部门负责人批准，可以先行登记保存，并应当在七日内及时作出处理决定。证据先行登记保存期间，任何人不得销毁或者转移证据……

《财政部门证据先行登记保存办法》（财监〔2005〕103号）

第十一条 对先行登记保存的证据，财政部门应当根据工作需要，自《证据先行登记保存通知书》送达之日起7个工作日内，采取以下措施……

《市场监督管理行政处罚程序暂行规定》（已被修改）

第三十二条 对于先行登记保存的证据，应当在七日内采取以下措施……

四、其他阶段性、程序性行为的可诉性

【典型案例】

（一）房屋强拆清除建筑垃圾行为不可诉

清除建筑垃圾行为，通常不会对当事人的合法权益形成新的损害。本案段某所诉清除建筑垃圾行为，恰恰就是大东区人民政府强制拆除其房屋行为的一个步骤。段某所称木料、砖头、门窗损失，在强制拆除涉案房屋主体结构过程中已经形成，清除建筑垃圾行为只是将这些建筑垃圾移位，并未对其合法权益造成新的损害。当事人对强制拆除房屋行为提起诉讼，请求确认强制拆除房屋行为违法，并要求对相关损失予以行政赔偿，实质已经包含了对

整个强制拆除房屋行为每一个步骤的全部否定并予以行政赔偿的请求。当事人在对强制拆除房屋行为提起诉讼，请求确认该行为违法并行政赔偿之后，再次对强制拆除房屋行为中清除建筑垃圾这一行为单独提起行政诉讼，请求确认这一行为违法，显然属于重复起诉。

——［2015］行监字第639号——再审申请人段某诉被申请人辽宁省沈阳市大东区人民政府强制拆除房屋一案

（二）房屋强拆强行搬离财物行为不可诉

本案中，山东省济南市人民政府强行搬走涉案财物的行为是后续强制拆除行为不可分割的一部分，系行政过程性行为。此外，邹某询、李某东已对案涉房屋强制拆除行为提起行政诉讼，其又对该搬离财物的行为单独起诉，不符合法定的起诉条件。

——［2019］最高法行申6058号——再审申请人邹某询、李某东诉被申请人山东省济南市人民政府行政不作为一案

（三）房屋门窗墙面必要组成部分强拆可诉

在房屋征收拆迁过程中，行政机关对被征收人依法作出补偿安置行为之前，应当保障被征收房屋正常的居住使用功能，不能随意对房屋进行破坏、拆除。房屋强拆行为不限于对房屋主体结构的拆除，对门窗、墙面等房屋必要组成部分的拆除以及对室内的清理，同样涉及被征收人的人身和财产安全，影响被征收人的合法权益。因此，在补偿安置程序尚未完结、法定拆除程序尚未开始的情况下，行政机关不能以拆除门窗、破坏墙体、清理室内等方式影响被征收人对房屋的居住使用。如果被征收房屋遭到破坏、拆除，行政机关应当举证证明系在其不知情的情况下由其他主体实施，否则要承担相应的法律后果。对此，当事人可以提起确认房屋强拆行为违法之诉，不属于没有事实根据的情形。

——［2018］鲁行终2417号——上诉人盛某波、王某芳诉被上诉人山东省济南市市中区人民政府等行政强制一案

（四）房屋征收中的砌墙围挡行为不可诉

对于不具有独立法律地位的程序性行为的合法性，应当作为征收行为或补偿行为的要件进行审查，而不应独立成诉，分别进行。本案中，武陵区人民政府实施的砌墙围挡行为属于为了保障征收顺利实施的临时性、过程性、程序性的行政强制措施，不具有独立的法律地位，该过程性行为不属于行政

诉讼的受案范围。在征收行为完成后，相对人因该措施产生的损失会被征收补偿行为吸收。如李某鹰认为征收补偿未对该损失进行处理，可在其提起的针对征收补偿的行政诉讼中一并主张。

——［2019］最高法行申5988号——再审申请人李某鹰诉被申请人湖南省常德市武陵区人民政府其他行政纠纷一案

五、征收过程中停水断电行为的可诉性

（一）具有独立性的停水断电行为可诉

临洮县供电公司对临洮县五爱建材厂采取断电行为系受行政机关指令，并非基于供用电合同而作出的民事行为，若临洮县五爱建材厂因临洮县供电公司的断电措施产生损害，其应依据行政法律关系提起行政诉讼，而非直接向临洮县供电公司主张承担民事赔偿责任。并且，临洮县五爱建材厂事实上也已经提起了行政诉讼且案件在审理过程中，从诉讼经济和有利于纠纷彻底解决的角度看，一、二审法院认定本案不属于民事诉讼受理范围亦无不当。

——［2018］最高法民申2093号——再审申请人临洮县五爱建材厂与被申请人国网甘肃省电力公司临洮县供电公司供用电合同纠纷一案

金水区人民政府通知停电行为是行政事实行为。本案，金水区人民政府通知国网河南省电力公司郑州供电公司（以下简称"郑州供电公司"）停电是希望郑州供电公司提供辅助行为，且其通知停电行为不是行政行为。但是，金水区人民政府通知郑州供电公司停电是涉案拆迁工作的一部分，具体运用了行政权，是一种行政事实行为。郑州供电公司停止电力供应仅是辅助金水区人民政府的通知停电行为，故实质上是金水区人民政府的通知停电行为给郑州市恒升教育软件科技有限公司带来了影响。

——［2017］最高法行申8513号——再审申请人郑州市金水区人民政府因被申请人郑州市恒升教育软件科技有限公司诉其确认行政行为违法一案

停水停电等行为发生后，行政机关并未实施后续拆迁工作，也未作出与停水、停电相关联的其他行政行为，则停水、停电等行为就是一种行政事实行为，行政机关通过行政命令形式通知相关企业采取停水、停电、停气等措施改变了当事人与供水、供电、供气等企业的权利义务关系，对当事人的实际生产、生活产生了影响，属于独立的行政行为，具有可诉性。本案停水、停电等行为发生后，上诉人未得到补偿并腾空房屋，房屋也一直未被拆除，

该行为并未被后续的拆除补偿行为吸收覆盖。

在停水、停电行政行为被确认违法的情况下，区政府应当根据实际情况，采取相应的补救措施，协调有关单位满足上诉人的基本生活需求；如果涉案房屋确已不具备恢复水电气的条件，区政府亦应当通过其他方式予以补救，对造成的损失应依法予以补偿或适当赔偿，切实及时保障上诉人基本的生活和居住权益，而非必然要求其他被上诉人恢复水电气等服务。区政府主张绝大多数居民已经签订协议并腾空房屋的理由，不能成为对其他未签协议居民实施停水、停电、停气等行为的正当理由，本院对此不予支持。

——［2019］鲁行终2238号——上诉人袁某燕等10人诉被上诉人山东省济南市章丘区人民政府等行政强制违法一案

本案系在国有土地上房屋征收过程中，因上诉人租赁的房屋被采取停水、停电等措施而引发的行政争议。上诉人提供了对承租房屋进行装修、予以经营的初步证据材料证明乐都区人民政府实施停水、停电、停气的行为有可能侵犯其合法财产权益，并以乐都区人民政府为被告提起本案行政诉讼，其起诉符合《行政诉讼法》规定的相关起诉条件。一审法院以本案停水、停电、停气的行为属于民事行为，应以第三人为被告提起民事诉讼予以解决，认为本案不属于行政诉讼受案范围，进而裁定驳回上诉人的起诉，属于适用法律错误。

——［2020］青行终21号——上诉人海东市乐都友好医院等诉被上诉人青海省海东市乐都区人民政府房屋行政强制一案

四平市人民政府于2018年2月26日向供电公司出具四政督字［2018］37号《四平市人民政府督查通知单》（以下简称《通知单》），主要内容系根据四平市人民政府主要领导指示，请供电公司对16家采石场停止供电，并拆除相关供电设施。《通知单》列明了要求供电公司停止供电的具体16家采石场，并在四平市人民政府官网上予以公布，四平市万芳机械设备有限公司即在《通知单》所列明的16家采石场范围内。虽然《通知单》系对供电公司作出，但责令供电公司对四平市万芳机械设备有限公司停电的行为对四平市万芳机械设备有限公司的权利义务产生了实质影响，万芳设备公司针对《通知单》提起撤销诉讼属于法院行政诉讼受案范围。

——［2020］最高法行再315号——再审申请人吉林省四平市万芳机械设备有限公司诉被申请人吉林省四平市人民政府确认行政行为违法一案

（二）停水断电行为被后续强拆行为吸收的不可诉

2020 年 4 月 16 日，湛河区人民政府向国网河南省电力公司平顶山供电公司（以下简称"平顶山供电公司"）作出平湛政函〔2020〕17 号《湛河区人民政府关于对程庄村张某军的村民房屋采取停电措施的函》（以下简称《停电函》）。2020 年 4 月 17 日，平顶山供电公司对张某军的房屋采取停电措施；2020 年 4 月 19 日，湛河区人民政府对张某军的房屋实施强制拆除。从《停电函》的作出到采取停电措施，再到湛河区人民政府拆除案涉房屋，一系列行为发生的时间较为紧凑，结合《停电函》的内容，可认定湛河区人民政府作出《停电函》系为其实施拆除行为所做的准备工作。在张某军诉湛河区人民政府强制拆除其房屋一案一审法院已依法受理的情况下，张某军单独就《停电函》提起本诉并无实际意义。

——〔2021〕最高法行申 249 号——再审申请人张某军诉被申请人河南省平顶山市湛河区人民政府行政强制措施一案

（三）地方行政部门无权采取限制供电的行政强制措施

湖南省第十一届人民代表大会常务委员会第四次会议通过的《湖南省电力设施保护和供用电秩序维护条例》第 23 条第 2 款规定，要"按照国家和省人民政府的有关规定"，对高能耗、严重污染环境的企业实施限制用电措施，并非电力行政主管部门享有作出限制用电行政强制措施法定职权的授权依据。工业和信息化部发布的《日用玻璃行业准入条件》，属于部门规章，无权设定行政强制措施，且该准入条件第 8 条第 3 项规定"电力监管机构要监督供电企业依法实施停、限电措施"，亦未授权电力行政主管部门作出限制用电行政强制措施。湖南省环保厅等部门作出的湘环发〔2012〕19 号《关于对环境违法企业依法采取停电、断电等强制措施的通知》，系规章以下的规范性文件，无权设定行政强制措施，因此，衡阳市经济和信息化委员会作出限制供电行政强制措施超越职权，二审判决撤销衡市电执法字〔2015〕3 号《关于对衡阳华强玻璃制品有限公司暂实施限电的通知》，处理结果并无不当。

——〔2018〕最高法行申 6130 号——再审申请人湖南省衡阳市经济和信息化委员会因被申请人衡阳华强玻璃制品有限公司诉其行政强制及行政赔偿一案

六、通知、受理、传唤、调查、咨询行为不可诉

程序行政行为所包含的法定行为主要有：通知行为、受理行为、传唤行为、咨询行为、调查行为、表明行为、决定方式行为、听取意见行为。这些行为是针对有关程序问题作出的预备性和阶段性的行为，未明确行政相对人的实体权利义务关系。

市、县级人民政府及房屋征收部门根据《国有土地上房屋征收与补偿条例》拟定征收补偿方案行为、对征收补偿方案论证的行为、公布或征求公众对拟定征收补偿方案征求意见及意见修改情况公布的行为、听证行为、社会稳定风险评估行为、准备补偿费行为、调查询问行为等，均属于程序性行政行为，行政相对人对此不服提起诉讼的，法院不予受理。

但是，有下列情况之一的，法院应当受理：（1）程序性行政行为可能造成被征收人及其利害关系实体权利损害的；（2）因不得进入下面程序，使其申请的目的无法实现的；（3）行政机关可以进入执行程序的；（4）法律、法规规定的其他情形。

——蔡小雪："关于房屋征收与补偿决定及相关行为的可诉性问题"，转自："话说民告官"公众号

传唤行为作为被诉治安行政处罚中的一个过程性、阶段性行为，被公安机关作出的最后的行政处罚决定所吸收，不对李某锋的权利义务产生实际影响；同时，本案被诉传唤行为也在该案针对行政处罚行为所提起的行政复议和行政诉讼中被一并审查，因此，不属于行政复议受理范围。

——［2019］最高法行申 10860 号——再审申请人李某锋与被申请人四川省广安市广安区人民政府行政复议一案

【实务应对】

"在征收过程中，征收主体在未依法给予被征收人补偿之前，应当保障被征收人基本居住条件，满足其基本生活需求，而不能通过施加影响、以停水停电等方式侵害被征收人的合法权益。"[1]本节案例分析了清除建筑垃圾、强行搬离财物、门窗墙面、砌墙围挡、停水断电、通知、受理、传唤、调查、

---

〔1〕 ［2019］鲁行终 2238 号。

咨询等行为的可诉性问题。

从房屋征迁的整体过程来看，这些行为具有一个共同的特征，属于房屋征迁中的过程性、阶段性、从属性、程序性行为，不具有终局性。因为，这些行为要么从属于房屋拆除行为的一个阶段，要么其后伴随着正式的房屋拆除活动，可作为事实认定证据在诉讼中一并审查其合法性。但是，水电气暖等属于居民最基本的生活供应保障，停水断电等行为问题值得我们重视。

首先，采取停水断电行为迫使当事人搬迁，是法律明确禁止的行为。无论是《行政强制法》还是《国有土地上房屋征收与补偿条例》等法律法规，均作出相应禁止性规定和要求。其次，政府指令的停水断电行为属于行政事实行为，对相对人合法权益产生直接的、实际的影响，属于行政诉讼司法审查的对象，当然司法审查的被告应是政府部门。因为，"作为供水、供电等企业作出终止相关服务的行为仅是辅助或者配合行政机关完成征拆工作，实施该行为不属于其真实意思表示，造成的法律后果也不应当由其承担，而应当由作出指示命令的行政机关来承担。"[1]最后，停水断电行为造成的损失如何解决。如果因停水断电行为给被征收人造成了切实的损失，该损失可以通过行政诉讼程序一并提出赔偿请求，法院也应作为行政赔偿诉讼进行审查。当然，如果政府有充分证据证明停水断电行为不是受政府安排或指令所实施，相对人可以通过民事诉讼途径向供水供电公司索赔。

【法律法规】

《中华人民共和国行政强制法》

第四十三条第二款　行政机关不得对居民生活采取停止供水、供电、供热、供燃气等方式迫使当事人履行相关行政决定。

《国有土地上房屋征收与补偿条例》

第二十七条第三款　任何单位和个人不得采取暴力、威胁或者违反规定中断供水、供热、供气、供电和道路通行等非法方式迫使被征收人搬迁。禁止建设单位参与搬迁活动。

《山东省国有土地上房屋征收与补偿条例》

第三十二条第三款　任何单位和个人不得采取暴力、威胁或者违反规定

---

[1]　[2019] 鲁行终 2238 号。

中断供水、供热、供气、供电和道路通行等非法方式迫使被征收人搬迁。

第六节　责成、指示、批复、纪要行为的可诉性

一、"责成"行为的可诉性

关于人民政府"责成"有关部门采取措施的性质，是根据城乡规划主管部门报告，指令有关部门作出某种行为的行政机关内部行为，并不能够直接对外产生行政法律效力，对行政相对人的权利义务不产生实际影响。因此，人民政府的"责令"活动，并非能够产生行政法律效果的行政行为，不属请求判令行政机关履行法定职责的行政不作为诉讼受案范围。

——［2017］鲁行终 1312 号——上诉人张某等 7 人诉被上诉人山东省滨州市人民政府、山东省人民政府行政复议一案

县级以上地方人民政府针对职能部门的申请，作出的同意强制拆除的批复，属于人民政府对其职能部门实施的内部监督管理行为，并非新的处理决定，亦未对当事人设定新的权利义务，属于不可诉的行政行为。

——［2017］最高法行申 109 号——再审申请人陈某玲等诉被申请人广西壮族自治区柳州市鱼峰区人民政府房屋强制拆除批复一案

责成强拆行为是否外化并对外产生法律效力，通常情况下需结合案件具体情况加以综合判断。当事人一方面称城市管理行政执法局以自己名义强制拆除房屋，另一方面所提供的证据并不足以证明政府作出涉案责成强制拆迁行为已然对其法律上的权利义务产生直接的影响。因此，法院对当事人的申请应予以驳回。

——［2017］最高法行申 4196 号——再审申请人徐某良诉被申请人浙江省杭州市人民政府责成房屋拆迁一案

对拆违决定的执行行为可以分为县级以上人民政府的责成强拆行为和拆违实施部门实施拆违的行为。县级以上人民政府既然有责成权，当然也可以亲自实施，这样能够更好地协调各职能部门之间的分工协作，提高行政执法效率。

——［2017］最高法行申 6673 号——再审申请人胡某明等诉被申请人新疆维吾尔自治区五家渠市人民政府行政强制并行政赔偿一案

区县人民政府依照《城乡规划法》的规定责成有关部门强拆违法建筑，应视为区县人民政府确定强制拆除部门的工作指令，而被指令部门系经《城乡规划法》授权由区县人民政府确定的实施强制拆除的部门，依法享有独立的城乡规划行政强制执行权，对于强制拆除行为的法律后果应由被指令部门独立承担，区县人民政府依法不属于强制拆除行为的适格被告。

——[2017]最高法行申8523号——再审申请人雅安市名山区郭家庄茶家乐诉被申请人四川省雅安市名山区人民政府等房屋行政强制确认违法一案

"责成"行为本身通常只具有内部性，是上级政府为推进行政强制执行而明确具体实施部门的内部核准指令活动，同时是一种过程性、阶段性的行政活动，其本身往往并不对当事人的实体合法权益产生直接影响，难以作为行政诉讼受案范围，除非出现极个别情形下政府以自身名义直接对当事人作出而非依法责成"有关部门"实施或者出现其他可能产生外化效果之情形。

——[2018]最高法行申4119号——再审申请人黄某诉被申请人江苏省南京市建邺区人民政府、江苏省南京市建邺区城市管理行政执法局房屋拆除行政强制一案

区县人民政府依据《北京市禁止违法建设若干规定》第13条所作责成强制拆除决定属上级行政机关对强制拆除工作事项的工作部署及内部安排，并不对行政相对人或其他利害关系人产生直接影响，故不具有可诉性，不属于人民法院行政诉讼受案范围。

——[2019]京行终8888号——上诉人巧思企业管理有限责任公司诉被上诉人北京市海淀区人民政府责成强制拆除决定一案

本案中，作出被诉强制拆除行为的行政机关是江南区城市执法局，江南区人民政府并未实施强制拆除行为。江南区人民政府依照《城乡规划法》第68条规定"责成"江南区城市执法局强制拆除违法建筑，是依法分配行政强制执行职权的内部职权分配行为，对当事人的权利义务不产生实际影响，不属于行政诉讼的受案范围。一、二审法院将江南区人民政府作为本案的共同被告，并由中级人民法院一审不妥，本院予以指正。

——[2019]最高法行申4006号——再审申请人广西南宁桥牌木业有限公司诉被申请人广西壮族自治区南宁市江南区人民政府等强制拆除行为及行政赔偿一案

——[2019]最高法行申2037号——再审申请人滕某珍、滕某娇诉被申

请人广西壮族自治区南宁市青秀区人民政府等拆除房屋行政强制及行政赔偿一案

——〔2019〕最高法行申1502号——再审申请人曾某花、郑某招诉被申请人海南省澄迈县人民政府及原审第三人海南省澄迈县综合行政执法局房屋拆除行政强制执行一案

【实务应对】

"责成"行为多出现于城乡规划违法建筑拆除过程中。区县人民政府"责成"城乡规划等有关部门采取强制拆除的措施，本身属于上级行政机关对下级行政部门的内部指示行为，属于过程性、阶段性行为，通常不具有可诉性。但是，从上述的案例不难看出，对于责成行为的可诉性问题，司法实践中应注意把握的标准如下：一是，责成行为具有终局性、直接产生外化效果，当事人可以区县人民政府为被告提起行政诉讼。例如，区县人民政府作出"责成决定书"直接通知当事人，效力显属外化情形。二是，责成行为实际影响到相对人合法权益，当事人也可以对其提起行政诉讼。例如，"责成行为对相对人依法处罚或者超出原拆违决定明确的拆违范围的，则是可诉的"。〔1〕

【法律法规】

《中华人民共和国城乡规划法》

第六十八条　城乡规划主管部门作出责令停止建设或者限期拆除的决定后，当事人不停止建设或者逾期不拆除的，建设工程所在地县级以上地方人民政府可以责成有关部门采取查封施工现场、强制拆除等措施。

二、"责令"行为的可诉性

（一）独立性、义务性的责令行为可诉

责令停止或者改正违法行为一经作出便对行政相对人设定了义务，无论该行政行为是否合法，若行政相对人不执行土地行政主管部门的责令行为，就会受到行政处罚或者其他形式的不利后果。责令停止或者改正违法行为是

---

〔1〕　张先明：《厘清权属界限 规范拆违行为——最高人民法院行政审判庭负责人答记者问》，载《人民法院报》2013年4月2日。

行政执法过程中的一种独立的行政行为，如果行政相对人实施的合法行为被行政主体错误地责令停止，就会导致行政相对人的合法权益受到侵害。县级以上人民政府土地行政主管部门作出《责令停止违法行为通知书》或者《责令改正违法行为通知书》，属于行政复议和行政诉讼的受案范围。

——［2019］鲁行终 1954 号——上诉人泮某德诉被上诉人山东省济南市人民政府土地行政复议一案

——［2020］鲁行再 51 号——再审申请人陈某涛诉被申请人山东省兰陵县综合行政执法局、兰陵县人民政府责令限期改正通知及行政复议一案

本案《责令限期拆除构筑物及附属设施的通知》（以下简称《通知》）虽名为通知，其内容主要为责令天津晟鑫泰科技有限公司限期拆除所有构筑物及附属设施，恢复养殖池原貌，实际效果等同于行政机关作出的限期拆除的行政决定。《通知》除了程序性告知，还为天津晟鑫泰科技有限公司设置了积极的作为义务，且该义务具有被强制执行的可能性。《通知》属于对相对人不利之处分，并直接发生法律效果，属于可诉的行政行为。

——［2020］最高法行再 248 号——再审申请人天津晟鑫泰科技有限公司诉被申请人天津市规划和自然资源局撤销通知纠纷一案

（二）过程性、程序性的责令行为不可诉

温州市龙湾区综合行政执法局作出的责令限期改正告知书，主要内容是认为申请人涉嫌实施了未取得建设工程规划许可证擅自进行建设的违法行为，拟责令申请人限期拆除违法建筑。如有异议，可在一定期限内向该执法局提出陈述、申辩意见，逾期将作出行政决定，后温州市龙湾区综合行政执法局作出限期拆除决定书。从上述行政行为的内容及后续事实看，涉案责令限期改正告知书系城建行政处罚行为作出前的过程性行为，该告知书的法律效果为最终的限期拆除决定所吸收和覆盖。故涉案责令限期改正告知书不属于行政复议的受案范围。

——［2020］最高法行申 4133 号——再审申请人张某平、张某敏、张某业诉被申请人浙江省温州市龙湾区人民政府城建行政复议一案

本案涉及两个事实问题：一是被诉拆除行为是否超出《限期拆除违章建筑告知书》的告知范围。如未超出，被诉拆除行为未对张某革设定新的权利义务，不具有可诉性；如超出，被诉拆除行为对张某革设定了新的权利义务，属于行政诉讼的受案范围。二是被诉拆除行为是否符合法律规定程序。即在

实施被诉拆除行为前,《限期拆除违章建筑告知书》是否依照法律规定程序送达张某革,如未送达,对张某革不发生效力。二审法院在各方当事人对上述相关事实陈述不一致的情况下,未审理和查清被诉拆除行为是否超出《限期拆除违章建筑告知书》的范围、是否进行送达,径行裁定驳回张某革的起诉,属适用法律错误。

——[2020]最高法行申 9720 号——再审申请人张某革因诉被申请人河北省邢台市南和区人民政府等行政强制一案

【实务应对】

对于责令类行为,根据不同的内容具体又可分为"责令—行为类"和"责令—财物类"两种类型,前者指的是责令当事人主动做出新作为或停止原行为的情形,后者指的是责令当事人缴纳、退还、支付或转移特定财物的情形。"责令—行为类"的情形最多,又可以分为责令主动做出新作为类和责令停止原作为类,前者如责令限期拆除、责令交出土地、责令房屋搬迁、责令恢复原状等,后者如责令停止建设、作业、施工、责令停止违法行为、责令停止制造、销售、使用、责令停止侵权行为等。"责令—财物类"的情形较少,包括责令限期缴纳、责令限期缴纳或者补足、责令限期补交、责令退还违法所得、责令支付劳动者的工资报酬等情形。[1]本部分案例,从正反两个方面分析了责令类行为的可诉性问题。在实务工作中我们需要注意如下两方面的问题:一是,责令行为是否具有独立的意思表示,包括独立性、义务性、处分性等特征。如果责令行为具有这些特征,那么对相对人权利和义务显然会产生影响,相对人对此不服的应纳入司法审查的范围;二是,责令行为是否具有特殊的法律效果,包括外部性、适用性、超越性等特征。如果责令行为实施后对相对人的权利和义务造成直接的影响,法律效果上具有明显的适用性,也超出法定授权的范围,此时责令行为不再属于过程性、程序性、内部性,不直接影响相对人合法权益的行为,就具有可诉性,反之则不可诉。

【法律法规】

《国务院法制办公室对陕西省人民政府法制办公室〈关于"责令限期拆

---

〔1〕　王华伟:《非诉行政执行裁执分离制度研究》,中国广播影视出版社 2017 年版,第 38~39 页。

除"是否属于行政处罚行为的请示〉的复函》（国法秘研函［2012］665号）

陕西省人民政府法制办公室：

你办《关于"责令限期拆除"是否属于行政处罚行为的请示》（陕府法字［2012］49号）收悉。经研究并商全国人大常委会法工委，现函复如下：

根据《中华人民共和国行政处罚法》第二十三条关于"行政机关实施行政处罚时，应当责令改正或者限期改正违法行为"的规定，责令改正或者限期改正违法行为与行政处罚是不同的行政行为。因此，《中华人民共和国城乡规划法》第六十四条规定的"限期拆除"，第六十八条规定的"责令限期拆除"不应当理解为行政处罚行为。

国务院法制办公室

2012年12月19日

《国务院法制办公室关于"责令限期拆除"是否是行政处罚行为的答复》（国法秘函［2000］13号）

四川省人民政府法制办公室：

你办《关于"责令限期拆除"是否是行政处罚行为的请示》（川府法［2000］68号）收悉。经研究，现函复如下：

根据《行政处罚法》第二十三条关于"行政机关实施行政处罚时，应当责令改正或者限期改正违法行为"的规定，《城市规划法》第四十条规定的"责令限期拆除"，不应当理解为行政处罚行为。

2000年12月1日

三、"指示""复函"行为

（一）县区政府指示行为的可诉性

地方人民政府虽然"领导所属各工作部门和下级人民政府的工作"，但领导不是替代。地方人民政府可以就一些重点工作组织有关工作部门或下级人民政府实施，在有些情况下，也可以通过发出指示，对所属工作部门和下级人民政府施加影响，但具体的实施还应当由各工作部门或下级人民政府根据其法定管辖权以自己的名义分别落实。究竟地方人民政府的组织实施行为可诉，还是所属工作部门或下级人民政府的具体实施行为可诉，则要看哪一个行为是"产生外部法律效力的行为"。因为一个可诉的行政行为，必须具有

"对外性"和"法效性",也就是该行为必须直接对外发生法律效果。

——[2017]最高法行申9274号——再审申请人徐某安诉被申请人河南省郑州市金水区人民政府行政行为违法一案

（二）行政机关复函行为的可诉性

案涉[2013]第162号《行政处罚决定书》系柳州市城中区城市管理行政执法局以其自身名义对练某成（系本案再审申请人练某雄等8人的父亲）的房屋作出的违法性认定和拆除决定，而被申请人柳州市规划局根据柳州市城中区城市管理行政执法局的咨询请求作出的处罚意见，属于行政机关之间依照各自职权进行咨询、答复的内部行政行为，对外不产生法律效力，并未对公民、法人或者其他组织的权利义务产生实际影响，因此，不属于行政复议受理范围。

——[2018]最高法行申5860号——再审申请人练某雄等9人诉被申请人广西壮族自治区柳州市规划局规划行政处罚及行政复议一案

【实务应对】

本部分案例较为清晰地说明了"指示""复函"行为的可诉性问题。司法实践中对其进行判断时应严格把握"对外性"和"法效性"的标准。前者是指"指示""复函"产生了外部法律效力，后者是指"指示""复函"产生了实质性处分性的法律后果。二者相互结合，可以比较清晰明确地判断"指示""复函"的可诉性问题。

例如，在原告王某荣诉被告济南市钢城区自然资源局行政行为纠纷一案中[1]，被告于2022年9月14日向莱芜区人民法院作出《关于[2022]鲁0116执恢573号函的复函》（以下简称《复函》），这属于对莱芜区人民法院来函咨询问题作出的协商和解释，该复函是程序性函告行为，属单位之间内部往来函件，内容性质上属于认知表示，不对外产生法律效力，对内供莱芜区人民法院参考不具有强制拘束力，更不对当事人权益产生实际影响，不具有可诉性。而且，被告于2022年10月26日向莱芜区人民法院作出的《[2022]鲁0116执恢573号函的复函之二》，告知前面的《复函》内容供贵院参考，至于涉案不动产具体如何处置，由贵院依法酌定。此外，济南市中

---

〔1〕[2022]鲁0117行初28号。

级人民法院〔2021〕鲁01执复432号判例也明确，即使莱芜区人民法院不向国土资源部门发函协商，也可以自行拍卖案涉集体土地使用权及房产。这说明，被告作出的《复函》属内部协商的阶段行为，并非终局性行为，是否拍卖涉案土地，由莱芜区人民法院自主决定，并非由被告的行为所导致，被告的《复函》属于单位内部往来函件，不具有对外性、可诉性、终局性、赔偿性。

四、"会议纪要"行为

（一）会议纪要可转化为行政机关法定职责

"法定职责"的渊源甚广，既包括法律、法规、规章规定的行政机关职责，也包括上级和本级规范性文件以及"三定方案"确定的职责，还包括行政机关本不具有的但基于行政机关的先行行为、行政允诺、行政协议而形成的职责。会议纪要是行政机关常用的公文格式。《党政机关公文处理工作条例》第8条第15项规定，纪要适用于记载会议主要情况和议定事项。可见，会议纪要已经议定的事项，具有法定效力，非依法定程序不得否定其效力，无论是行政机关还是相对人均应遵照执行。会议纪要议定的行政机关职责，亦因此而转化为该行政机关的法定职责。

——〔2018〕最高法行再205号——再审申请人福建省长乐市坤元房地产开发有限公司诉被申请人福建省福州市长乐区人民政府不履行法定职责一案

——〔2019〕最高法行申8477号——再审申请人辽宁省营口经济技术开发区管理委员会与被申请人营口小雨房地产开发有限公司请求置换土地一案

恪守诺言、兑现承诺是行政机关遵守诚信原则的应有之意。按照会议纪要内容履行行政允诺依法属于沈阳市人民政府及相关工作部门应当履行的法定职责。会议纪要确定的相关部门未能继续按照已经议定的内容开展工作，行政机关存在未兑现先前作出承诺的行为，在此情况下，当事人有权通过行政诉讼寻求救济，提起履责之诉。王某江等人要求沈阳市人民政府履行会议纪要规定的职责，具有事实和法律依据。

——〔2018〕最高法行申1589号——再审申请人王某江等人诉被申请人辽宁省沈阳市人民政府履行会议纪要职责一案

经营性用地应当采取出让的方式取得建设用地使用权。本案中，《新民市城乡规划委员会二〇一一年第六次会议纪要》仅表明新民市人民政府同意选址重建加油站，并无政府同意划拨土地的内容，而加油站用地依法应属于经营性用地，不符合上述法律规定中有关以划拨方式取得建设用地的条件，新民市胡台供销社石油经销站依据法律规定应当通过出让方式取得建设用地使用权。新民市胡台供销社石油经销站要求新民市人民政府给予其划拨土地，于法无据。

——〔2019〕最高法行再 183 号——再审申请人新民市胡台供销社石油经销站诉被申请人辽宁省新民市人民政府不履行法定职责一案

（二）内容和效力外化的会议纪要可诉

判断会议纪要行为是否可诉的标准是该行为是否侵犯相对人的合法权益，即对相对人权利义务产生实际影响的行为属于行政诉讼的受案范围，具有可诉性。本案中，会议纪要为解决王某江等人与建设单位中国人民解放军沈阳军区司令部机关住房建设管理办公室之间的房屋遮光纠纷而作出，涉及了被遮光住户房屋回购、新建房屋规划审批等事项，内容明确具体。会议纪要作出后，王某江等人即停止上访和阻碍部队施工行为，会议纪要所涉单位也已按照会议纪要的内容开展了部分工作。故会议纪要已对王某江等人的权利和义务产生了直接影响，具有可诉性。沈阳市人民政府提出会议纪要不具有可诉性，本案不属于行政诉讼受案范围的答辩意见，于法无据，不予支持。

——〔2018〕最高法行申 1589 号——再审申请人王某江等人诉被申请人辽宁省沈阳市人民政府履行会议纪要职责判决一案

会议纪要对外发生法律效力应满足两个条件：一是会议纪要的内容直接涉及公民、法人或其他组织的具体权利义务；二是会议纪要通过一定方式外化。外化方式包括行政机关将会议纪要作为行政决定送达或告知当事人，或行政机关将会议纪要直接予以执行，当事人在执行过程中知晓会议纪要内容等，否则会议纪要不发生外化效果。会议纪要外化的途径应当限于正当途径，如果通过私人告知等非正常途径披露会议纪要内容，不属于以法定途径的正式发布，会议纪要没有对外产生法律效力，也不具有强制执行力，不属于行政诉讼受案范围。会议纪要如果转化为其他对外发生法律效力的行政行为，当事人可对其他发生法律效力的行政行为起诉，会议纪要本身对当事人不直接产生权利义务影响。

——〔2019〕最高法行申 370 号——再审申请人焦作汇银纺织有限公司诉被申请人河南省焦作市人民政府会议纪要一案

会议纪要作为行政机关通过会议方式就特定事项形成的内部意见或工作

安排，通常情况下其效力限于行政机关内部，并不对行政相对人的权利和义务产生直接影响。如要落实会议纪要的内容或精神，一般仍需相关行政机关另行作出行政行为，对当事人合法权益产生实际影响的是后续的行政行为而非会议纪要。只有当会议纪要的内容对相关当事人的权利义务作出具体规定且直接对外发生法律效力，才可认定该会议纪要对当事人的合法权益已产生实际影响，具有可诉性。

——［2019］最高法行申5463号——再审申请人北京华丰王府井商业街开发有限公司不服北京市高级人民法院［2018］京行终2069号行政裁定一案

——［2021］最高法行申2404号——再审申请人广西鑫铄农业科技投资有限公司诉被申请人广西壮族自治区南宁市青秀区人民政府等请求撤销政府会议纪要一案

【实务应对】

本部分案例明确了两个方面的问题，一是会议纪要议定的职责可否转化为行政机关法定职责，二是会议纪要是否具有可诉性。

对于第一个问题，2021年8月，中共中央、国务院印发的《法治政府建设实施纲要（2021—2025年）》第15项规定，"行政机关内部会议纪要不得作为行政执法依据"。这进一步明确了会议纪要的法律地位。尽管如此，在实践中我们依然看到不少地方政府按照会议纪要的内容实施相关管理或执法行为的情况。对于存在的这种客观现象，我们应有所研究和回应。笔者认为，行政机关会议纪要议定的相关内容和职责，属于"自我加压"行为，经审查没有违法违规之处的，可以转化为该行政机关的法定职责。这有利于促进行政机关诚实守信、恪守诺言，提升依法行政的整体水平，让人民群众在每一个执法行为中都能看到风清气正、从每一项执法决定中都能感受到公平正义。[1]

对于第二个问题，本部分案例已经明确会议纪要作为行政机关用于记载和传达有关会议情况和议定事项的内部公文，属于内部行政行为，通常不对外发生法律效力，也不对行政相对人的权利和义务产生直接影响。会议纪要

---

[1]《法治政府建设实施纲要（2021—2025年）》第五部分规定：着眼提高人民群众满意度，着力实现行政执法水平普遍提升，努力让人民群众在每一个执法行为中都能看到风清气正、从每一项执法决定中都能感受到公平正义。

对外发生法律效力，具备可诉性应满足两个条件：一是会议纪要的内容直接涉及公民、法人或其他组织的具体权利义务，对其权利义务进行了直接处分，造成了实际性影响；二是会议纪要通过正当方式外化，已为相对人所知晓。外化方式包括行政机关将会议纪要作为行政决定送达或告知当事人，或行政机关将会议纪要直接予以执行，当事人在执行过程中知晓会议纪要内容等，否则会议纪要不发生外化效果。[1]

五、"批复"行为的可诉性

（一）上级对下级作出批复行为的可诉性

来安县人民政府的批复属于内部行政行为，不向相对人送达对相对人的权利义务尚未产生实际影响，一般不属于行政诉讼的受案范围。但本案中，来安县人民政府作出批复后，来安县国土资源部门没有制作并送达对外发生效力的法律文书，即直接让来安县土地储备中心根据该批复实施拆迁补偿安置行为，对原土地使用权人的权利义务产生了实际影响。原土地使用权人也通过政府信息公开知道了该批复内容，并对其提起了行政复议，复议机关作出复议决定时也告知了诉权，该批复已实际执行并外化为对外发生法律效力的具体行政行为。

——最高人民法院指导案例 22 号：魏某高、陈某志诉来安县人民政府收回土地使用权批复案

上级行政机关对下级机关请示的内部批复能否作为可诉的具体行政行为取决于两个因素：一是该批复是否通过一定途径已经外化；二是该批复是否直接对相对人权益产生影响。如果行政机关的内部批复等公文往来行为不直接对行政相对人的权利义务产生影响，则不应作为可诉的具体行政行为，但如果内部批复已经外化，当事人认为该行政行为对其权利造成了实质性影响，其可以通过行政诉讼获得救济。

——［2013］行提字第 2 号——再审申请人河南九象商贸有限公司诉被申请人国家工商行政管理总局商标局行政批复一案

上级行政机关对下级行政机关请示事项作出的批复、答复意见即便外化，只要未对当事人的权利义务直接作出处理，仍需下级行政机关据此依职权另行

---

[1]　［2019］最高法行申 370 号。

作出行政处理决定的，上级行政机关的批复、答复意见，属于行政机关的内部行为，未对当事人的权利义务产生实际影响，不属于行政诉讼的受案范围。

——［2017］最高法行申 2821 号——再审申请人黄某林诉被申请人湖南省宁乡县人民政府行政批准行为一案

（二）内部指示组织实施行为的可诉性

究竟地方人民政府的组织实施行为可诉，还是所属工作部门或下级人民政府的具体实施行为可诉，则要看哪一个行为是产生外部法律效力的行为。因为一个可诉的行政行为，必须具有"对外性"和"法效性"，也就是该行为必须直接对外发生法律效果。具体到本案，再审申请人坚持起诉金水区人民政府对于合村并城的组织实施行为，但其自称，合村并城的组织实施行为包括了多个机关的多个行为，诸如立项、土地规划、环境评估、征地审批、房屋拆迁、道路建设等，那么，在存在这些直接对外发生法律效果的具体实施行为的情况下，坚持起诉属于内部指示范畴的金水区人民政府的组织实施行为，就不符合法定的起诉条件，

——［2017］最高法行申 9273 号——再审申请人冀某东诉被申请人河南省郑州市金水区人民政府行政行为违法一案

（三）企业整治实施方案的可诉性

案涉通知内容为印发《海原县"散乱污"企业整治行动实施方案》。该实施方案明确了整治对象和范围、整治方法、任务及分工等，并附有整治企业名录，具备一定的单方性、个别性特征，但该实施方案系再审被申请人对下级乡镇人民政府及所属职能部门作出，并不具备直接、对外发生法律效果的特征，在性质上属于再审被申请人对下级行政机关作出的内部工作安排，其工作要求还须通过有关乡镇人民政府及再审被申请人所属职能部门依职权针对特定行政相对人作出相应处理决定加以落实。因此，可能对再审申请人权利义务直接产生影响的应当是有关乡镇人民政府及再审被申请人所属职能部门作出的行政行为，案涉通知及实施方案对再审申请人的权利义务并不直接产生实际影响，不具有可诉性。

——［2020］最高法行申 2638 号——再审申请人海原县海团机砖厂诉被申请人宁夏回族自治区海原县人民政府确认行政行为违法一案

（四）国企改制批复的可诉性

国有企业改制涉及多个法律行为，其中包括政府有关部门依据相关法律

规定对于企业改制的申请所作的批复，属于内部行政行为，即由政府有关部门对于企业改制的相关方案作出批准或者否决的行政行为，该行为并不直接对于企业职工和其他相关人员产生行政法上的权利义务，故这种行为不属于行政诉讼的受理范围。

——［2017］最高法行申 5699 号——再审申请人王某邦诉被申请人江苏省南京市六合区人民政府其他行政管理一案

行政机关针对国有企业改制作出的各类批复，不宜当然认定为可诉或不可诉，而仍应考察其是否会对公民、法人或者其他组织的权利义务产生实际影响。具体到本案中，<u>离石区人民政府针对涉案房屋作出了明确批复，即同意按法定程序拆除。正是由于离石区人民政府作出的批复，涉案房屋才最终被拆除，该批复属离石区人民政府行使行政权的法律行为，对涉案房屋产生了处分效力，进而会对作为利害关系人的山西金创商务代理有限公司的利益产生实际影响，因而可以认定为可诉的行政行为，离石区人民政府亦属本案适格被告。</u>

——［2020］最高法行再 67 号——再审申请人山西金创商务代理有限公司诉被申请人山西省吕梁市离石区人民政府拆除房屋、拍卖机器一案

（五）关闭企业的批复的可诉性

根据本案查明的事实能够认定，公主岭市人民政府作出的案涉公政函［2018］133 号《公主岭市人民政府关于同意关闭公主岭市天源纸箱材料有限责任公司等 12 家企业的批复》已经外化，对外发生法律效力，且对公主岭市天源纸箱材料有限责任公司（以下简称"天源公司"）的权益造成实际影响。一、二审裁定认定案涉批复是行政机关内部行为，不对外发生法律效力，未对天源公司的合法权益产生影响，并据此认定天源公司的起诉不符合法定起诉条件，属适用法律错误，本院予以纠正。

——［2021］最高法行再 146 号——再审申请人公主岭市天源纸箱材料有限责任公司诉被申请人吉林省公主岭市人民政府等行政批复一案

（六）收回土地使用权的批复的可诉性

通常情况下，地方人民政府对其所属土地行政管理部门作出的同意收回国有土地使用权的批复，属于过程性和内部行为，不属于人民法院行政诉讼的受案范围。本案中，<u>被上诉人邹平市人民政府在作出被诉批复之后，邹平市自然资源和规划局已经依据该批复决定收回上诉人的国有土地使用权，且</u>

未直接作出收回决定，仅以《告知书》形式，告知收回上诉人国有土地使用权的决定并限期注销。因此，土地行政管理部门事实上已经直接将邹政复 [2019] 21 号《关于收回邹平城东液化气站土地使用权的批复》付诸实施，对行政相对人的权利义务产生了实际影响。行政相对人对该批复不服提起诉讼，应当属于人民法院行政诉讼的受案范围。

——[2020] 鲁行终 261 号——上诉人邹平城东液化气站诉被上诉人山东省邹平市人民政府行政批复一案

滨海新区人民政府作出的津滨政函 [2016] 156 号《天津市滨海新区人民政府关于同意收回爱兰德等公司四宗土地使用权的批复》（以下简称《批复》）并不具有法效性，对外发生法律效力的是滨海新区规划和国土资源管理局作出的收回国有土地使用权的决定。再审申请人如认为收回决定侵犯其合法权益，可以依法提起行政诉讼。再审申请人对该收回国有土地使用权决定已经另案提起行政复议并提起行政诉讼，由于《批复》本身所产生的法律效果最终被收回国有土地使用权决定所吸收，因此对收回国有土地使用权决定的合法性进行审查就能够保护其合法权益。

——[2018] 最高法行申 5391 号——再审申请人天津市中联建通国际物流诉被申请人天津市滨海新区人民政府行政批复一案

（七）征地批复的备案行为不可诉

本案中的黔府用地函 [2006] 242 号《贵州省人民政府关于贵阳经济技术开发区 2006 年第二批次城市建设使用土地的批复》（以下简称"242 号批复"）、黔府用地函 [2007] 119 号《贵州省人民政府关于贵阳经济技术开发区 2007 年度第二批次城市建设使用土地的批复》（以下简称"119 号批复"）所涉土地均为建设使用土地且未超过 70 公顷，应由省（区、市）人民政府批准后由省（区、市）国土资源管理部门报自然资源部备案，自然资源部的备案行为符合《国土资源部关于进一步加强和改进建设用地备案工作的通知》的规定，且自然资源部的备案行为系对全国土地审批、利用进行总体把握，并非对土地是否准予征收使用的批准行为，该备案行为对谢某兰的权利义务不产生实际影响。谢某兰向自然资源部申请行政复议，要求确认自然资源部对 242 号批复、119 号批复的备案行为违法，不属于行政复议和诉讼受理范围。

——[2019] 最高法行申 7262 号——再审申请人谢某兰诉被申请人中华人民共和国自然资源部行政复议一案

（八）合村并居的批复行为可诉

建制村的设立、撤销、范围调整需要由乡镇人民政府提出，经村民会议讨论同意，报县级人民政府批准。因此，县级人民政府作出的同意乡镇人民政府报送的建制村合并方案的批复行为是行使其管理职能的行为，建制村的合并涉及村行政区划的调整以及村资产及债务的合并，该行为对合并前的村集体组织财产权益必然产生实际影响。本案中涟源市人民政府作出 45 号《关于同意六庙塘镇建制村合并方案的批复》，批准涩冲村与瓦垆村合并为龙湾新村，并对原村集体经济组织的资产资源予以清理处置和财务合并，该行为对原村集体经济组织的财产权利产生实际影响，属于行政诉讼的受案范围。二审法院认为 45 号《关于同意六庙塘镇建制村合并方案的批复》是落实上级党委政府关于区划调整政策的行为，不属于行政诉讼的受案范围，适用法律不当，本院予以指正。

——［2018］最高法行申 8815 号——再审申请人涟源市六庙塘镇涩冲村沙龙组等诉被申请人湖南省涟源市人民政府、涟源市六庙塘镇人民政府行政管理一案

（九）旧村改造实施方案的批复不可诉

广州市黄埔区人民政府作出的《黄埔区人民政府关于沙步旧村改造实施方案的批复》，是广州市黄埔区人民政府针对广州市黄埔区南岗街沙步股份经济联合社自主确定的改造范围、改造模式等内容所进行的确认。该批复本身并不具有强制拆除房屋或征收宅基地的法律效力，未实际影响再审申请人的权利义务。

——［2020］最高法行申 6862 号——再审申请人梁某杨、梁某辉诉被申请人广东省广州市黄埔区人民政府行政批复一案

本案中，被诉的批复系宝鸡市人民政府对所辖各区组织编制的改造项目进行的审批行为，虽然涉及了城中村改造的有关内容，但其是针对有关单位的内部审批行为，未直接设定茹某丽等 9 人的权利义务，且对其并未产生实际影响，其法律效果还须通过有关职能部门依职权针对特定相对人作出相应处理决定加以实现，故该批复不具备直接、对外发生法律效果的特点，不具可诉性。也就是说，在该城中村项目实际改造的过程中，只有相关行政机关作出的征收、安置补偿等直接设定当事人权利义务的行为才产生直接对外的法律效果。

——［2018］最高法行申 1466 号——再审申请人茹某丽等 9 人诉被申请

人陕西省宝鸡市人民政府城中村改造项目批复一案

【实务应对】

通过上述案例的分析，我们可以总结出判断批复类行为的可诉性问题的几个核心要点：

首先，内容特定、效力外化、直接适用。不论批复的类型如何复杂，判断其是否可诉性的标准具有共通性，如果批复的内容特定，批复的效力已外化，批复被直接适用和付诸实施，那么具备这些特征的批复就不再是纯粹内部性行为，就具有了司法审查的必要性。

其次，一次行为、二次行为、实际影响。一般而言，批复仅具有内部法律效力，只对内部下级部门适用，此时其具有"一次性""原生性"等特征，一经作出即已完成，属于一次性行为，不具有可诉性。但是，批复毕竟还需要下级部门落实到位，下级部门采取具体的措施作出具体的处理决定，属于落实或执行批复的"二次行为"。这种二次行为内容直接针对具体的相对人，效力实际影响具体的相对人，具有可诉性。

总之，可诉的批复类行为必须具有法效性，即批复直接对外发生法律效果。所谓"直接"，是指法律效果必须直接对相对人产生，导致行政法律关系的发生、变更或消灭。所谓"对外"，是指批复类行为对行政主体之外的人发生法律效果。[1]如果具备上述特点，批复类行为就不再仅仅是在行政内部领域产生效力，而是对公民、法人或者其他组织的权利义务产生了实际影响，就具有了司法审查的必要性。

【法律法规】

最高人民法院指导案例 22 号
魏某高、陈某志诉来安县人民政府收回土地使用权批复案

（最高人民法院审判委员会讨论通过　2013 年 11 月 8 日发布）

【裁判要点】

地方人民政府对其所属行政管理部门的请示作出的批复，一般属于内部

---

〔1〕〔2018〕最高法行申 5391 号。

行政行为，不可对此提起诉讼。但行政管理部门直接将该批复付诸实施并对行政相对人的权利义务产生了实际影响，行政相对人对该批复不服提起诉讼的，人民法院应当依法受理。

【基本案情】

2010 年 8 月 31 日，安徽省来安县国土资源和房产管理局向来安县人民政府报送《关于收回国有土地使用权的请示》，请求收回该县永阳东路与塔山中路部分地块土地使用权。9 月 6 日，来安县人民政府作出《关于同意收回永阳东路与塔山中路部分地块国有土地使用权的批复》。来安县国土资源和房产管理局收到该批复后，没有依法制作并向原土地使用权人送达收回土地使用权决定，而直接交由来安县土地储备中心付诸实施。魏某高、陈某志的房屋位于被收回使用权的土地范围内，其对来安县人民政府收回国有土地使用权批复不服，提起行政复议。2011 年 9 月 20 日，滁州市人民政府作出《行政复议决定书》，维持来安县人民政府的批复。魏某高、陈某志仍不服，提起行政诉讼，请求人民法院撤销来安县人民政府上述批复。

【裁判结果】

滁州市中级人民法院于 2011 年 12 月 23 日作出［2011］滁行初字第 6 号行政裁定：驳回魏某高、陈某志的起诉。魏某高、陈某志提出上诉，安徽省高级人民法院于 2012 年 9 月 10 日作出［2012］皖行终字第 14 号行政裁定：一、撤销滁州市中级人民法院［2011］滁行初字第 6 号行政裁定；二、指令滁州市中级人民法院继续审理本案。

【裁判理由】

法院生效裁判认为：根据《土地储备管理办法》和《安徽省国有土地储备办法》以收回方式储备国有土地的程序规定，来安县国土资源行政主管部门在来安县人民政府作出批准收回国有土地使用权方案批复后，应当向原土地使用权人送达对外发生法律效力的收回国有土地使用权通知。来安县人民政府的批复属于内部行政行为，不向相对人送达，对相对人的权利义务尚未产生实际影响，一般不属于行政诉讼的受案范围。但本案中，来安县人民政府作出批复后，来安县国土资源行政主管部门没有制作并送达对外发生效力的法律文书，即直接交来安县土地储备中心根据该批复实施拆迁补偿安置行为，对原土地使用权人的权利义务产生了实际影响；原土地使用权人也通过申请政府信息公开知道了该批复的内容，并对批复提起了行政复议，复议机关作出复议决定时也告知了诉权，该批复已实际执行并外化为对外发生法律效力的具体行政行为。因此，对该批复不服提起行政诉讼的，人民法院应当依法受理。

第七节　投诉举报监督行为的可诉性分析

【典型案例】

一、公益性投诉举报和涉己性投诉举报是两种类别

关于投诉举报和依法履责的区分问题。投诉举报分为"公益性质的投诉举报"和"涉己性质的投诉举报"，前者主要涉及公益，与举报投诉人自身的合法权益没有直接关系。但后者不同，举报人为维护自身合法权益而举报相关违法行为人，要求行政机关查处的，举报人应当具备行政复议的主体资格。根据《最高人民法院关于举报人对行政机关就举报事项作出的处理或者不作为行为不服是否具有行政复议申请人资格问题的答复》，本案中，李某向辽宁省国土资源厅举报违法占地事项，涉及其自身利益，具有行政复议的主体资格。

——［2019］最高法行申 14230 号——再审申请人李某诉被申请人辽宁省人民政府行政复议一案

投诉举报是公民、法人或者其他组织维护自身合法权益、监督行政机关依法行政的重要途径之一。对于投诉举报事项能否申请行政复议，应当结合前述法律法规以及关于投诉举报事项的具体法律、法规或者规章的规定进行综合评判，在法律、法规或者规章规定了投诉举报的请求权，且该请求权的规范目的在于保障投诉举报人自身合法权益的情况下，相关行政机关对举报投诉不予受理或者不履行依法纠正、查处的法定职责的，举报投诉人可以申请行政复议或者提起行政诉讼。

——［2018］最高法行申 6603 号——再审申请人王某军诉被申请人广东省深圳市人民政府投诉举报行政复议决定一案

二、自身利益与他人利益是确定举报人原告资格的标准

（一）自身利益与他人利益的认定标准

对于基于举报、投诉行为提起的履行法定职责案件，要区分其举报、投诉的事项是否涉及举报人、投诉人的自身合法权益，对于涉及其合法权益，其申请履行法定职责，行政机关不予答复或不予处理的，其有权提起行政复议；对于不涉及其自身合法权益，其仅是基于公益、公民的监督权或者无证据证明其举报的事项对其自身权益产生实际影响的，其则没有提起行政复议的事实根据和法律依据。本案中，田某成向邓州市人民政府邮寄《申请村干部廉洁履行职责申请书》的目的主要是反映其所在三里桥居委会田庄组换届选举中存在破坏选举、违法选举等行为，并要求邓州市人民政府确认 2014 年《古城街道办事处社区居民委员会换届选举工作实施方案》违法、依法限期重选田庄组负责人、依法履行书面答复义务。田某成行使的是公民的举报投诉权，没有提供证据证明其举报事项影响了自身权益，邓州市人民政府对田某成举报投诉事项是否处理以及如何处理，对其人身权、财产权等合法权益均不会产生实际影响。

——［2019］最高法行申 3299 号——再审申请人田某成诉被申请人河南省人民政府行政复议一案

（二）一般性控告检举投诉不具有可诉性

举报人是否具有行政复议申请人资格，取决于举报人是否为维护自身合法权益而举报相关违法行为人。只有举报人在为维护自身合法权益而举报时，行政机关作出的处理或者不作为行为才有可能侵犯其合法权益。如果举报人仅仅是以公民身份，行使宪法、法律赋予公民的控告检举或投诉举报的权利，而非为了自身合法权益对相关违法行为进行举报，其与行政机关就其举报事项作出的处理或者不作为行为没有利害关系，不具有行政复议申请人资格。本案中，根据原审查明，段某龙近年来在山西省范围内已提起数百件行政诉讼，多数案件的事实为段某龙在不同的经营场所购买同一类型的产品，并以所购买的产品存在问题而进行举报，进而申请大量的行政复议及提起大量的行政诉讼案件，其案件数量仍处于不断增加状态。针对同一地区不同经营场所的同一类型产品或同一经营场所的不同类型产品，客观上可以就产品质量问题在一起或几起投诉举报案件中完成，人为分开举报并要求分开处理，将

导致大量的社会资源损耗，偏离投诉举报制度的初衷，不具有合理正当性。且段某龙在另案中明确其投诉举报的"目的是监督食药局对举报事项的处理是否合法，也能获得奖励"。根据以上事实，段某龙的投诉举报目的并非救济其受损的合法权益，且客观上耗费了大量的行政资源及司法资源，案涉投诉举报行为不值得鼓励。

——〔2019〕最高法行申9729号——再审申请人段某龙诉被申请人山西省太原市迎泽区人民政府行政复议一案

消费者、服务的接受者、受害人、竞争权人等利益主体，为了自身合法权益，对相关经营单位、竞争对手的违法行为进行举报，要求具有法定查处行政职权的行政机关予以查处，对行政机关就其举报事项作出的处理或者不处理行为，有权申请行政复议。反过来说，如果举报人仅仅是以公民身份，行使宪法、法律赋予的检举控告权利，举报经营单位的违法行为，并非为了自身利益举报，与行政机关就其举报事项作出的处理或者不处理行为没有利害关系，不具有行政复议申请人资格。

——〔2018〕最高法行申3935号——再审申请人李某女因诉被申请人湖南省嘉禾县人民政府等驳回行政复议申请一案

再审申请人刘某伟向城北区建设局提出的投诉、举报，是反映景某福在城北区邮电巷小桥市场北违法建设归亲宾馆及在小桥村海湖路以西违法建设西加酒店的事项。刘某伟不是归亲宾馆、西加酒店的所有权人、实际经营人、使用权人，也不是适格的第三人，其所进行的投诉、举报属于与其本人合法权益没有直接关系的一般性"举报"。

——〔2018〕青行申4号——再审申请人刘某伟诉被申请人青海省西宁市城北区建设局行政不作为一案

（三）投诉举报有初步事实和证据线索的可诉

在证券领域，投资者购买股票造成亏损，举报上市公司存在虚假陈述违法行为，有管辖权的证券监管部门拒绝处理或不答复，举报人不服申请行政复议或提起行政诉讼的，属于"为维护自身合法权益"情形，具有复议申请人和行政诉讼原告资格。但是，如果举报人举报上市公司的违法行为没有初步事实根据、证据线索，或者举报的违法行为不可能对其股票交易行为产生实际影响，举报人与相关证券监管部门的处理或不处理行为就没有利害关系，不具有复议申请人、行政诉讼原告资格。同样，举报人如果是为了获取行政机关允诺的举报奖励进行举报，对法定职责机关不予处理或处理结果不服申请行政复议或提起行政诉讼，通常具有复议申请人和行政诉讼原告资格。但是，其前提条件是，举报事项必须有相应的初步事实和证据线索支持。

——［2020］最高法行申 1259 号——再审申请人曾某奇诉被申请人中国证券监督管理委员会行政复议一案

举报权是我国法律赋予公民、法人或者其他组织普遍享有的向有关行政机关举报违法行为的权利，但在行政诉讼中，当事人并不因举报行为而当然享有原告主体资格，还必须受到原告主体资格的限制。对于"利害关系"的理解，应当限于法律上的利害关系，即具有实体法上的请求权基础，不能简单理解为与被诉行政行为有联系的当事人都是利害关系人，特别是当事人进行投诉举报必须基于保护其自身的合法权益。本案中，刘某华等 3 人自述其举报是基于公民的基本权利，亦未提供证据证明其与被诉行政不作为存在法律上的利害关系，故依法不具有原告主体资格。

——［2019］最高法行申 472 号——再审申请人刘某华、王某、杨某实诉被申请人重庆市沙坪坝区人民政府行政不作为一案

（四）为行政监管检查提供线索证据系为公共利益举报

法律、法规或者规章规定的投诉举报请求权，在于促使行政机关对投诉举报事项发动行政权，如果投诉举报人对行政机关是否查处或查处结果不服，其提起行政复议或行政诉讼的目的是为他人施加负担，要求作成或者加重对他人的处罚，则应看法律、法规或者规章是否规定了为他人施加负担的请求权。本案中举报的作用并非直接保障举报人自身的合法权益，主要是为财政部门重点检查和监管违法行为提供线索或者证据，故此规范目的在于维护公共利益。财政部门是否履行查处或者行政处罚的监督职责，并不对举报人的合法权益直接产生影响。因此，骆某丽与河北省财政厅对衡水中联会计师事务所的监督行为并无行政法上的利害关系，骆某丽向财政部提起行政复议申请不符合行政复议受理条件。

——［2019］京行终 1011 号——上诉人骆某丽诉被上诉人中华人民共和国财政部作出的不予受理行政复议申请决定一案

（五）没有区别他人的特别独立权益的举报不可诉

法律规定住建部门对未取得商品房预售许可证的违法行为进行查处，是为了保障房地产权利人的合法权益，保护违法建设侵害的相邻权人以及购房

人的合法权益。而对于建设项目实际出资人的投资权益，主要应当通过相关民事法律规范予以保护，与住建部门是否全面履行对其投资项目违法违规行为的查处义务，并无利害关系。本案中作为衡阳市雁城房地产综合开发有限公司（以下简称"雁城公司"）的合作开发人，衡阳市国泰房地产综合开发有限责任公司（以下简称"国泰公司"）并没有区别于他人的特别的、独立的权益受到被复议行政行为损害或不利影响，国泰公司申请行政复议并不能解决其民事上的利益诉求。同时，即使衡阳市住房和城乡建设局履行了查处义务，国泰公司仍然需要通过民事途径向雁城公司主张投入的资金及相关损失，国泰公司不会从该查处行为中直接获得利益，查处行为对国泰公司权益的影响，是通过国泰公司与雁城公司之间间接关联的民事纠纷实现的。故，查处行为对国泰公司权益的影响不具有直接关联性。国泰公司与被复议的建设工程施工许可、商品房预售许可行为没有利害关系。

——［2019］最高法行申 2677 号——再审申请人熊某、湖南省衡阳市国泰房地产综合开发有限责任公司诉被申请人湖南省衡阳市人民政府不予受理行政复议申请决定一案

本案中，潘某斌向兰州经济技术开发区规划建设和房地产管理局（以下简称"经开区建设局"）投诉兰州伊真置业有限公司（以下简称"伊真置业公司"）将未经验收合格的房屋交付其使用，由于伊真置业公司的该行为可能侵害其自身合法权益，故潘某斌与其投诉事项之间具有利害关系。经开区建设局进行调查核实后认为伊真置业公司的行为达不到应当处罚的程度，决定不予处罚。潘某斌对调查处理结果不服，其实质是要求经开区建设局对伊真置业公司进行行政处罚。经开区建设局是否对伊真置业公司实施行政处罚与潘某斌自身合法权益保护并无利害关系，故潘某斌以没有进行行政处罚为由认为经开区建设局未履行法定职责的主张不能成立。

——［2017］最高法行申 7358 号——再审申请人潘某斌诉被申请人甘肃省兰州经济技术开发区规划建设和房地产管理局不履行建设监管职责一案

根据一、二审法院查明的事实，李某飞未经批准在集体土地上违法建造住宅，已受到处罚。李某生举报李某飞违法建房，莲都区人民政府针对该举报作出处理，因李某生尚未在与李某飞相邻的该土地上建造房屋，并未对李某生的合法权益产生实际影响，因此该处理行为与李某生不存在法律上的利害关系。关于李某生提出李某飞违反"一户一宅"的问题，不属于本案审查

的范围。

——［2019］最高法行申 10378 号——再审申请人李某生诉被申请人浙江省丽水市莲都区人民政府土地行政处罚一案

《最高人民法院关于举报人对行政机关就举报事项作出的处理或者不作为行为不服是否具有行政复议申请人资格问题的答复》（［2013］行他字第 14 号）亦规定，举报人为维护自身合法权益而举报相关违法行为人，要求行政机关查处，对行政机关就举报事项作出的处理或者不作为行为不服申请行政复议的，具有行政复议申请人资格。本案中，丁某章向东莞市自然资源局提出的举报系为维护集体经济组织利益，东莞市自然资源局所作答复对丁某章个人的权利义务不产生实际影响，故丁某章不具有就该答复申请行政复议的主体资格。

——［2020］最高法行申 12977 号——再审申请人丁某章诉被申请人广东省东莞市人民政府行政复议一案

三、层级监督行为的辨识与可诉性分析

（一）层级监督职责与复议职责的区分标准

从外观上看，行政机关内部层级监督与行政复议较为相似，都是基于行政机关上下级关系构架所形成。对当事人申请予以处理属于行政复议职责还是行政机关内部层级监督职责，除了要看是否具有明确的法定职责、是否符合行政复议的受理条件，还可从以下几方面进行区分：一是申请形式不同，是提起行政复议申请还是提交申诉、举报、投诉、控告等材料；二是问题反映的渠道和部门不同，是向行政复议机关及其法制工作的机构提出，还是向上一级行政主体或本级人民政府的相关信访、纪检监察等部门提出；三是法律依据不同，是依据《行政复议法》及其实施条例等相关法律规定，还是基于一般领导与被领导关系请求对其所属部门和下级行政主体履行相应监督职责；四是反映问题所针对的对象不同，行政复议应以行政主体为被申请人，针对有关行政行为或者不履行法定职责情形提起，而内部监督行为则不以此为限。

——［2019］最高法行申 14012 号——再审申请人刘某礼诉被申请人甘肃省公安厅、甘肃省东风场区公安局履行法定职责及行政赔偿一案

（二）上级行政机关是否启动层级监督不可诉

《最高人民法院关于举报人对行政机关就举报事项作出的处理或者不作为行为不服是否具有行政复议申请人资格问题的答复》（［2013］行他字第14号）规定，举报人针对公民、法人或其他组织违反行政法律规范的行为，向享有管辖权的行政机关举报，要求行政机关依法予以查处的情形，不包括举报人认为下级行政机关作出的行政行为违法，<u>请求上级行政机关启动层级监督程序，依法撤销或变更下级行政机关违法行政行为的情形</u>，后一种情形属于申诉上访行为。上级行政机关作出的未改变下级行政机关行政行为的处理决定，是驳回当事人对行政行为提起申诉的重复处理行为，对当事人权利义务不产生实际影响，不属于行政复议和行政诉讼的受案范围。

——［2019］最高法行申3602号——再审申请人孔某萍诉被申请人广东省东莞市人民政府驳回行政复议申请行为一案

本案中，梦巴黎家具城以无锡市人民政府不履行对无锡市审计局的查处职责为由向江苏省人民政府提出行政复议，要求江苏省人民政府责令无锡市人民政府履行相关职责。而无锡市人民政府作出的答复，系针对梦巴黎家具城行政监督申请书的申请、基于行政机关层级监督关系作出的答复，依法不属于行政复议受案范围。本案梦巴黎家具城如对无锡市审计局作出的《政府信息不存在告知书》有异议，可就该政府信息公开行为提出行政复议或行政诉讼；如认为无锡市审计局在审计工作中存在不作为等违法行为，也可依法定渠道寻求救济。在存在有效救济方式下，梦巴黎家具城转而对无锡市审计局的上级行政机关无锡市人民政府的行政监督行为提出行政复议，不具有权利保护的必要性和实效性，且容易造成程序的重复和矛盾，增加行政与司法成本。

——［2017］最高法行申6447号——再审申请人无锡市梦巴黎家具城诉被申请人江苏省人民政府政府信息公开及行政复议一案

（三）土地督察属于内部层级监督行为不可诉

派驻地方的国家土地督察局负责对其督察范围内的地方人民政府土地利用和管理情况进行监督检查，不改变、不取代地方人民政府及其土地主管部门的行政许可、行政处罚等管理职权。派驻地方的国家土地督察局履行监督检查职责，不直接查处案件，对发现的土地利用和管理中的违法违规问题，由国家土地总督察按照有关规定通报监察部等部门依法处理。可见，派驻地方的国家土地督察局的职责限于监督检查，不直接查处案件，土地督察行为属于内部监督行为，具有内部性，并非原国土资源部对外履行公共管理职责的行为。

　　——［2018］最高法行申 6096 号——再审申请人孟某芳等 4 人诉被申请人中华人民共和国自然资源部行政复议不予受理决定一案

　　（四）层级监督程序启动与否属内部管理范畴不可诉

　　申诉或控告等方式可以作为启动内部层级监督程序的线索，但不能直接和必然启动内部层级监督程序，是否启动内部层级监督程序以及程序启动后如何作出处理决定，由上级机关根据上下级管理需要自行判断，属于政府内部管理范畴。原则上，只有上级机关在内部层级监督程序中改变或者撤销被监督行政行为，重新设定利害关系人权利义务的情况下，内部层级监督行为才外化为可复议和诉讼的行政行为。因此，上级行政机关不启动内部层级监督程序的，不改变公民、法人或者其他组织既有的权利义务关系，利害关系人不能以上级行政机关不履行法定职责为由申请行政复议或提起行政诉讼。本案中，李某文、刘某田认为吉林省人民政府违法骗取土地批复，要求原国土资源部进行查处，实质是通过投诉举报的方式，要求原国土资源部启动对吉林省人民政府违法行使土地管理职权行为的内部层级监督程序。原国土资源部是否启动内部层级监督程序，均不属于行政复议和行政诉讼受案范围。

　　——［2019］最高法行申 193 号——再审申请人李某文、刘某田诉被申请人中华人民共和国自然资源部不履行法定职责及行政复议一案

　　（五）上级行政机关对下级行政机关的执法过错行为的调查及追责不可诉

　　上级行政机关对下级行政机关的执法过错行为的调查及追责，既是行政机关上下级之间的内部管理行为，也是行政机关上下级之间的内部监督行为。不论内部监督行为的结果如何，都不对申请人的权利义务产生直接影响。因此，针对下级行政机关的执法过错行为，不论上级行政机关是否立案调查，是否作出相应决定，当事人对相关决定是否接受，均不属于人民法院司法监督范畴，也非行政诉讼受案范围。具体到本案中，西湖区人民政府对西湖区城市管理行政执法局的涉案行为是否调查处理，以及是否追究西湖区城市管理行政执法局及其工作人员的违法行政责任，均非人民法院行政诉讼受案范围。

　　——［2017］最高法行申 1133 号——再审申请人邵某土诉被申请人浙江

省杭州市西湖区人民政府不履行法定职责一案

四、投诉举报与信访行为的关系

（一）越级向上级机关投诉实质是信访行为

举报人不服处理或对不予处理行为提起行政诉讼的前提是，举报人要向具有处理投诉职责的行政机关举报。如果举报人违反属地管辖原则，向有处理权的行政机关的上级机关投诉，实质是对上级行政机关的信访行为，上级行政机关不履行对信访事项作出处理的法定职责行为，对举报人的权利义务不产生实际影响，不属于行政诉讼和行政复议的受案范围。

本案中，李某林举报他人制售假药违法行为，根据属地管辖原则，应当向违法行为所在地的县级人民政府药监部门举报，李某林直接向国家药品监督管理局举报，实质是对国家药品监督管理局的信访行为，国家药品监督管理局对其信访事项不作处理，不属于行政复议的范围。李某林主张，本案系全国重大影响案件，国家药监局是受理机关。但是，是否属于重大影响，应由上级职能部门判断，属于行政机关决定的事项，举报人没有权利确定行政机关对违法事项的级别管辖。

——［2019］最高法行申 13872 号——再审申请人李某林诉被申请人国家药品监督管理局不履行行政复议法定职责一案

当事人越级向上级政府或职能部门举报公民法人或者其他组织的行政违法行为，要求上级政府或职能部门查处的，实质是一种信访行为，上级政府或职能部门依据属地管辖原则，对明显不属于自己管辖的事项交由下级政府或职能部门处理的，属于对信访事项的交办行为，对举报人的权利义务不产生实际影响，不属于人民法院行政诉讼的受案范围。参照前述规定，亦不属于行政复议范围。李某磊的举报事项应当由违法行为发生地上海市县级以上地方人民政府的住建部门管辖。李某磊越级向住房和城乡建设部举报，实质是信访行为。住房和城乡建设部针对李某磊的信访事项作出的答复函及复议决定对李某磊的权利义务不产生实际影响，不属于行政复议和行政诉讼的受案范围。

——［2020］最高法行申 9968 号——再审申请人李某磊诉被申请人中华人民共和国住房和城乡建设部不履行法定职责及行政复议一案

本案中，中晨能源仓储有限公司请求交通运输部对相关违法行为进行查处，应当向港口所在地的港口行政管理部门举报，中晨能源仓储有限公司直接向交通运输部举报，实质是对交通运输部的信访行为，交通运输部作出答复意见，本质上亦属于对信访事项的处理，不属于行政诉讼的受案范围。

——〔2020〕最高法行申 3007 号——再审申请人中晨能源仓储有限公司诉被申请人中华人民共和国交通运输部行政处理一案

（二）举报他人违建要求查处系信访行为

本案中，再审申请人西湖花园小区业主委员会认为中国人民财产保险股份有限公司福州市分公司在中福西湖花园小区内的违章建筑违反规划要求，向福州市人民政府提交《申请行政执法投诉书》，请求福州市人民政府对违法建设行为进行查处。因再审申请人向福州市人民政府提交投诉书，其申请实为向人民政府反映情况，提出投诉请求，属于《信访条例》第 2 条规定的信访事项，不属于人民法院行政诉讼的受案范围。

——〔2020〕最高法行申 12562 号——再审申请人福建省福州市鼓楼区中福西湖花园小区业主委员会诉被申请人福建省福州市人民政府行政不作为一案

五、行政机关告知举报人处理结果的行为不可诉

《工商行政管理机关行政处罚程序规定》并未规定工商部门在对违法行为人进行查处的同时还应对举报人的权益进行维护，该行政规章在第 19 条、第 58 条规定的将处理结果告知举报人的程序，并非赋予举报人对处理结果的行政救济权。实际上，举报人如认为其自身合法权益被违法行为人所直接侵害，应通过《产品质量法》《消费者权益保护法》等法律规定的侵权损害赔偿途径来寻求救济。也就是说，工商部门依据《工商行政管理机关行政处罚程序规定》对举报事项进行的处理及相应告知行为，不属于举报人能够以行政复议或行政诉讼方式争议的范畴。

——〔2019〕鄂行终 321 号——上诉人程某林诉被上诉人湖北省鄂州市人民政府工商行政复议一案

行政机关就投诉人投诉事项的处理结果通知投诉人的行为，属于程序性告知行为，对投诉人的权利义务不产生实际影响，投诉人对该通知行为提起行政诉讼的，不属于行政诉讼的受案范围，人民法院应当不予受理。本案中，佛山市司法局受广东省司法厅委托，至 2015 年 7 月 22 日对投诉事项处理结果

向舒某萍作出投诉处理说明，尽管该通知行为存在超期问题，但是，由于对投诉事项处理结果的告知行为不可诉，一、二审判决主文确认该行为违法不妥，本院予以指正。鉴于该项超期告知事实存在，本案系舒某萍申请再审，不能作出对申请人更为不利的裁判，本案不予再审。

——〔2017〕最高法行申8318号——再审申请人舒某萍诉被申请人广东省司法厅不履行法定职责一案

【实务应对】

第一部分的案例，从主观目的出发将投诉举报分为两种类型，即"公益性质的投诉举报"和"涉己性质的投诉举报"。就前者而言，行为人是出于维护公共利益或他人利益的目的，向有关机关进行投诉举报。就后者而言，行为人是出于维护自身权益的目的，向有关机关进行投诉举报。我国行政诉讼坚持的是主观诉讼为主的模式，在主观诉讼下行为人没有私利则对行政行为没有利害关系，也不具有原告资格。[1]即，如果不是为救济自己的权益而提起诉讼，除法律明确规定的公益诉讼等特殊情形外，对行为人提起的行政诉讼原则上均不能受理。对于投诉举报亦是如此，在此种模式之下，只有"涉己性质的投诉举报"，行为人对行政机关的处理决定不服时，方具有利害关系，具备申请行政复议和行政诉讼的主体资格。

第二部分的案例，重点阐释了自身利益与他人利益的认定问题。我们知道，自身利益和直接关联性是判断投诉人资格的重要标准。但是，对于何为"自身利益"、何为"他人利益"仍需结合具体案例进行判断。"自身利益"的含义指向比较明确，通常包括自身的财产权益、人身权益以及其他与己相关的各项权益。"他人利益"的判断，一方面可用排除法进行，即除了"自身利益"的事项都属于"他人利益"；另一方面也可以用列举法进行判断，如公共利益、集体利益、公民一般监督权、无证据证明所举报事项对其自身权益产生实际影响等情形。这里重点分析下如下几种情况：（1）基于宪法和法律赋予公民的检举控告权利所进行的一般性投诉举报，投诉举报人与行政机关的处理结果不具有利害关系。因为这种一般性投诉举报主要是为了公共利益，除非能够明确其举证是为了自身利益。（2）投诉举报须有初步的事实和证据

---

[1] 〔2018〕最高法行申1576号。

线索，证明投诉举报的事实初步存在以及与己身利益相关。反之，如果投诉举报的事实明显不存在，或者虽然存在初步事实，但明显不与己身相关，而是为了公共利益或他人利益，那么投诉举报人与行政机关的处理结果就没有利害关系，不具有复议和诉讼资格。（3）投诉举报人应具有区别他人的特别的和独立的权益，也就是投诉举报人因举报事项具有特殊的利益，方才与行政机关的处理结果具有利害关系。反之，其只是一个普通的投诉举报人，其自身利益不会因行政机关的处理行为受损，其与处理行为不具有利害关系。

第三部分的案例，对层级监督行为的辨识与可诉性问题进行了明确。《最高人民法院关于适用〈中华人民共和国行政诉讼法〉的解释》第 1 条第 2 款第 8 项规定，上级行政机关基于内部层级监督关系对下级行政机关作出的听取报告、执法检查、督促履责等行为，不属于行政诉讼的受案范围。不过，层级监督行为与行政复议行为具有一定的相似性，有必要对二者作出准确的区分。其中［2019］最高法行申 14012 号案例，从法定职责、受理条件、申请形式、处理部门、法律依据、针对对象等方面对上述两种行为作出了区分，值得我们认真学习借鉴。在此基础之上，笔者认为可以从形式和实质两个层面对二者进行区分。从形式上看，采取复议申请书向专门的复议机关提出的监督，属于行政复议行为。采取投诉、举报、信访等方式要求上级机关履行监督职责的，属于层级监督行为。从实质上看，行政复议是对相对人提出的申请进行程序和实体性审查，通过维持、确认、撤销、变更等复议决定的形式，对涉及相对人实体权益的事项作出处理的行为，其处理结果会直接影响到相对人的实体权益。层级监督行为是上级有权处理的机关对行为人提出的监督申请，依照行政监督的法律法规所开展的听取报告、执法检查、督促履责等内部行政活动，不具有对外性，通常不对行为人的实体权利义务产生影响。

第四部分的案例，明确了投诉举报与信访行为之间的关系。特别是［2019］最高法行申 13872 号案例对越级投诉行为的性质进行了明确。即，违反属地管辖原则，越级向有权处理机关的上级机关进行投诉举报的，实质上是信访行为，当事人对上级机关的处理结果不服的，不能申请行政复议和行政诉讼。这种认定和处理，有利于理顺投诉举报的层级关系和秩序，具有积极的意义。不过，笔者想说明的是，如果行为人对于上下级机关分工的情况下并不熟悉，并非有意越级向有权处理机关的上级机关进行投诉举报，该上级机关在发现不属于自己管辖后，为减少当事人诉累，实质性化解行政纠纷，可以告知行为人向有权机关提起或者直接转办给有权处理的下级机关办理。

第五部分的案例，明确了行政机关告知举报人处理结果的行为不可诉。正如［2017］最高法行申 8318 号案例所言，行政机关告知投诉人处理结果的行为，性质上属于程序性告知行为，对其权利义务不产生实际性影响，该通知行为不属于行政复议和行政诉讼受理范围。

综上，"法律与正义在一个国家苗壮成长，仅靠坐在法庭上不断努力的法官，仅靠警察局派出的密探，还远远不够，还需要每个人尽其所能地加以协助"。[1]在司法实践中，对于投诉举报行为以及层级监督行为的判断，要遵循上述案例所确定的一般标准。尽管每个案例所涉的具体情况可能会有所差异，但是这些案例所折射出的基本精神和原则具有一定的相通性。比如，自身利益与他人利益、公益性投诉举报和涉己性投诉举报，是区分投诉举报人与行政机关对投诉举报处理结果是否具有利害关系的核心标准。再如，可以从法定职责、受理条件、申请形式、处理部门、法律依据、针对对象等方面，对层级监督行为和行政复议行为进行较为全面的区分。因此，在具体案例的适用中，我们既要遵循基本的适用标准和处理原则，也要具有相应的灵活性，根据不同案情合理适用不同的判断标准。

【法律法规】

《最高人民法院关于适用〈中华人民共和国行政诉讼法〉的解释》

第十二条　有下列情形之一的，属于行政诉讼法第二十五条第一款规定的"与行政行为有利害关系"：……（五）为维护自身合法权益向行政机关投诉，具有处理投诉职责的行政机关作出或者未作出处理的……

《最高人民法院关于举报人对行政机关就举报事项作出的处理或者不作为行为不服是否具有行政复议申请人资格问题的答复》（［2013］行他字第 14 号）

辽宁省高级人民法院：

你院《关于李万珍等人是否具有复议申请人资格的请示报告》收悉，经研究答复如下：

根据《中华人民共和国行政复议法》第九条第一款、《行政复议法实施条例》第二十八条第（二）项规定，举报人为维护自身合法权益而举报相关违

---

〔1〕［德］鲁道夫·冯·耶林：《为权利而斗争》，刘权译，法律出版社 2019 年版，第 36 页。

法行为人，要求行政机关查处，对行政机关就举报事项作出的处理或者不作为行为不服申请行政复议的，具有行政复议申请人资格。

此复。

《最高人民法院关于相邻权人向行政机关投诉举报后认为行政机关未履行拆除违法建筑职责而提起行政诉讼相关问题的答复》（［2022］最高法行他5号）

辽宁省高级人民法院：

关于你院请示的徐某诉丹东市振兴区人民政府不履行拆除违法建筑职责一案有关法律适用问题，现答复如下：相邻权人为排除妨碍而投诉举报要求拆除邻居违法建筑，行政机关在作出相关拆除决定后，被拆除人不拆除的，相邻权人认为行政机关未履行强制执行的法定职责影响到其相邻权益的，可以依法提起行政诉讼。

此复。

二〇二二年六月二十九日

《最高人民法院关于不服县级以上人民政府信访行政管理部门、负责受理信访事项的行政管理机关以及镇（乡）人民政府作出的处理意见或者不再受理决定而提起的行政诉讼人民法院是否受理的批复》（［2005］行立他字第4号）

湖北省高级人民法院：

你院鄂高法［2005］210号《关于不服县级以上人民政府信访行政管理部门、负责受理信访事项的行政管理机关以及镇（乡）人民政府作出的处理意见或者不再受理决定而提起的行政诉讼人民法院是否受理的请示》收悉。经研究，答复如下：

一、信访工作机构是各级人民政府或政府工作部门授权负责信访工作的专门机构，其依据《信访条例》作出的登记、受理、交办、转送、承办、协调处理、监督检查、指导信访事项等行为，对信访人不具有强制力，对信访人的实体权利义务不产生实质影响。信访人对信访工作机构依据《信访条例》处理信访事项的行为或者不履行《信访条例》规定的职责不服提起行政诉讼的，人民法院不予受理。

二、对信访事项有权处理的行政机关根据《信访条例》作出的处理意见、复查意见、复核意见和不再受理决定，信访人不服提起行政诉讼的，人民法院不予受理。

二〇〇五年十二月十二日

《最高人民法院行政法官专业会议纪要（六）》（投诉领域）

1. 投诉与举报的区分标准

公民、法人或者其他组织认为第三人实施的违法行为侵犯自身合法权益，请求行政机关依法查处的，属于《最高人民法院关于适用〈中华人民共和国行政诉讼法〉的解释》第十二条第五项规定的投诉。投诉人与行政机关对其投诉作出或者未作出处理的行为有法律上的利害关系。

公民、法人或者其他组织认为第三人实施的违法行为侵犯他人合法权益或者国家利益、社会公共利益，请求行政机关依法查处的，属于举报。举报人与行政机关对其举报作出或者未作出处理的行为无法律上的利害关系。

2. 不履行查处职责案件的适格被告

人民法院应当根据法律、法规、规章有关事务、地域、级别管辖的规定，综合判断行政机关是否具有查处投诉的职责并确定适格被告。

不违反上位法管辖规定的规范性文件，可以作为人民法院判断管辖的依据。法律、法规、规章和合法有效的规范性文件对上、下级行政机关受理投诉职责规定不明确，下级行政机关按照行政惯例行使管辖权的，人民法院可予尊重。

3. 处理投诉与提起诉讼的期限

公民、法人或者其他组织认为第三人实施的违法行为侵犯自身合法权益，请求行政机关查处，行政机关应当在法律、法规、规章或合法有效的规范性文件规定的查处期限内依法处理。行政机关未依法作出处理的，当事人可以在法定期限届满之日起六个月内依法提起行政诉讼。

法律、法规、规章或合法有效的规范性文件对行政机关查处期限未作具体规定的，人民法院可以根据《中华人民共和国行政诉讼法》第四十七条的规定确定相应期限。即行政机关在接到查处申请之日起两个月内不履行查处义务的，当事人可以在两个月期限届满之日起六个月内依法提起行政诉讼。

4. 起诉明显无查处职责行政机关案件的处理

当事人起诉有下列情形之一的，人民法院可以根据《最高人民法院关于适用〈中华人民共和国行政诉讼法〉的解释》第五十五条第二款之规定，退回诉状并记录在册；坚持起诉的，不予立案并载明不予立案的理由：

（1）被诉行政机关明显不具有对投诉事项的事务、地域或级别管辖职责的；

（2）被诉行政机关依法将投诉事项转交有管辖职责的下级行政机关查处的；

（3）当事人对下级行政机关作出的查处或不予查处行为不服，请求上级行政机关履行层级监督职责，上级行政机关不予答复或作出不改变下级行政机关处理决定的答复等，当事人以上级行政机关为被告提起诉讼的。

《最高人民法院第一巡回法庭关于行政审判法律适用若干问题的会议纪要》（2018 年 7 月 23 日，部分摘取）

1. 举报人就其举报事项的查处情况申请政府信息公开，举报人是否具有原告资格。

答：作为消费者、服务的接受者、竞争权人、受害人或者举报事项奖励请求权人等利害关系人，为维护自身合法权益，向享有法定查处职权的行政机关举报经营者的违法行为，举报人就举报事项的处理情况申请政府信息公开的，与法定职权机关的政府信息公开答复行为或不予答复行为有利害关系，具有原告资格。

仅以普通公民身份，行使宪法赋予的检举、控告权，向法定职权机关举报经营者的违法经营行为，要求予以查处，举报人就举报事项的处理情况申请政府信息公开的，通常与法定职权机关的政府信息公开答复行为或不予答复行为没有利害关系，不具有原告资格。但是，行政机关承诺举报有奖，举报人为获取奖励申请公开相关信息的除外。

理由：《适用解释》（指《最高人民法院关于适用〈中华人民共和国行政诉讼法〉的解释》，下同）第十二条第（五）项规定，为维护自身合法权益向行政机关投诉，具有处理投诉职责的行政机关作出或者未作出处理的，投诉人与行政机关作出或未作出处理的行政行为有利害关系。[2013] 行他字第14 号《最高人民法院关于举报人对行政机关就举报事项作出的处理或者不作为行为不服是否具有行政复议申请人资格问题的答复》规定，根据《中华人民共和国行政复议法》第九条第一款、《行政复议法实施条例》第二十八条第（二）项规定，举报人为维护自身合法权益而举报相关违法行为人，要求行政机关查处，对行政机关就举报事项作出的处理或者不作为行为不服申请行政复议的,具有行政复议申请人资格。行政诉讼原告资格可以参照该答复确定。同样,投诉人就其举报事项的查处情况申请政府信息公开的,只有在为维护其自身合法权益而投诉时,行政机关作出的有关投诉处理情况的政府信息公开决定或不予答复行为,才有可能侵犯其合法权益。以普通公民身份行使宪法、法律赋予公民的控告、检举权,对当事人的违法行为进行举报,要求行政机关予以查处,行政机关作出的处理决定或未处理行为,或者举报人对查处情况申请政府信息公开,行政机关作出的政府信息公开答复或不予答复行为,均不会对其权利义务产生实际影响。政府信息公开案件的原告应当与被申请的政府信息有利害关系,才具有原告资格。如果只要提出政府信息公开申请,对行政机关作出的政府信息公开决定或不予答复行为不服,均具有利害关系,将会使政府信息公开案件变成全民诉讼,形成滥诉,浪费行政资源和司法资源。因此,不能仅仅以与其他公众完全相同的知情权受到侵犯为由,主张与被诉行政行为有利害关系。

第八节　信访行为的可诉性分析

一、信访行为的认定问题

（一）请求县政府查处违建属信访事项

本案中,再审申请人西湖花园小区业主委员会认为中国人民财产保险股份有限公司福州市分公司在中福西湖花园小区内的违章建筑违反规划要求,向福州市人民政府提交《申请行政执法投诉书》,请求福州市人民政府对违法建设行为进行查处。因再审申请人向福州市人民政府提交投诉书,其申请实为向人民政府反映情况,提出投诉请求,属于《信访条例》第2条规定的信访事项,不属于人民法院行政诉讼的受案范围。

——［2020］最高法行申 12562 号——再审申请人福建省福州市鼓楼区中福西湖花园小区业主委员会诉被申请人福建省福州市人民政府行政不作为一案

（二）请求查处堵门断路职责不能以信访事项批转

本案中王某林向汉台区人民政府提出的案涉申请,汉台区人民政府签收后批转给汉台区信访局办理,汉台区信访局受理后转老君镇人民政府处理。

王某林的查处申请系要求汉台区人民政府对有关单位通过堵门断路方式违法逼迫其搬迁的行为作出回复及处理，而汉台区人民政府将该申请仅作为信访事项批转，程序不当。据此，一审判决确认汉台区人民政府未在法定期限内履行法定职责的不作为行为违法结果正确。

——［2019］最高法行申3036号——再审申请人陕西省汉中市汉台区人民政府因被申请人王某林诉其不履行法定职责一案

（三）以信访答复形式履行管理职责属法律错误

本案中，江某发于2012年3月5日向共和乡人民政府请求解决其退耕还林纠纷，共和乡人民政府本应作出确权决定而未作，而是将此当作信访事项处理并作出答复，适用法律错误。在此情况下，攀枝花市信访事项复查复核委员会基于江某发的申诉，责令盐边县人民政府重新调查处理，盐边县人民政府本应作出确权决定，但其仍将此当作信访事项作出处理，适用法律亦为错误。

——［2017］最高法行申823号——再审申请人四川省盐边县人民政府因被申请人王某付诉其其他行政行为一案

（四）非信访场所提出信访事项不属依法维权

本院经审查认为，《信访条例》第16条规定，"信访人采用走访形式提出信访事项，应当向依法有权处理的本级或者上一级机关提出"；第18条第1款规定，"信访人采用走访形式提出信访事项的，应当到有关机关设立或者指定的接待场所提出"。你因对自己及家人的拆迁安置等问题不满，于2014年5月至2015年1月间先后13次到北京市中南海周边地区、3次到北京市朝阳区联合国开发署门前走访，并曾与多人一起在联合国开发署门前哄闹，你在非信访场所提出信访事项的方式，不属于依法维权，已严重妨害社会管理秩序，原审以寻衅滋事罪定罪处罚并无不当。

——［2018］最高法刑申276号——何某发寻衅滋事刑事通知书

二、信访事项的可诉性分析

（一）对信访处理行为和结果不服均不可诉

申诉信访不是法定的救济途径，而是一种诉求表达机制，通过信访反映诉求还是通过诉讼寻求救济，是民众对于维护自身合法权益渠道的选择。但是，通过信访反映诉求未果后提起行政诉讼的，仍应受到《行政诉讼法》及其司法解释关于起诉期限的限制，因信访的耽误也不是法定可以延长起诉期限的正当理由。

——［2017］最高法行申 2608 号——再审申请人刘某兰诉被申请人内蒙古自治区包头市稀土高新技术产业开发区管理委员会给付征收补偿款一案

申请行政复议的前提是复议申请事项属于复议受案范围。本案中，苏某华向沈阳市人民政府申请行政复议，请求确认沈阳市经济和信息化委员会未作出信访处理结果违法，实质是对沈阳市经济和信息化委员会未履行《信访条例》规定的信访处理职责而提出的申诉，复议申请的对象仍属于信访事项，不属于行政复议受案范围。沈阳市人民政府认定苏某华的复议请求属于信访事项，不属于行政复议受案范围，作出 76 号不予受理决定，符合法律规定。根据相关法律规定，复议机关作出的不予受理行政复议决定，属于人民法院行政诉讼受案范围，人民法院应当进行审理后作出实体判决。但是，对于明显是针对信访事项申请行政复议，其实质是申诉信访行为，明显不属于行政复议受案范围，复议机关作出不予受理行政复议决定，对当事人的权利义务并不产生实际影响，不应当纳入人民法院行政诉讼受案范围，否则实际上是允许当事人通过行政复议的方式将信访事项导入诉讼程序，违反相关法律、司法解释的规定。

——［2018］最高法行申 3349 号——再审申请人苏某华诉被申请人辽宁省沈阳市人民政府行政复议一案

本案中，吴某远等人不服祠堂拆迁裁决、请求判令给集体经济组织办理安置铺面的产权证，已经通过信访途径解决。相关部门作出信访答复、复查意见后，吴某远等人不服，又以相同的请求、事实和理由提起行政诉讼，明显不属于行政诉讼的受案范围。本院予以指正。

——［2019］最高法行申 3808 号——再审申请人吴某桂等 16 人诉被申请人广东省英德市人民政府、英德市房产管理中心房屋拆迁补偿行为一案

（二）已处理的信访事项不予答复不可诉

当事人的申请事项为已经处理的信访事项，行政机关不负有作出重新处理的法定职责。对信访事项的不予重复答复行为，对当事人的权利义务不产生实际影响，不属于行政诉讼的受案范围。本案中，林某坚等 4 人就涉案宅基地的权属问题长期上访，经过龙州县人民政府答复、崇左市人民政府行政复议处理后，再次请求龙州县人民政府解决新华幼儿园侵占其祖业宅基地的

问题并返还土地，实质是对过去已经处理过的信访事项再次请求处理，龙州县人民政府对其再次提起的信访处理请求不予答复，不属于行政诉讼的受案范围。一、二审裁定驳回林某坚等4人起诉，裁定结果并无不当。林某坚等4人主张已经提出返还祖业宅基地的申请，龙州县人民政府经讨论、协商后未作出处理决定，是不履行法定职责的行为，属于行政诉讼的受案范围。但是，因其申请事项系已经处理过的信访事项，龙州县人民政府不具有再次作出重复处理的法定职责，不予重复答复不属于不履行法定职责的行为，不属于行政诉讼的受案范围。

——［2017］最高法行申8478号——再审申请人林某坚等4人诉被申请人广西壮族自治区龙州县人民政府不履行行政职责一案

（三）请求履行信访答复职责不可诉

本案中，信访复核意见所处理的纠纷，本质上是事业单位与其工作人员之间因工资、社会保险等引发的纠纷，本身并不属于行政诉讼的受案范围。翁某华诉请东台市人民政府和富安镇人民政府履行的相关义务，也非来源于法律规定，而系上级行政机关的信访复核意见中的要求。如人民法院将此类案件纳入行政诉讼受案范围，则必然会涉及对信访复核意见合法性的评价以及对下级行政机关是否履行了信访复核意见的内容的判断等，此实际上是将信访事项又重新导入司法诉讼程序，最终可能形成信访和诉讼的不正当循环，因此人民法院原则上不应将信访事宜纳入行政诉讼受案范围。且当事人既然已经选择通过信访方式来维护权利，对信访复核意见是否满意、是否全部得到落实，仍应通过信访程序来解决；《信访条例》第36条、第38条等条款，对相关情形的处理也均作了具体明确的规定。

——［2017］最高法行申682号——再审申请人翁某华诉被申请人江苏省东台市人民政府、东台市富安镇人民政府其他行政管理一案

在当事人对信访事项不服，基于该信访事项提起的不履行法定职责诉讼中，无论其表述为对信访受理、登记、交办、答复等行为不服而要求履职，还是表述为对行政机关未予答复的行为不服而要求履职，本质上仍为对信访事项不服，应当通过信访途径进行救济，而非通过行政诉讼、行政复议程序进行救济，此类案件不属于行政诉讼的受案范围。

——［2021］最高法行申7497号——再审申请人朱某某、柳某某诉被申请人陕西省西安市人民政府其他行政管理一案

（四）信访涉及的基础行政行为可诉

本案中，顺亿砂石料厂不服行政机关的强制拆除行为，本应直接通过行政复议和行政诉讼等法定途径予以解决，虽然其首先选择信访途径救济，但是其并非对该信访答复意见提起行政诉讼，而是对行政机关的强制拆除行为提起行政诉讼。根据《行政诉讼法》的规定，强制拆除行为属于行政诉讼的受案范围。据此，本案不能适用上述最高人民法院［2005］行立他字第4号批复的规定，亦不能因其提起过信访而丧失诉权，周至县人民政府不能以本案已经信访处理终结为由，排除人民法院对强制拆除行为的司法审查。

——［2017］最高法行申6362号——再审申请人陕西省周至县人民政府诉被申请人西安市顺亿砂石料厂确认联合执法行为违法一案

（五）行政机关以信访作出实体处理的可诉

1. 行政机关以信访处理安置补偿争议的可诉

根据法律规定，行政机关针对信访事项作出的行为对当事人权利义务产生实际影响的，属于行政诉讼的受案范围。本案中，再审申请人认为河池城区征地拆迁办作出的《六圩社区板立三队生活安置用地分配方案公示》未将其列为被安置人，侵犯其合法权益，继而向河池城区征地拆迁办提出异议，其实质是请求确认安置资格，获得安置补偿利益。河池城区征地拆迁办作出涉案信访答复意见明确认定再审申请人已被录用为国有企业合同制工人，不符合安置条件，对其权利义务产生了实际影响。再审申请人就此提起的诉讼具有可诉性。

——［2020］最高法行再433号——再审申请人陈某永诉被申请人广西壮族自治区河池市金城江区人民政府撤销信访答复及征地补偿安置一案

2. 行政机关以信访作出实体处理的可诉

本案中，余某文认为中国民生银行广州分行违规放贷、侵犯其合法权益，向中国银行业监督管理委员会广东监管局投诉，要求予以查处，实质是申请行政机关履行保护财产权的法定职责。中国银行业监督管理委员会广东监管局具有对商业银行的贷款等情况进行检查监督的法定职责，其对余某文的投诉进行核查并作出处理，虽然采用《信访事项答复意见书》的形式，但实际上是履行监督管理职责的行为，对余某文的权利义务产生实际影响，故余某文的起诉属于人民法院行政诉讼的受案范围。

——［2018］最高法行再103号——再审申请人余某文诉被申请人中国

银行业监督管理委员会广东监管局不履行法定职责一案

本院认为，基于行政相对人提出的请求，行政机关最终以信访答复的形式进行处理的情况客观存在，因信访答复引发的行政争议也越来越多地诉诸人民法院。参照最高人民法院［2005］行立他字第4号批复精神，一般情况下不属于行政诉讼的受案范围，但行政机关以信访答复形式履行行政管理职责的行为，如果对相对人的权利义务产生实际影响的，则应纳入司法监督的范畴。本案中，对于被诉行政机关作出的《不受理信访事项告知单》和《处理信访事项答复意见书》，从其内容看，实质系其作为职能部门，依职权对当事人请求对其被他人殴打一事作出处理，先后作出不予受理和不予处罚决定的告知，系以信访答复形式履行行政管理职责，对当事人的权利义务已产生实际影响，具有可诉性。

——［2017］闽行再4号——再审申请人魏某芳诉被申请人福建省平潭县公安局、平潭综合实验区公安局其他行政管理一案

（六）邮寄查处申请书非信访行为可诉

李某良、李某荣向自然资源部邮寄《查处申请书》反映土地违法行为，请求自然资源部履行土地查处职责，自然资源部未处理，构成行政不作为。一审、二审法院认为李某良、李某荣邮寄《查处申请书》的行为属于《信访条例》第2条规定的信访事项，不属于行政诉讼的受案范围，适用法律错误。

——［2020］最高法行再253号判例——再审申请人李某良、李某荣诉被申请人中华人民共和国自然资源部拒不履行法定职责一案

（七）设定新权利义务的信访意见可诉

信访复核答复意见如果只是重复下级行政机关之前的处理意见，未对当事人设定新的权利义务的，属于对当事人权利义务不产生实际影响的行政行为，该行政行为不属于行政复议的受案范围。但是，如果信访复核答复意见对当事人设定了新的权利义务，事实上成为一个新的行政处理决定，则属于行政复议的受案范围。本案中，辽宁省公安厅作出的《公安机关复核信访事项答复意见书》并非简单重复之前的行政处理，而是明确对王某彬请求确认赔偿的有关问题，作出了新的处理意见：（1）要求赔偿75平方米红松原木经济损失无依据；（2）落叶松差价1.5万元返还给本人；（3）扣押的办公用品作价返还给本人；（4）公安机关收审过甄某军并收缴1.7万元挪用无依据；（5）其他的赔偿问题通过法律渠道解决。这几条意见是辽宁省公安厅对王某

彬信访事项作出的新的处理意见，对王某彬的权利义务产生了实际影响，应属于行政复议受案范围。

——［2015］行监字第43号——再审申请人王某彬诉被申请人辽宁省人民政府驳回行政复议申请一案

（八）改变既往意见的信访处理意见可诉

行政机关针对当事人的申诉作出的答复意见，内容仍然是坚持既往的处理意见，对公民、法人或者其他组织的权利义务没有产生实际影响的信访答复意见，以及相应的复查意见、复核意见的，均不属于行政诉讼的受案范围。但是，如果信访答复意见、复查意见或者复核意见否定了既往的处理意见，作出了新的处理决定，对当事人的权利义务作出了不同于既往处理意见的新的安排，实质是对公民、法人或者其他组织的权利义务产生了新的实际影响，在此情形下，无论是信访答复意见，还是信访复查意见、信访复核意见，均应当属于行政诉讼的受案范围。本案中，黑河市人民政府作出的黑市政信复核决字［2011］第12号《关于马某本信访事项的复核意见书》，撤销了嫩江县人民政府作出的《关于马某本同志信访事项的复查决定》，要求嫩江县人民政府负责协调，将调整后的补偿款交给移民接收地。黑河市人民政府的信访复核意见，是对马某本申诉事项作出的新的处理，对马某本的权利义务作出了新的安排，已经对其权利义务产生了新的实际影响，应当属于行政诉讼的受案范围。

——［2015］行提字第33号——再审申请人马某本诉被申请人黑龙江省嫩江县人民政府不履行发放安置补偿款法定职责一案

三、息诉罢访协议的可诉性问题

（一）息诉罢访协议系行政协议可诉

行政机关与上访人签订的息诉罢访协议，实质上是行政机关为了维护社会和谐稳定、公共利益和实现行政管理职能的需要，根据属地主义原则在其职责权限范围内，与上访人达成的有关政府出钱或者是给予其他好处、上访人息诉罢访等具有行政法上权利义务内容的协议，属于可诉的行政协议范畴。本案被诉的《协议书》，就是一份典型的息诉罢访协议，该协议主体一方是一级人民政府——肇源县人民政府；协议的目的是终结韩某文上访行为，实现社会和谐稳定，既涉及公共利益，也是为了履行肇源县人民政府的法定职责；

协议事项是解决韩某文上访问题，属于肇源县人民政府的法定职责范围；协议内容包含了肇源县人民政府出钱、韩某文息诉罢访等内容，属于非平等主体之间的行政法上的权利义务；协议履行过程中肇源县人民政府可以依法行使解除、变更协议的行政职权，只是本案中肇源县人民政府已经履行完支付补偿款的义务，没有机会单方行使上述行政权力。综合以上分析，本案被诉《协议书》符合行政协议的法定要件，属于行政协议，协议为韩某文确立了新的权利义务关系，对其权利义务产生了新的实际影响，属于可诉的行政行为。肇源县人民政府认为该协议不属于行政协议的主张，本院不予支持。

——［2016］最高法行申 45 号——再审申请人韩某文诉被申请人黑龙江省肇源县人民政府行政协议一案

行政协议兼具"行政性"与"合同性"，是行政机关为管理行政事务，实现公共利益或者管理目标与公民、法人或者其他组织协商订立的具有行政法上权利义务内容的协议。本案中，大庆市人民政府委托大庆市信访法律服务中心（以下简称"信访服务中心"）解决姜某臣信访事项，信访服务中心与其签订《附条件息诉罢访协议》。在形式上，《附条件息诉罢访协议》系行政主体与相对人之间经协商一致签订的协议。在实质上，维护当地社会和谐稳定与处理信访事宜系政府的法定职责，该协议的签订是为了维护社会和谐稳定，是出于政府履行行政管理职能的需要，在政府职责权限的范围内，协议内容具有行政法上权利义务的性质。因此，《附条件息诉罢访协议》系可诉的行政协议的范畴。

《最高人民法院关于不服县级以上人民政府信访行政管理部门、负责受理信访事项的行政管理机关以及镇（乡）人民政府作出的处理意见或者不再受理决定而提起的行政诉讼人民法院是否受理的批复》主要针对的是信访负责部门单方面作出的登记、受理、交办、转送、处理意见、复查意见和复核意见等不对相对人产生实质性影响的单方行为，其实质是根据《信访条例》作出的信访处理，不属于行政诉讼受案范围。但本案中，《附条件息诉罢访协议》非信访部门的单方处理行为，而是双方协商一致的结果，双方协商的内容已经对姜某臣的权利义务产生了实质上的约束力。因此，本案的《附条件息诉罢访协议》不属于《最高人民法院关于不服县级以上人民政府信访行政管理部门、负责受理信访事项的行政管理机关以及镇（乡）人民政府作出的处理意见或者不再受理决定而提起的行政诉讼人民法院是否受理的批复》的规定范围。

——〔2019〕最高法行申 11819 号——再审申请人姜某臣诉黑龙江省大庆市人民政府行政给付一案

（二）个人单方作出的息诉罢访承诺不可诉

行政行为应由行政主体作出，公民个人作出的行为并非可诉的行政行为。本案中，徐某胜在 2010 年 4 月 2 日手写了收到四套安置房钥匙的收据，同时又手写了《息诉罢访承诺书》，主要内容为："经市政法委、市中级法院、市房产局等有关部门认真协调，已解决徐某胜上访案中的问题。其很满意，很感激。保证关于拆迁纠纷、换届选举等一揽子问题永不上访。"该《息诉罢访承诺书》系徐某胜本人单方作出的承诺，并非行政机关和行政机关工作人员对其作出的行政行为。

——〔2019〕最高法行申 2861 号——再审申请人徐某胜诉被申请人安徽省安庆市人民政府息诉罢访承诺一案

（三）息诉罢访事项已经解决的不可复议诉讼

再审申请人就其主张的土地使用权的补偿问题，经协调，也已于 2011 年 9 月 30 日签订了《息诉罢访承诺书》，该承诺书中载明再审申请人"接受河北区汇仁云居 1301 住房一套及救助 12 万元人民币的一次性解决方案并保证今后息诉罢访。同时承诺并保证今后不因涉诉的案件或相关案件再到各级法院、其他机关或有关单位、部门上访或提出其他要求"等。故天津市高级人民法院再审时据此认定涉案房屋拆迁补偿纠纷已经得到解决，并无不当。

——〔2018〕最高法行申 11242 号——再审申请人谷某强、徐某诉被申请人天津市人民政府行政复议一案

（四）自愿抛弃权利保护后再滥用诉权的不予保护

再审申请人已经自愿抛弃权利保护，仍旧提起诉讼有违诉讼诚信。诉权是公民、法人和其他组织享有的法定权利，神圣不可侵犯，但诉权却可以自愿抛弃。抛弃权利保护的方式包括单方向人民法院表示、单方向诉讼的另一方当事人表示，也包括当事人之间自愿达成合意。如果当事人在自愿抛弃权利保护之后再行实施诉权，则属出尔反尔，有违诚实信用。经原审法院查明，再审申请人在与相关单位所签安置补偿协议中已经承诺不再上访、诉讼，其后又长期多次申请行政复议及提起行政诉讼，不断违反自己所作权利抛弃承诺，这种权利保护的滥用同样构成不符合法定起诉条件的情形。

——［2016］最高法行申 2385 号——再审申请人张某为诉被申请人天津市人民政府拆迁行政复议一案

【实务应对】

对于最高人民法院传递出的这种信号和精神，我们应及时予以关注和回应，不仅要从学理上进行分析和研究，还要在司法实践中进行灵活的运用和发展。比如，要正确区分信访处理意见与信访涉及的基础行政行为，法律司法解释只是规定了对信访处理意见不具有可诉性，如果信访涉及的基础行政行为严重侵害相对人合法权益，如违法强拆行为，相对人仅是对强拆行为不服，仍然可以提起行政复议或行政诉讼。

司法实践过程中，我们经常看到因信访引起的行政复议和行政诉讼纠纷。这类案件应当如何处理，除了《行政诉讼法》《行政复议法》《信访条例》（已失效）等作出了相关规定外，最高人民法院通过再审案例的形式，进一步明确了信访与复议和诉讼的关系问题，并给出了明确的处理原则。具体包括：信访事项不可复议和诉讼、信访耽误的期间不能扣除延长、对信访事项处理结果不服不能转为履行法定职责之诉、对已经处理的信访事项不予重复答复行为不可诉。这些案例所展示的处理原则，在实际办案过程之中应着重地把握和理解，要给当事人正确的指引和选择，这对于提升案件办理的质量和效果，真正保护其权益，具有非常重要的现实意义。

不过，在实际应用过程中也应注意区别"真假"信访答复行为。真信访答复行为是信访工作机构依据《信访条例》（已失效）对信访人的诉求作出的答复、复查等行为；假信访答复行为是行政机关采取"信访答复"的外衣和形式，对当事人的诉求并不属于信访事项且也非以信访的形式提出的诉求作出回复。比如，在前述案例中，当事人提出的是履行法定职责的诉求，但是行政机关以信访答复的形式作出回复，这就属于假信访答复行为。对于此种假信访答复行为，司法机关应辨明其"正身"，允许当事人通过提起行政复议或行政诉讼的方式寻求救济。

【法律法规】

《最高人民法院关于执行〈中华人民共和国行政诉讼法〉若干问题的解释》（已失效）

第一条第二款 公民、法人或者其他组织对下列行为不服提起诉讼的，不属于人民法院行政诉讼的受案范围：……（五）驳回当事人对行政行为提起申诉的重复处理行为……

《最高人民法院关于不服县级以上人民政府信访行政管理部门，负责受理信访事项的行政管理机关以及镇（乡）人民政府作出的处理意见或者不再受理决定而提起的行政诉讼人民法院是否受理的批复》（〔2005〕行立他字第4号）

湖北省高级人民法院：

你院鄂高法〔2005〕210号《关于不服县级以上人民政府信访行政管理部门，负责受理信访事项的行政管理机关以及镇（乡）人民政府作出的处理意见或者不再受理决定而提起的行政诉讼人民法院是否受理的请示》收悉。经研究，答复如下：

一、信访工作机构是各级政府或政府工作部门授权负责信访工作的专门机构，其依据《信访条例》作出的登记、受理、交办、转送、承办、协调处理、督促检查、指导信访事项等行为，对信访人不具有强制力，对信访人的实体权利不产生实质影响。信访人对信访机构依据《信访条例》处理信访事项的行为或者不履行《信访条例》规定的职责不服提起行政诉讼的，人民法院不予受理。

二、对信访事项有权处理的行政机关依据《信访条例》作出的处理意见、复查意见、复核意见和不再受理决定，信访人不服提起行政诉讼的，人民法院不予受理。

二○○五年十二月十二日

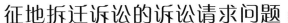

第六章
征地拆迁诉讼的诉讼请求问题

第一节　诉讼请求是否具体明确的问题

一、笼统以征地行为起诉属于诉讼请求不明确

征收土地行为是由作出征收土地批复、征收决定、征收公告、征收补偿方案公告、征收补偿决定或者补偿协议、强制搬迁决定等一系列行政行为构成的，并非一个独立的行政行为。当事人对征收土地行为提起行政诉讼，应当明确被诉行政行为具体指向的是其中哪一个或几个行政行为，笼统以征收土地行为为对象提起行政诉讼，属于诉讼请求不明确。

——［2017］最高法行再31号——再审申请人尹某武诉被申请人辽宁省瓦房店市人民政府征地拆迁行为一案

本案中打铁铺村9组一审诉请的是确认武胜县人民政府征收其集体土地的行政行为违法。由于土地征收行为涉及多个环节和步骤，包含征地批复、征收决定、征地公告、补偿安置等多个行政行为，其相应职责涉及不同的行政主体。若将这一系列行为均置于一个诉讼中进行审查处理，一方面不利于案件事实的厘清，另一方面也无法针对性地配置司法资源，同时还可能存在与人民法院级别管辖不相符的问题。

——［2018］最高法行申11074号——再审申请人四川省武胜县鸣钟乡打铁铺村9组诉被申请人四川省武胜县人民政府土地行政征收一案

笼统要求确认征收土地行为违法的，属于诉讼请求不具体，不符合法律规定的起诉条件。这主要是因为，征地过程中的系列行为在作出主体、法定程序、适用对象等方面均有不同，人民法院在对这些行为进行合法性审查时所适用的审查标准和范围也将不同，有必要由当事人明确其具体的诉讼请求，以利于实质性化解行政争议。

——［2018］最高法行申3438号——再审申请人董某萍诉被申请人河北省唐山市路南区人民政府行政征收一案

——［2020］最高法行申13920号——再审申请人叶某生诉被申请人湖北省武汉市黄陂区人民政府土地行政征收一案

一般来说，征收土地行为由作出征地批复、发布征地公告、征收补偿安置、责令交出土地、强制清除地上附着物等一系列相对独立的行政行为组成，实施上述行政行为的行政机关也不同。原告对征地行为提起行政诉讼，首先应当明确其所诉行政行为具体指向的是哪一个，笼统以征地行为为对象起诉，属于被诉行政行为不明确、没有具体诉讼请求的情形。

——［2019］最高法行再181号——再审申请人吕某生诉被申请人河南省安阳市人民政府等土地征收纠纷一案

征收土地行为包括一系列的行政行为，包括省级人民政府批准征收集体土地的批复、发布征收公告和征收补偿方案公告、签订征收补偿协议、发放征收补偿款、强制搬迁等多个各自独立的行政行为，各个行政行为的作出主体、行为内容、程序和依据等均不相同。黄某元等4人一审的诉讼请求为"确认芙蓉区人民政府征收其承包土地的行政行为违法，将其承包的土地恢复原状"。黄某元等人未明确其诉讼请求是针对芙蓉区人民政府在土地征收过程中的何种行政行为，属于所诉行政行为不明确的情形。

——［2019］最高法行申2019号——再审申请人黄某元等4人诉被申请人湖南省长沙市芙蓉区人民政府土地行政征收一案

——［2019］最高法行申5549号——再审申请人惠州市富名实业发展有限公司诉被申请人广东省惠州市惠东县人民政府征收土地及行政赔偿一案

二、法院对笼统诉讼请求未予释明的法律后果

行政协议行为不是一个单一的行政行为，包括协议的签订、履行、变更以及解除等一系列行政行为。当事人针对行政协议行为提起诉讼，必须明确具体的被诉行政协议行为，笼统请求撤销或者确认行政协议行为违法，属于诉讼请求不明确。田某雨在本案中既对拆迁协议的签订行为提出异议，又对行政协议的履行行为提出异议，其诉讼请求不够具体明确。根据《行政诉讼法》第51条第3款的规定，指导和释明是人民法院的法定程序义务，未履行相应的指导和释明义务的，属审判程序违法。

——［2017］最高法行申 3785 号——再审申请人田某雨诉被申请人湖南省邵阳市双清区人民政府、邵阳市双清区火车站乡人民政府房屋行政征收补偿协议一案

根据会泽县人民政府作出的《行政执法督查书》，被诉土地"征收行为"属于未签订任何流转协议的情况下将土地以流转方式占用并改变使用用途的违法行为。被诉行政行为同样具有可拆分性，是否属于合法有效行政行为以及对其起诉是否超过法定期限有待司法审查。原审法院对于孔某昌等 8 人笼统起诉请求确认案涉土地的"征收行为"违法未予释明，径直以《大井镇集镇建设告知书》作为孔某昌等 8 人知道或者应当知道作出行政行为之日的起算点计算起诉期限，裁定驳回起诉，剥夺了孔某昌等 8 人的诉讼权利，并使其对于被诉行政行为再无权利救济的机会和渠道。

——［2020］最高法行再 443 号——再审申请人孔某昌等 8 人与被申请人云南省会泽县人民政府等土地行政征收及赔偿一案

第二节　诉讼请求增加、合并、裁判的问题

一、新诉讼请求与原诉讼请求的基础同一性

所谓"提出新的诉讼请求"，通常是指，在不变更诉讼请求同一性的前提下追加或者变更诉讼请求的申请。例如，针对被告作出的同一个行政行为，在原来提出的撤销请求的基础上追加赔偿请求、将原来提出的撤销请求变更为确认违法请求，或者只是单纯对于请求金额作出增减。在这种情况下，虽然具体的请求发生了变化，但请求的基础并未发生变更，因而可以在一个诉讼程序内审理新请求，旧请求的诉讼资料或证据资料可以被用于新请求的审理。但就本案而言，侯某明前后两个请求针对的是发生于两个不同时间的两次独立的强拆行为，原告首先针对新的行政行为另案提起诉讼，再由人民法院斟酌是否适宜合并审理。

——［2017］最高法行申 1183 号——再审申请人侯某明诉被申请人山西省吕梁市离石区人民政府房屋行政强制一案

上诉人在起诉时"请求判令章丘区人民政府责令第三人采取补救措施恢复原告房屋的供水、供电、供气和物业管理等服务"，在原审庭审前又增加了

"请求确认章丘区人民政府要求第三人作出停水、停电、停气以及终止提供物业服务的行为违法"的诉讼请求。从上述两项诉讼请求来看，二者存在内在的逻辑关联，属于同一法律关系，人民法院可以一并审理并作出裁判。

—— [2019] 鲁行终 2238 号——上诉人袁某燕等 10 人诉被上诉人山东省济南市章丘区人民政府等行政强制违法一案

二、不能在任何环节随意提出新的诉讼请求

而在诉讼中提出新的诉讼请求，通常须经过对方当事人的同意以及法院的准许，更为重要的是，不能在任何环节随意提出新的诉讼请求。根据《最高人民法院关于适用〈中华人民共和国行政诉讼法〉的解释》第 70 条的规定，"起诉状副本送达被告后，原告提出新的诉讼请求的，人民法院不予准许，但有正当理由的除外"。在一审期间提出新的诉讼请求尚有如此限制，在二审阶段提出，更为法律所不允。

—— [2017] 最高法行申 1481 号——再审申请人宋某宏诉山西省运城市人民政府等土地行政处理一案

三、增加诉讼请求并非必须重新指定举证答辩期限

原告增加诉讼请求时，是否需要重新指定举证期限和答辩期限，取决于增加诉讼请求的具体情况。如果该增加的诉讼请求基于新事实或者新证据，原则上应给被告指定新的举证期限和答辩期限，以便其能够对新增诉讼请求所依据的新事实或者新证据作必要准备，从而充分行使其辩论权。如果该增加的诉讼请求并非基于新事实或者新证据，而是在既有证据基础上对诉讼请求进一步明确或者扩充，则并非一律均需重新指定举证期限和答辩期限。

当事人在庭审中将诉请的损害赔偿数额提高，但是并未提供新证据，而是对其损害赔偿计算方法作了新的阐明。这种对诉请的损害赔偿数额的提高并非典型的增加诉讼请求的情形，并非必须重新指定举证期限和答辩期限。

—— [2019] 最高法知民终 1 号——上诉人分众晶视广告有限公司诉被上诉人 CJCGV 株式会社等侵害发明专利权一案

四、不同诉讼请求合并审理的判定标准

本案中，刘某平一审的诉讼请求为"确认新郑市人民政府、新郑市自然

资源局重复收取土地出让金的行政行为违法，并判令新郑市人民政府、新郑市自然资源局退还多收取的土地出让金；确认新郑市人民政府、新郑市自然资源局 2017 年 1 月为刘某平办理的不动产登记证的行政行为合法并予以恢复该登记证；确认新郑市人民政府、新郑市自然资源局擅自在该证备注"自建房"的行政行为违法并予以删除"。以上诉讼请求中包含的被诉行政行为事实基础不同、依照的行政法律规范不同、涉及的行政法律关系不同为由，人民法院认为本案不符合合并审理的条件。

——［2019］最高法行申 11841 号——再审申请人刘某平诉被申请人河南省新郑市人民政府、新郑市自然资源和规划局土地行政收费及土地行政登记一案

五、法院须遵循诉判一致原则作出裁判

一般情况下，法院不应该主动对超出诉讼请求的问题进行裁判，对超出原告诉讼请求范围予以裁判应有足够的相反理由和依据。本案孝感金太阳置业有限公司（以下简称"金太阳公司"）的一审诉求为要求孝南区人民政府按照《补充协议（一）》约定进行土地变性，将其享有使用权的工业用地变更为商业用地。因双方《补充协议（一）》无偿土地变性约定无效，原审法院判决驳回金太阳公司的诉讼请求并无不当，但原审法院裁判理由中另行认定金太阳公司应将土地归还、孝南区人民政府相关职能部门予以收回其工业用地使用权，显然超出金太阳公司的一审诉讼请求，程序上似有不当。

——［2018］最高法行申 3619 号——再审申请人孝感金太阳置业有限公司诉被申请人湖北省孝感市孝南区人民政府行政协议一案

【实务应对】

本部分案例，结合城乡征地拆迁案例分析了诉讼请求明确性的判断标准，阐明了法院对诉讼请求的释明义务，重点分析了增加新的诉讼请求问题以及诉讼请求合理审理问题，还再次强调了诉判一致问题。对于诉讼请求确定和审查的问题，实务应用中应重点把握如下要点：

第一，诉讼请求应当具体明确，不能笼统模糊地起诉。简言之，原告应对具体的、明确的、清晰的某个或某环节行为起诉，不能笼统地、模糊地、大致地起诉所有行为环节和内容。

第二，对于诉讼请求不明确或者其他起诉要件欠缺的情况，法院应履行释明的程序义务。这是法律规定的必经程序，未履行释明义务直接作出裁判，有违法律的正当程序规定。即，"对于当事人提出的诉讼请求，人民法院应当把握其实质内涵和诉讼目的，做好释明和引导工作，进一步区分诉讼类型并依法裁判，以达到减少当事人诉累、实质性解决纠纷的目的"。[1]

第三，追加或者变更诉讼请求，应当以不变更诉讼请求的同一性为前提。如果前后两个诉讼请求的作出主体、产生阶段、行为性质、实施程序、法律后果等方面均有所不同，就属于两个相互独立的行为，应另案起诉。

第四，诉判一致问题。人民法院审理案件应围绕当事人的诉讼请求展开，不能遗漏或超越当事人的诉讼请求，如果确需超出诉讼请求裁判，法院应具有足够的相反理由和依据，否则应视为审判程序违法。

【法律法规】

《中华人民共和国行政诉讼法》

第五十一条第三款 起诉状内容欠缺或者有其他错误的，应当给予指导和释明，并一次性告知当事人需要补正的内容。不得未经指导和释明即以起诉不符合条件为由不接收起诉状。

《最高人民法院关于适用〈中华人民共和国行政诉讼法〉的解释》

第七十条 起诉状副本送达被告后，原告提出新的诉讼请求的，人民法院不予准许，但有正当理由的除外。

《最高人民法院关于适用〈中华人民共和国民事诉讼法〉的解释》

第二百二十一条 基于同一事实发生的纠纷，当事人分别向同一人民法院起诉的，人民法院可以合并审理。

---

[1] [2019] 鲁行终 2238 号。

第一节　履责之诉的法律问题

一、履责的内涵、程序、期限问题

（一）行政机关"组织处理"法定职责阐释

1. 法定职责应是一种具体特定的职责

所谓法定职责，应当是一种具体、特定的职责，多数情况下仅凭行政机关单方作出一个行政行为就能直接达到行政相对人所欲追求的法律效果；但在个别情况下，法律、法规规定行政机关应当就某一行政管理事项"组织处理"，这虽然也属法定职责，但行政法律效果能否实现尚需相关各方共同协力。在后一种情况下，人民法院固然应当判决行政机关履行"组织处理"的法定职责，<u>但在行政机关尽其所能"组织"之后，如果相关各方不予积极配合，不宜就此认定行政机关怠于履行法定职责</u>。在本案，再审申请人要求再审被申请人履行的是组织协调和督促处理其与武汉紫崧房地产建筑集团股份有限公司拆迁遗留问题的义务，能否达成拆迁补偿协议，需要再审申请人与武汉紫崧房地产建筑集团股份有限公司务实而积极的配合。本院也希望再审申请人积极支持再审被申请人的协调工作，以使遗留问题最终得到解决。

——［2018］最高法行申5484号——再审申请人王某华诉被申请人湖北省武汉市洪山区人民政府不履行法定职责一案

2. 不能针对明显无权管辖的机关提起履责之诉

不能通过提起一个履行法定职责之诉，要求判令行政机关履行行政指导职责。履行法定职责之诉要求作出的行为必须是一个法律行为，但行政指导显然并不属于这样一种旨在设定某种法律后果的个别调整。对于本案来讲，更为关键的是，该法并没有将针对居民委员会的行政指导职责赋予像太原市人民政府这样的设区的市政府，更没有规定设区的市政府有直接责令居民委员会调整其成员福利待遇的法定职责。在一个行政机关明显不具有原告所申请履行的法定职责的情况下，不能因为原告曾经提出过申请并且行政机关拒绝履行或者不予答复而就此拥有了诉权。针对一个明显没有管辖权的行政机关提起履行职责之诉，属于不符合法定起诉条件，人民法院应当不予立案或者裁定驳回起诉。

——［2018］最高法行申 906 号——再审申请人张某仙诉被申请人山西省太原市人民政府不履行法定职责一案

（二）履责之诉是直接对外履责排除监督协调职责

请求行政机关履行的，必须是法律、法规、规章等明确赋予行政机关对外行使的行政管理职责。那些仅限于行政内部领域的措施，例如请求上级行政机关对下级行政机关作出一个命令、对下级行政机关实施监管监督，因其不具有对外性、不直接设定新的权利义务，通常不能在请求履行法定职责之诉中提出。本案中，再审申请人要求再审被申请人履行"协调省直机关湖北省司法厅和湖北省卫生和计划生育委员会进行监管、处罚"的职责，属于行政机关的内部监督管理范畴，不可诉。

——［2017］最高法行申 3348 号——再审申请人佘某诉被申请人湖北省人民政府不履行医疗行政监管、处罚职责一案

《行政诉讼法》第 12 条第 1 款第 6 项规定的法定职责，是指行政机关依据法律、法规或者规章等规定，具有针对行政管理相对人的申请直接进行处理、直接解决行政管理相对人诉求的职责，不应包括上级行政机关对下级行政机关、本级人民政府对所属工作部门的层级监督、内部管理职责。本案中，衡阳市人民政府作为地方一级人民政府，一般不宜代替相应工作部门对该工作部门职权范围内事项直接作出对外发生法律效力的行政决定。如果王其英等 4 人认为衡阳市人民政府相应工作部门及其他行政机关未依法履行保护其人身权、财产权等合法权益的法定职责，亦应以相应工作部门为被告提起诉讼。王某英等 4 人以衡阳市人民政府为被告，要求衡阳市人民政府直接作出其相应工作部门职责范围内的行政行为以及责令其相应工作部门作出行政行为，没有法律依据。

——［2017］最高法行申 6527 号——再审申请人王某英等 4 人诉被申请人湖南省衡阳市人民政府不履行法定职责一案

行政机关的法定职责既有具体的有明确针对性和指向的职责，也存在基于上下级关系的层级监督职责。一般而言，当事人在法律、法规没有赋予其具有请求行政机关对下一级行政机关或者所属部门行使监督权的情况下，仅仅依据层级监督关系即提出申请，要求上级行政机关行使改变或撤销权的，此时行政机关是否对该申请做出答复，均不具有可诉性。

——［2018］最高法行申2221号——再审申请人梁某权等4人诉被申请人广东省广州市人民政府行政不作为一案

（三）受理转送举报书的行为均属履行职责

河北省国土资源厅收到该《举报书》后，首先应当根据案情判断该违法行为应由本部门进行查处，还是交由下级国土资源主管部门处理或者上报国土资源部予以查处。对于接到举报的行政机关而言，无论是本部门查处还是依照法律规定向下交办或者向上汇报，都可以视为处理举报的履职行为。当然，接到举报的行政机关将举报线索作转交或者上报处理的，应当将相关情况及时告知举报人。

——［2016］最高法行申3693号——再审申请人卞某社等诉被申请人河北省国土资源厅履行法定职责、诉河北省人民政府行政复议一案

（四）名为履责实则规避重复处理的不可诉

再审申请人提出"启动自行纠错程序"的申请，其实质目的在于"撤销涉案批复"。但是其已针对该征地批复申请行政复议或提起行政诉讼，行政复议机关及人民法院均驳回其请求。此后，其转而向河北省人民政府提出一个"要求启动自行纠错程序"的履责申请，但该申请并非基于新的事实和法律状态，也未提出新的证据。在此情况下，行政机关不予答复本身亦属不可诉的重复处理行为。虽然表面看来，当事人的诉讼请求是要求判令行政机关履行对其申诉的答复职责，而非直接要求人民法院撤销行政行为，但通过履责之诉所要达到的终极目的与直接要求撤销并无实质不同，这就存在利用一个新的诉讼种类规避重复处理的可能，人民法院对此不予立案或者驳回起诉，并无不妥。

——［2018］最高法行申6188号——再审申请人何某松等15人诉被申请人河北省人民政府不履行法定职责一案

（五）履责之诉与确认违法之诉不可同时提起

确认违法通常只针对作为类行政行为，对于行政机关的违法不作为，人

民法院根据当事人的请求，责令行政机关履行相应的法定职责，更能彻底地实现当事人的权利保护要求。责令履行法定职责，本身就包含了对于行政机关不作为违法性的评价，只有在责令履行法定职责已经没有实际意义或者实际条件不能成就的情况下，才转而确认不作为违法。

——〔2018〕最高法行申 8729 号——再审申请人丛林信息技术（西安）有限公司诉被申请人陕西省西安市人民政府不履行行政复议职责一案

在要求行政机关作出特定行为的给付类复议案件中，复议机关责令被申请人作出申请人所要求的行政行为，即对被申请人不作为行为的否定性评价，并进一步实现了申请人要求给付特定行政行为的复议目的。因此，责令被申请人作出特定行为的复议决定，本身就包含了对不作为行为违法性的确认，而无需再专门作出确认不作为行为违法的复议决定。

——〔2017〕最高法行申 7059 号——再审申请人乔某超诉被申请人安徽省太和县人民政府不履行法定职责一案

（六）两个月履责期限与确认违法的关系

1. 两个月的规定重在启动处理并非答复期限

《行政复议法实施条例》第 16 条第 1 款第 2 项规定，行政机关收到申请满 60 日起未履行法定职责的，当事人可以向复议机关申请行政复议。这里的"60 日"，应当是正常情况下行政机关履行法定职责的期限。如果存在特殊情况需要扣除或延长履责期限的，虽然自然日期已经超过 60 日，但是，此时当事人对行政机关正在履行法定职责的行为，依然不享有行政复议的权利。法律赋予当事人申请复议的权利，应当是针对行政机关不履责、拖延履责的情形，行政机关正在积极履责的行为不属于可以复议的对象。

——〔2020〕最高法行申 10852 号——再审申请人苏某福、刘某诉被申请人中华人民共和国财政部驳回行政复议申请一案

《自然资源行政处罚办法》对违反自然资源管理法律法规的行为的地域管辖、级别管辖作出了规定，本案系因对查处违法行为的不作为引起的纠纷，被上诉人接到上诉人举报线索后及时予以报送有权查处机关立案处理，不存在不作为的情况。在济南市自然资源和规划对案外人作出处罚后，被上诉人及时将案件处理结果告知了上诉人，履行了告知义务，被上诉人什么时候告知上诉人处理结果受处理时间和结论的羁束，上诉人请求确认被上诉人逾期告知或答复违法没有事实根据。《行政诉讼法》第 47 条规定的是针对当事人

的相关申请行政机关两个月之内不履行法定职责的可以判决其履行或确认违法，不能以此期间确定答复时间。上诉人如认为涉案行政处罚超期，可依法另行提起诉讼。

——［2022］鲁01行终344号——上诉人李某华诉被上诉人山东省济南市钢城区自然资源局逾期答复违法一案

2. 法院可直接判决履责事项而非确认违法

履行法定职责之诉具有"彻底裁判"的特点，只要所有事实和法律上的前提条件皆已具备，人民法院就可以直接判决行政机关履行原告所请求的法定职责。在行政机关针对当事人的申请逾期未作答复的情况下，只要所有事实和法律上的前提条件皆已具备，人民法院也可以直接判决行政机关履行原告所请求的法定职责，而不必同时判决确认行政机关逾期不予答复违法。在被告不履行或者拖延履行法定职责时，只有判决履行没有意义的情况下才适用确认违法判决。而本案判决行政机关履行行政复议法定职责能够更好更直接地实现再审申请人的预期目的，因此没必要选择裁判效果更为间接的确认违法判决。

——［2016］最高法行申2496号——再审申请人张某君诉被申请人北京市人民政府不履行行政复议法定职责一案

3. 责令履责无实际意义的才判决确认违法

确认违法通常只针对作为类行政行为，对于行政机关的违法不作为，复议机关或者人民法院根据当事人的请求，责令行政机关履行相应的法定职责，更能彻底地实现当事人的权利保护要求。责令履行法定职责，本身就包含了对于行政机关不作为违法性的评价，只有在责令履行法定职责已经没有实际意义或者实际条件不能成就的情况下，才转而确认不作为违法。并且，确认违法也要具备确认的利益，也就是，作出违法确认对于当事人后续主张赔偿权利或者澄清某种法律关系是否为必须。

——［2017］最高法行申8580号——再审申请人乔某超诉被申请人安徽省太和县人民政府行政复议一案

（七）明显拖延履行征收补偿职责的行为违法

市、县级人民政府在对本行政区域作出征收决定后，应及时对案涉房屋进行补偿，不应不合理拖延履行补偿职责，致使被征收房屋、土地长期处于被征收而未获得补偿的状态，对被征收人的生产、生活造成不利影响。本案中，细河区人民政府于2012年3月20日作出房屋征收决定并公告，决定载明征收期限为2012年3月21日至2012年6月21日。阜新钜成生物科技发展有限公司总部及花卉示范园区在征收范围内，在未达成征收补偿协议的情况下，细河区人民政府拖延履行补偿职责，直至阜新钜成生物科技发展有限公司2015年12月提起诉讼时，仍未作出征收补偿决定，已经超过合理期限，构成行政不作为。二审判决确认细河区人民政府不履行法定职责违法，并无不当。

——［2018］最高法行申915号——再审申请人辽宁省阜新市细河区人民政府与被申请人辽宁省阜新钜成生物科技发展有限公司行政不作为纠纷一案

本案临汾市人民政府已经作出临政复决〔2017〕3号《行政复议决定书》，责令永和县人民政府在调查核实完善手续的基础上对刘某军予以补偿，永和县人民政府如果无法与刘某军达成补偿协议，应当及时以调查核实结果为依据作出书面补偿决定并送达给刘某军。以无法达成协议为由拖延履行行政复议决定，损害行政相对人的利益，也不利于行政争议的及时化解。

——［2019］最高法行申5937号——再审申请人刘某军诉被申请人山西省永和县人民政府行政补偿一案

（八）履责期限不受限制的紧急情况认定

再审申请人王某保还主张，其反映的违法建设情况紧急，举报当天上午，施工队强行施工，如不及时处理，会导致违法施工一直持续，对申请人的权益造成持续伤害，故宣城市人民政府驳回复议决定错误。但《行政复议法实施条例》第16条第2款规定的"紧急情况"，通常强调的是时间紧迫、事项重大，而且错过了这个时间就不可逆转或者损失不可弥补的情形。例如，考试的紧迫性、人身救助需要、参加有时间限制的活动等。本案中宣城市城市管理综合执法局接到再审申请人举报后，已进行了现场勘查、对相关人员的调查询问，并作出了停工通知。即使再审申请人因施工队罔顾停工通知强行施工甚至造成财产受损，也可以通过赔偿等途径获得相应弥补，尚难达到情况紧急不可逆转的情形。

——［2017］最高法行申307号——再审申请人王某保诉被申请人安徽省宣城市人民政府行政复议决定一案

（九）信访行为与履责复议之诉的关系问题

1. 对信访事项处理结果不服不能转为履责之诉

当事人对信访事项不服，申请行政复议并提起行政诉讼，只要有关该信访事项的行政行为未对当事人的权利义务产生实际影响，就不属于行政诉讼的受案范围。当事人为了规避有关信访事项的处理不属于行政诉讼受案范围的规定，将对信访事项处理结果不服，转变为请求行政机关履行法定职责案件提起诉讼，其实质仍然是对信访事项的处理结果不服提起的诉讼，人民法院应当按照其实质诉求，依法作出处理。［2017］最高法行申 3784 号案件中，再审申请人刘某姣等 7 人因与安化县渠江镇大安村新建村民组之间的承包田土、山林问题长期上访，在渠江镇人民政府已经就其信访事项作出明确答复意见后，继续就信访事项以行政复议申请的方式请求予以答复，在行政机关不予受理后，又以不履行行政复议职责为由提起诉讼，实质仍然是对信访事项不服提起的诉讼，不属于行政诉讼的受案范围。再审申请人主张其承包山林和土地的权利被非法剥夺，被申请人应当履行行政复议职责，二审判决认为行政复议申请客观上属于信访活动错误，缺乏事实和法律依据，不能成立。一、二审法院本应裁定对刘某姣等 7 人的起诉不予立案或驳回起诉，受理其起诉并作出实体判决不妥，本院予以指正。

——［2017］最高法行申 3784 号——再审申请人刘某姣等 7 人诉被申请人湖南省安化县人民政府不履行法定职责一案

——［2017］最高法行申 6506 号——再审申请人谢某玉等 137 人诉被申请人湖南省城步苗族自治县人民政府养老保险待遇一案

——［2017］最高法行申 7482 号——再审申请人李某胜诉被申请人广东省梅州市梅江区人民政府行政不作为一案

2. 信访过程中提出履职申请不属复议诉讼范围

再审申请人已就其请求事项通过信访途径要求被申请人解决，在信访程序中，又提出履职申请。根据《最高人民法院关于适用〈中华人民共和国行政诉讼法〉的解释》第 1 条第 9 项的规定，行政机关针对信访事项作出的登记、受理、交办、转送、复查、复核意见等行为不属于人民法院行政诉讼的受案范围。因此，原审法院认定被申请人是否答复，均不属于人民法院行政诉讼的受案范围，并无不当。

——［2020］最高法行申 13940 号——再审申请人魏某来诉被申请人天津市东丽区人民政府不履行法定职责一案

二、履责的依据、程度、次数问题

(一) 行政组织法不能作为履责的直接依据

《地方各级人民代表大会和地方各级人民政府组织法》第 59 条第 6 项规定: "县级以上的地方各级人民政府行使下列职权: (六) 保护社会主义的全民所有的财产和劳动群众集体所有的财产, 保护公民私人所有的合法财产, 维护社会秩序, 保障公民的人身权利、民主权利和其他权利。"该项规定的地方人民政府职权是宏观意义上的管理职权, 不针对具体的行政领域, 由哪一级人民政府履行、如何履行相应职责, 亦需要法律法规或规章的具体规定, 如规定具体履行职责的内容及方式, 在没有相关具体规定的情况下, 笼统地根据上述法第 59 条第 6 项的规定要求政府履行特定职责, 不符合行政诉讼起诉条件。

—— [2020] 最高法行申 9586 号——再审申请人叶某等 3 人诉被申请人湖北省武汉市武昌区人民政府不履行法定职责一案

(二) 司法建议不能作为履责之诉的依据

司法建议是人民法院在案件审理过程中发现问题而向有关单位或个人提出的建议, 并非收到建议的行政机关必须履行的法定义务, 因此, 刘某兵等人以吕梁市人民政府未履行司法建议的义务为由, 申请行政复议, 不符合《行政复议法》关于复议受理范围的规定。就刘某兵等人提出的第二项行政复议申请内容, 因刘某兵等人在申请行政复议前, 已就吕梁市人民政府作出的公交改革方案和公交实施方案提起过行政诉讼, 并经人民法院司法审查。因此, 刘某兵等人不能就已经司法审查的行为, 再行提起行政复议申请。

—— [2020] 最高法行申 12658 号——再审申请人刘某兵、车某全、李某强诉被申请人山西省人民政府行政复议一案

(三) 笼统地申请履责属于诉讼请求不明确

本案中, 宋某龙的具体诉求是其祖坟被挖, 要求长治县人民政府履行保护其人身权、财产权的法定职责。对此原审法院进行了释明, 即如果属于征地纠纷, 应当由国土行政部门负责处理; 如果属于治安案件或刑事案件, 应当由公安机关管辖; 如果属于民事侵权, 则应当通过自行协商或者提起民事诉讼予以解决。但这些职权都不是被申请人长治县人民政府应当具体、直接行使的职权, 再审申请人应当依照法律规定的途径寻求救济。因被申请人长

治县人民政府没有相应的法定职责，宋某龙向被申请人提出申请处理，被申请人依照信访程序对其作出处理并无不当，并非不履行法定职责。

　　——［2018］最高法行申 4077 号——再审申请人宋某龙诉被申请人山西省长治县人民政府不履行法定职责一案

（四）履责不到位的应判决继续履责

　　被告株洲市石峰区人民政府于 2010 年 12 月接到株洲市规划局对沈某湘所作的株规罚告字［2010］第 004 号行政处罚告知书和株规罚字［石 2013］第 0021 号行政处罚决定书后，应按照株洲市规划局的授权积极履行法定职责，组织实施强制拆除违法建设。虽然被告株洲市石峰区人民政府在履行职责中对沈某湘的违法建设进行了协调等，但未积极采取措施，其拆除违法建设工作未到位，属于不完全履行拆除违法建筑的法定职责。故，应判决被告在 3 个月内履行拆除沈某湘违法建设法定职责的行政行为。

　　——最高人民法院公布人民法院征收拆迁十大案例：10. 叶汉祥诉湖南省株洲市规划局、株洲市石峰区人民政府不履行拆除违法建筑法定职责案

（五）前次履责之诉后可再次提起履责之诉

　　除法律、法规对行政机关履行职责的期限另有规定的之外，行政机关在接到申请之日起 2 个月内不履行的，公民、法人或者其他组织可以在 2 个月的履责期限届满之日起 6 个月内提起诉讼。行政机关没有履行法定职责，且没有作出处理决定的，其履责义务呈持续存在状态，不因为超过起诉期限而免除。超过 6 个月起诉期限，公民、法人或者其他组织再次提出履责申请的，行政机关有义务继续履行。行政机关作出的处理决定，与已超过起诉期限的前一个不履责行为不是同一个行政行为，相对人在起诉期限内提起诉讼，法院应当依法受理。

　　——［2018］最高法行再 203 号——再审申请人张某新诉被申请人黑龙江省鸡西市恒山区人民政府等行政补偿一案

（六）名为履行强拆职责实为申请强制执行

　　2017 年 6 月 6 日，再审申请人向原审法院提起本案之诉，请求确认被申请人福清市人民政府和被申请人龙田镇人民政府未履行强制拆除涉案违建房屋的法定职责违法，并判令两被申请人立即履行强制拆除该违建房屋的法定职责。从上述事实可知，原审第三人福清市资源和规划局对涉案违法建筑的

查处，系严格按照《城乡规划法》和《行政强制法》的程序规定，作出限期拆除决定和强制执行决定，并报送被申请人福清市人民政府作出责成行政强制拆除决定。根据《城乡规划法》和《行政强制法》上述规定的精神，对涉及违反《城乡规划法》的违法建筑物、构筑物、设施等的强制拆除，法律已授予行政机关强制执行权，人民法院不受理行政机关的非诉执行申请。再审申请人向原审法院提起本案履责之诉，实为向人民法院申请强制执行，其诉请依法不属于人民法院行政诉讼的受案范围。

——［2019］最高法行申 3919 号——再审申请人施某茂诉被申请人福建省福清市人民政府、被申请人福建省福清市龙田镇人民政府不履行法定职责一案

——［2020］最高法行申 10200 号——再审申请人郭某宏诉被申请人江苏省盐城市盐都区人民政府不履行法定职责一案

（七）责令限期拆除决定后应及时强制拆除

本案中，宁乡市城市管理和综合执法局于 2012 年依照程序作出强制拆除决定后，易某强、周某霞未在法律规定的救济期限内提起行政复议、行政诉讼，行政机关即应及时履行强制拆除的职责与义务，其于作出决定的 3 年后才组织实施拆除行为，影响了行政行为效力的及时实现，有违高效原则，应当予以指正。但鉴于本案中被拆除建筑已经被确认为违法建筑，拆除违建行为的延后，未损害易某强、周某霞的合法权益，一审判决驳回其诉讼请求，二审予以维持，处理结果并无不当。

——［2019］最高法行申 11445 号——再审申请人易某强、周某霞诉被申请人湖南省宁乡市人民政府等行政强制一案

三、行政机关依职权履责之诉问题

（一）对征地公告和补偿安置无须提出履责申请

市、县级人民政府在国有土地上房屋征收过程中，具有依法主动公告征收决定及补偿方案的法定职责。被征收人就市、县级人民政府不履行征收公告法定职责提起诉讼，无须承担其已向市、县级人民政府提出履行法定职责申请的证明责任。

——［2019］最高法行申 3804 号——再审申请人潮州市潮安区龙湖镇鑫信服装厂诉被申请人广东省潮州市潮安区人民政府不履行征收公告法定职责

一案

市、县人民政府作为一级政府，有权代表国家组织实施征收，也负有确保被征收人通过签订协议或者以补偿决定等方式获得公平补偿的义务。从相关法律规定上看，其均未将被征收人获得补偿安置的程序设定为一种依行政相对人申请才能启动的程序。进一步讲，市、县人民政府在组织实施征收补偿过程中，应当积极主动履行补偿义务，以使行政相对人及时获得公平补偿。在与被征收人达不成补偿协议的情况下，市、县人民政府或其土地管理部门依法应当及时以书面形式作出补偿安置决定或者以行为的方式直接履行补偿安置职责。否则，被征收人可以依法请求市、县人民政府或其土地管理部门依法履行补偿安置职责。本案中，在越城区人民政府未能与朱某云、李某仙达成安置补偿协议、未给予行政补偿且强拆行为被确认违法之背景下，针对朱某云、李某仙相对明确的补偿诉求，原审法院将越城区人民政府本应当依职权履行的补偿安置义务定性为依申请方能履行的职责，明显具有偏颇性、局限性，由此裁定驳回朱某云、李某仙的起诉，存在适用法律错误。

——［2019］最高法行再 199 号——再审申请人朱某云、李某仙诉被申请人浙江省绍兴市越城区人民政府不履行拆迁安置法定职责一案

（二）行政机关依职权履责的起诉期限问题

1. 依职权履责不受起诉期限限制

再审申请人余某认为武汉东湖新技术开发区管理委员会未履行行政征收补偿法定职责，其随时可请求东湖新技术开发区管理委员会履行法定职责，不涉及起诉期限问题。本院认为，根据《土地管理法》第 47 条第 1 款的规定，征收土地的，按照被征收土地的原用途给予补偿，故给予被征收人予以安置补偿系征收人应当依职权履行的法定职责。一般情况下，只要行政机关存在依职权应履行的法定职责，行政机关即持续负担作为义务，该作为义务不因行政机关怠于履行而消灭。特别是在行政相对人已向行政机关提出履行申请时，行政机关更应及时有效履行。此外，行政机关对其依职权应履行的法定职责，亦不因行政相对人的履行申请而转变为依申请应履行的法定职责，即此种情形并不适用《行政诉讼法》第 47 条所规定的起诉期限。原审法院以再审申请人起诉超过起诉期限裁定驳回起诉错误，应当予以纠正。

——［2018］最高法行申 9030 号——再审申请人余某与被申请人武汉东湖新技术开发区管理委员会、第三人武汉泰宇置业有限公司请求履行征收补

偿法定职责一案

2. 明确拒绝依职权履责的应计算起诉期限

《行政诉讼法》规定起诉期限的目的是督促当事人及时行使诉权，避免相关行政法律关系长期处于不确定状态。不履行法定职责行为属于行政行为的一种，其产生的法律后果与作为类行政行为没有本质上的不同，故也需要对当事人的起诉期限加以限制。在依职权履行法定职责案件中，如行政机关已经明确拒绝履行法定职责，说明原告已经知道不履行法定职责行为的存在，即应以此时间点开始计算起诉期限。

——［2019］最高法行申 11781 号——再审申请人周某斌等 3 人诉被申请人湖北省兴山县人民政府等不履行补偿安置协议法定职责一案

3. 未履责处于持续状态的可随时起诉

张某福、刘某荣的一审诉讼请求为依法确认龙亭区人民政府没有依法公告征收补偿方案的不作为行为违法并责令龙亭区人民政府履行法定征收补偿职责。张某福、刘某荣申请再审称：本案系行政机关不履行法定职责的行政不作为案件，行政机关法定职责不因时间推延而消失。张某福、刘某荣的房屋和土地被征收，但未获得任何补偿。对于行政机关履行征收补偿职责的期限认定，一般认为是其补偿职责实际履行完毕之时。本案中，刘某荣国有土地上房屋被征收后尚未获得补偿，相关行政机关未履行征收补偿职责的状态一直持续。因此，刘某荣以请求龙亭区人民政府履行补偿职责为由提起本案诉讼，并未超过法定的起诉期限。

——［2019］最高法行申 2281 号——再审申请人张某福、刘某荣诉被申请人河南省开封市龙亭区人民政府行政不作为一案

（三）行政部门明显相互推诿属于未依职权履责

本案中，韩某明确以 2018 年《广告法》第 43 条、第 63 条，《消费者权益保护法》第 29 条为依据，请求滕州市市场监督管理局对中国电信股份有限公司滕州分公司进行查处。滕州市市场监督管理局本应在查明韩某所举报的违法事实是否成立的基础上，提出分类处理意见，及时向举报人告知处理结果。但在处理案涉举报事项时，其与山东省通信管理局相互推诿，将本应依法处理的举报事项拒之门外，不符合全面推行依法行政、建设法治政府的基本精神。鉴于此，指令一审法院继续审理本案，进入实体审理后，针对韩某的诉讼请求作出裁判。

——［2020］鲁行再97号——再审申请人韩某诉被申请人山东省滕州市市场监督管理局不履行法定职责一案

（四）请求依职权履行"房改"职责不可诉

原告请求法院确认金寨县住房和城乡建设局、金寨县人民政府不履行对郑某利等96人居住房屋进行房改法定职责的行为违法。安徽省高级人民法院认为，所谓"房改"，是指城镇住房制度改革，是我国城镇住房由原来的单位分配转化为住房商品化的一项过渡性政策。房改房销售对象、销售价格与职工身份、工龄、职务、职称等因素相关。"房改"是计划经济向市场经济过渡时期的一项改革措施，"房改"的依据主要是相关政策，而非法律、法规或者规章，是否进行"房改"、何时"房改"、如何进行"房改"，由职工所在单位、相关管理机关等依据"房改"政策确定，法院难以依照法律规范对"房改"行为的合法性进行审查。

——［2019］皖行终1465号——上诉人郑某利等96人诉被上诉人安徽省金寨县人民政府、金寨县住房和城乡建设局不履行法定职责一案

四、征地补偿履责之诉问题

（一）城建公司拆迁安置方案不是政府履责依据

土地征收补偿、安置方案系由土地行政主管部门拟定并经市、县人民政府批准的涉及被征收土地信息、补偿安置人口、补偿安置标准、途径、措施等内容的带有规范性特征的文件。本案中，越城区人民政府作出的《朱某云户拆迁安置方案》虽然也冠以"安置方案"的名称，但却显然有别于前述法条所指的补偿、安置方案。首先，从制作主体上看，该拆迁安置方案系由绍兴市城南城中村改造建设有限公司作出，而非由法定的市、县人民政府及其土地行政主管部门作出，即使从行政委托关系的角度考量，以绍兴市城南城中村改造建设有限公司名义作出该份《朱某云户拆迁安置方案》也不能视为越城区人民政府已对朱某云户实施了补偿安置行为。其次，拆迁安置方案针对的对象是朱某云户，而非面向整个征收范围内的被征收人。最后，从内容上看，该拆迁安置方案提出的是针对朱某云户的具体补偿措施，而非一般意义上的补偿标准。因此，涉案《朱某云户拆迁安置方案》不能等同于通常意义上的作为面向所有被征收人发布的补偿、安置方案。对该拆迁安置方案之争议，亦不能以系补偿标准争议为由，要求经政府协调后裁决处理。

——［2019］最高法行再 199 号——再审申请人朱某云、李某仙诉被申请人浙江省绍兴市越城区人民政府不履行拆迁安置法定职责一案

（二）当事人申请政府作出征收或补偿决定不可诉

是否作出征收补偿决定，由当地市、县人民政府根据公共利益的需要并严格按照法律规定程序进行，而非依据房屋所有权人的主观判断及申请。因此，征收补偿决定的作出系市、县人民政府依职权作出的行为，而非依房屋所有人的申请作出的行为。本案中，5 号楼居民向本溪市人民政府申请拆迁，不符合《国有土地上房屋征收与补偿条例》的规定，即法律未规定本溪市人民政府有依房屋所有权人申请而作出征收房屋决定的法定职责。

——［2019］最高法行申 11824 号——再审申请人辽宁省本溪市平山区南兴路 5 号楼居民诉辽宁省本溪市人民政府履行征收补偿职责及赔偿一案

行政征收是政府为了保障国家安全、促进国民经济和社会发展等公共利益需要，确需征收群众房屋时，经过规划、论证、评估、补偿等一系列法定程序后作出的行政决定。人民政府是否决定征收，如何征收，征收多少，是其基于对国家安全、公共利益考量后作出的决策，并不受人民法院的审查、监督。杨某兰提起的本案之诉不属于行政诉讼受案范围。

——［2020］最高法行申 1275 号——再审申请人杨某兰诉被申请人福建省福清市人民政府土地征收一案

（三）请求履行征地补偿标准协调职责不可诉

郭某利向西安市人民政府提出《行政协调申请》，认为西安市人民政府对其申请不予理睬，起诉请求西安市人民政府对其行政协调申请予以答复，履行法定职责，重新作出"双子户"相关政策答复。从上述事实看，郭某利在本案中主要是请求西安市人民政府履行征地补偿标准争议协调职责。行政机关对于征地补偿标准争议的协调，是指负责协调的行政机关组织土地征收部门和被征收人就征地补偿标准进行协商，以期减少和化解分歧、达成一致意见，负责协调的行政机关并不能单方作出具有法律效力的行政决定，协调本身并不对被征收人的权利义务产生实际影响。因此，被征收人起诉请求相关人民政府履行征地补偿标准争议协调职责，不属于人民法院行政诉讼受案范围。

——［2019］最高法行申 14003 号——再审申请人郭某利诉被申请人陕西省西安市人民政府履行法定职责一案

（四）政府具有为失地农民补缴养老保险的职责

被征地农民的社会保障费用，按有关规定纳入征地补偿安置费用。土地征收过程中涉及的社会保障内容是有限的。况且，社会保障本身具有独立完整的制度，养老保险是在保险人与参保人之间形成的法律关系，与征地补偿安置中涉及的政府应负的相关义务不属于同一性质的行政法律关系。本案涉及的土地征收过程中，双桥区人民政府按照征地区片价10%的要求提取被征地农民社会保障费7825万余元及社会保障风险基金1427万余元并已划入承德市双桥区财政局社保股账户，正是履行其在征地过程中妥善安置被征地农民的法定职责。

——[2018]最高法行申6423号——再审申请人河北省承德市双桥区双峰寺镇新房子村204户村民诉被申请人河北省承德市双桥区人民政府、河北省承德市人力资源和社会保障局等不履行养老保险社会保障职责一案

河北省人力资源和社会保障厅制定的7号通知规定，城中村居民参加城镇职工基本养老保险应由本人自愿申请，补缴养老保险费用由当地政府和居民共同负担（政府负担12%，个人负担8%）；申请补缴的工作流程为本人申请、村民委员会审核汇总、人事劳动保障部门出具补缴证明、当地政府及村民委员会将各自负担的资金补缴至社会保险经办机构。申请人虽主张其未能参加养老保险，被申请人未履行法定职责，但究其原因是申请人未按照《实施方案》提出申请、缴纳个人须承担的相关费用所致。

——[2018]最高法行申6040号——再审申请人上窝铺村294位村民诉被申请人河北省承德市双桥区人民政府等不履行养老保险社会保障职责一案

【实务应对】

根据司法实践关注的热点，履责之诉涉及的法律问题可以从四个方面进行分析：一是履责的内涵、程序、期限问题；二是履责的依据、程度、次数问题；三是行政机关依职权履责之诉问题；四是征地补偿履责之诉法律问题。现分述如下：

一、履责的内涵、程序、期限问题

实务应用中需要特别注意两点：一是，只有相对人对"对外履责"不服的，才可以提起履责之诉。无论"对内履责"结果如何，均不直接影响相对

人实体权益，其不具有诉权。这就排除了上级行政机关对下级行政机关、本级人民政府对所属工作部门的层级监督、内部管理职责等情形。二是，《行政诉讼法》规定在2个月内履责重在启动处理并非答复期限。申请人向行政机关提出履责申请后，行政机关什么时候告知申请人处理结果受处理时间和结论的羁束。《行政诉讼法》第47条规定的是针对当事人的相关申请行政机关2个月之内不履行法定职责的可以判决其履行或确认违法，但不能以此期间确定答复时间。同时，还应注意，紧急情况下履责期限不受限制。这里的"紧急情况"，通常强调的是时间紧迫、事项重大，而且错过了这个时间就不可逆转或者损失不可弥补的情形。例如，考试的紧迫性、人身救助需要、参加有时间限制的活动等。[1]

二、履责的依据、程度、时效问题

实务应用中需要特别注意三点：一是，相对人能够提起履责之诉的履责依据，应当是具体明确的规范或条款，不能是宏观意义上的组织法依据。这不符合严格意义上的职权法定原则。二是，履责之诉具有彻底裁判性质，行政机关应按照法院的判决积极采取措施充分、完全、足额地履行相应职责，不能敷衍应付。三是，具有强制执行权的行政机关，应在作出行政决定后及时履行强制执行职责，久拖不执行构成违法。

三、行政机关依职权履责之诉问题

从前述案例的情况来看，在征地拆迁案件中，行政机关依职权履责之诉主要涉及两个方面的问题，需要重点把握：一是，依职权履责之诉的主要类型。前述［2019］最高法行再199号、［2019］最高法行申3804号案例，明确了对征地公告和补偿安置无须提出履责申请。除此之外，启动征地拆迁程序、划定征地范围、作出征收决定、补偿决定等，也属于行政机关依职权履责的情况。二是，依职权履责的起诉期限问题。前述［2018］最高法行申9030号、［2019］最高法行申2281号案例明确，依职权履责不受起诉期限限制，特别是未履责处于持续状态下的相对人可随时起诉。除非行政机关已明确拒绝依职权履责，此时应从明确拒绝履责之日起计算起诉期限，对此

---

〔1〕 ［2017］最高法行申307号。

［2019］最高法行申 11781 号案例作了详细的阐释。

四、征地补偿履责之诉法律问题

从前述案例的情况来看，征地补偿履责之诉主要涉及两个方面的问题：一是，相对人申请政府作出征收或补偿决定不可诉。这是因为，是否进行征收、作出征收决定或者补偿决定，属于行政机关依职权履责的事项，需要行政机关根据国家安全、公共利益综合考量后进行决定，不能依据个别公民的主观判断及申请而作出。对此，［2019］最高法行申 11824 号、［2020］最高法行申 1275 号案例进行了明确："人民政府是否决定征收，如何征收，征收多少，是其基于对国家安全、公共利益考量后作出的决策，并不受人民法院的审查、监督。"〔1〕二是，政府具有为失地农民补缴养老保险费用的职责。《土地管理法》第 48 条明确规定，征收土地应当安排被征地农民的社会保障费用，且这一费用主要用于失地农民的养老保险等社会保险缴费补贴。"为失地农民办理社会保险，目前没有法律、行政法规的统一规定，地方政府制定的有效规范性文件可以作为判断政府相关行政行为合法性的根据。"〔2〕如果地方政府部门不依法履行为失地农民补缴养老保险费用的职责，失地农民可以依法提起履责之诉，法院查证情况属实的，应依法判决相关政府部门在合理期限内继续履行该项职责。

【法律法规】

《中华人民共和国行政诉讼法》

第十二条第一款　人民法院受理公民、法人或者其他组织提起的下列诉讼：……（六）申请行政机关履行保护人身权、财产权等合法权益的法定职责，行政机关拒绝履行或者不予答复的……

第七十四条第二款　行政行为有下列情形之一，不需要撤销或者判决履行的，人民法院判决确认违法：

（一）行政行为违法，但不具有可撤销内容的；

（二）被告改变原违法行政行为，原告仍要求确认原行政行为违法的；

---

〔1〕［2020］最高法行申 1275 号。
〔2〕［2018］最高法行申 6040 号。

（三）被告不履行或者拖延履行法定职责，判决履行没有意义的。

第四十七条 公民、法人或者其他组织申请行政机关履行保护其人身权、财产权等合法权益的法定职责，行政机关在接到申请之日起两个月内不履行的，公民、法人或者其他组织可以向人民法院提起诉讼。法律、法规对行政机关履行职责的期限另有规定的，从其规定。

公民、法人或者其他组织在紧急情况下请求行政机关履行保护其人身权、财产权等合法权益的法定职责，行政机关不履行的，提起诉讼不受前款规定期限的限制。

第三十八条 在起诉被告不履行法定职责的案件中，原告应当提供其向被告提出申请的证据。但有下列情形之一的除外：

（一）被告应当依职权主动履行法定职责的；

（二）原告因正当理由不能提供证据的。

《最高人民法院关于适用〈中华人民共和国行政诉讼法〉的解释》

第一条第二款 下列行为不属于人民法院行政诉讼的受案范围：……（八）上级行政机关基于内部层级监督关系对下级行政机关作出的听取报告、执法检查、督促履责等行为……

《中华人民共和国行政复议法实施条例》

第十六条第一款 公民、法人或者其他组织依照行政复议法第六条第（八）项、第（九）项、第（十）项的规定申请行政机关履行法定职责，行政机关未履行的，行政复议申请期限依照下列规定计算：

（一）有履行期限规定的，自履行期限届满之日起计算；

（二）没有履行期限规定的，自行政机关收到申请满60日起计算。

《中华人民共和国土地管理法》

第四十八条第二款 征收土地应当依法及时足额支付土地补偿费、安置补助费以及农村村民住宅、其他地上附着物和青苗等的补偿费用，并安排被征地农民的社会保障费用。

第四十八条第五款 县级以上地方人民政府应当将被征地农民纳入相应的养老等社会保障体系。被征地农民的社会保障费用主要用于符合条件的被征地农民的养老保险等社会保险缴费补贴。被征地农民社会保障费用的筹集、管理和使用办法，由省、自治区、直辖市制定。

《最高人民法院关于当事人在起诉期限届满后另行提起不履行法定职责之诉能否受理问题的答复》（［2015］行他字第1号）

安徽省高级人民法院：

你院［2014］皖行监字第00021号关于安徽省农垦建筑工程有限公司诉合肥市房地产管理局不履行法定职责一案的请示收悉。经研究答复如下：

人民法院在行政审判中一般不宜直接认定民事合同的效力，当事人认为行政行为依据的民事合同无效或者应当撤销的，应当通过民事诉讼途径解决；符合《行政诉讼法》第六十一条规定条件的，当事人也可以申请人民法院一并解决相关民事争议。

公民、法人和其他组织在起诉期限届满后，又以行政机关拒绝改变原行政行为为由，起诉行政机关不履行法定职责的，人民法院一般不予受理。但法律规范明确规定行政机关在出现新的证据等法定事由后应当改变原行政行为的除外。

第二节　确认之诉的法律问题

一、确认之诉的审理程序问题

（一）事实问题不适用确认之诉

所谓诉，是指当事人向法院提出的，请求法院就特定的法律主张或权利主张进行裁判的诉讼行为。诉的内容有两个因素，即诉讼标的与诉讼理由。诉的标的是原告依法提出的，与被告有争议并要求法院通过审判解决的法律关系及权利主张。诉的理由是原告提出诉讼请求所依据的事实，是指引起当事人之间实体法律关系发生、变更、消灭的事实或者权利受到侵害或法律关系发生争议的事实。从诉的类型看，一般可分为给付之诉、确认之诉、变更之诉。其中确认之诉在于确认当事人之间的法律关系存在或者不存在，其客体是法律关系，不包括事实和事实关系。黄某请求确认其实际借款金额为5.1亿元，利息按约定计算的诉讼请求属于事实和事实关系，不属于诉的内容，不属于人民法院审理范围。

——［2020］最高法民终258号——上诉人黄某与被上诉人陈某端、陈某辉、广州南华高尔夫俱乐部有限公司借款、担保合同纠纷一案

（二）确认无效无须经行政机关先行确认程序

一审法院认为，"确认无效诉讼必须先经行政机关确认是否无效，只有在行政机关在法定期限内不予答复或者未被确认无效的情况下，才能提起确认行政行为无效诉讼"。"由于周某生未先向行政机关申请确认征收土地行为无效，不具有请求确认行政行为无效的前提条件"，因而裁定驳回再审申请人的起诉。我国《行政诉讼法》以及其他法律、法规对此并未规定。因此，一审法院的裁判理由尽管合乎法理，却没有明确的法律依据。

—— ［2017］最高法行申 1174 号——再审申请人周某生诉被申请人湖北省汉川市人民政府确认征收土地行为无效一案

（三）不能动辄将行政协议确认无效退回原点

只有在行政协议存在重大、明显违法，违反法律法规的强制性规定，损害国家利益、公共利益及他人合法权益时才能确认其无效，否则应当认可行政协议的效力。动辄将双方经磋商达成合意的行政协议退回原点，既妨碍行政协议功能的发挥，也有悖行政协议订立目的的实现。本案中任洪某以协议签订前相关征地程序不合法主张该协议无效的理由不能成立，本院不予支持。

—— ［2020］最高法行申 2354 号——再审申请人任某浩诉被申请人湖北省赤壁市人民政府土地征收行政协议一案

二、2015 年 5 月 1 日之前的行为性质问题

（一）2015 年 5 月 1 日前的行政行为不适用确认无效

本案晏某云提起的行政诉讼请求是确认 2014 年 10 月 5 日张某奎签订与武汉市古田实业有限公司签订的《房屋拆迁补偿安置协议》无效，原审法院驳回晏某云的起诉并无不当。应当说明的是，对请求确认行政行为无效的审理属于修改后的《行政诉讼法》作出的新规定，确认行政行为无效属于实体法规则，应遵循法不溯及既往原则。该规定的法理依据在于，法不溯及既往是指法律文件的规定仅适用于法律文件生效以后的事件和行为，对于法律文件生效以前的事件和行为不适用。在修改后的《行政诉讼法》实施之前，对于当事人提起确认行政行为无效诉讼的审理缺乏实体法规则，为了节约司法资源和诉讼成本，没有必要允许其提起确认无效诉讼。但因当时允许当事人提起撤销之诉，故从实质化解行政争议、减少当事人诉累及循环诉讼的角度出发，首先需向当事人释明可将确认无效之诉变更为撤销之诉，当事人拒绝变

更的，才能不予立案或驳回起诉。

──［2019］最高法行申 7546 号──再审申请人晏某云诉被申请人湖北省武汉市人民政府等房屋拆迁协议一案

──［2019］最高法行申 4325 号──再审申请人于某诂诉被申请人辽宁省丹东市振兴区人民政府确认行政行为无效一案

──［2018］最高法行申 4738 号──再审申请人杨某茂诉被申请人湖北省利川市人民政府、利川市国土资源局土地行政征收一案

（二）不能一概以 2015 年 5 月 1 日为界认定协议的性质

一概以 2015 年 5 月 1 日时间为界认定因行政协议产生的争议是否属于行政诉讼受案范围并不确当，一个重要原因是修改前的《行政诉讼法》明确列举行政诉讼受案范围的第 11 条第 1 款在其第 8 项作了兜底规定。2004 年 1 月 14 日下发的《最高人民法院关于规范行政案件案由的通知》所附"行政行为种类"第 12 项即为"行政合同"。司法实践显示行政协议案件在较长时间内已被作为一类行政案件受理。由于行政诉讼起步较晚，司法实践亦显示存在将此类案件作为民事案件受理的做法。但不宜据此认定此类案件专属民事诉讼受案范围，毕竟行政诉讼和民事诉讼涉及的主要是人民法院内部的审判工作分工。在原告已选择行政诉讼途径，当地法院又对民事审判和行政审判的相关业务分工并不明确的场合，人民法院应将此类案件作为行政案件予以受理，而非拒之门外。

──［2020］最高法行再 105 号──再审申请人董某华诉被申请人陕西省渭南市临渭区人民政府、陕西省渭南市临渭区人民街道办事处行政协议一案

一般而言，对于 2015 年 5 月 1 日之前签订的行政协议，按照当时法律法规处理。但对于 2015 年 5 月 1 日前形成的土地、房屋行政补偿协议，由于征收补偿协议一般是行政机关履行补偿法定职责的方式，属于行政行为。且被诉协议经过贵州省织金县人民法院 ［2018］黔 0524 民初 3982 号、4651 号民事裁定认为"不属于人民法院受理民事诉讼的范围"，为充分保护当事人诉权，应予以受理。

──［2019］黔行终 1803 号──上诉人赵某义、赵某友诉被上诉人赵某群、贵州省织金县人民政府、织金县城市建设投资（集团）有限公司房屋行政协议一案

（三）当时未明确界定为民事协议的可认定为行政协议

2020年1月1日起施行的《最高人民法院关于审理行政协议案件若干问题的规定》第28条第2款规定："2015年5月1日前订立的行政协议发生纠纷的，适用当时的法律、行政法规及司法解释。"案涉招商协议约定蚌埠广荣电力工程有限公司（以下简称"广荣公司"）将公司注册地迁至蚌山区辖区，并确保在蚌山区依法纳税，蚌山区人民政府优惠提供开办电力工程器材超市及商住楼建设用地等。该协议系蚌山区人民政府为实现公共服务目标，与广荣公司协商订立的具有行政法上权利义务内容的协议，其性质属于行政协议。2015年5月1日前的法律法规及司法解释未明确规定招商协议属于民事协议，本案招商协议也未约定选择民事诉讼或仲裁程序解决纠纷。在此情况下，法院应当尊重当事人对诉讼类型的选择权。因此，广荣公司提起本案履行招商协议之诉，法院应当予以受理。一、二审法院以不属于行政诉讼受案范围为由，裁定驳回起诉，错误。

——［2020］最高法行再16号——再审申请人蚌埠广荣电力工程有限公司诉被申请人安徽省蚌埠市蚌山区人民政府履行招商协议一案

无法律、法规、规章授权的行政主体签订的行政协议，将可能因合同归于无效而无法得到履行。有权签订出让合同的出让主体只能是清远市国土资源局。横荷街道办事处与清城区人民政府均不具备签订国有建设用地使用权出让合同的签约主体资格和行政职权。因此，《协议》对国有土地使用权出让的约定应视为自始不能且违反《土地管理法》强制性规定，应属无效。同时，《协议》未经竞争性程序出让商住用地，亦明显违反法律规定，损害公平竞争权人利益与社会公共利益。故《协议》不能成为清远盛兴投资有限公司主张国有建设用地使用权的依据，有关国有土地使用权出让的内容属无效约定。

——［2020］最高法行申3832号——再审申请人清远盛兴投资有限公司诉被申请人广东省清远市清城区人民政府行政协议一案

案涉法律行为发生当时，法律并未明确规定政府与法人之间关于棚户区改造形成的协议关系及其履行产生的纠纷属于民事案件，尽管该类协议在前述法律及司法解释实施前，因具备民事合同的部分特征存在通过民事诉讼予以救济的情形，但并未将该类纠纷排除在行政诉讼范围之外。且结合案涉项目公益性及政策连贯性的实际情况，本案通过行政诉讼予以救济，更利于社会公共利益与协议相对方合法权益的平衡，行政诉讼审判规则及后续执行措施亦更能确保亚泰房地产开发有限公司权益得以及时实现。故原审法院认定本案不属于民事案件受理范围，妥当。

——〔2020〕最高法民申 7046 号——再审申请人吉林市亚泰房地产开发有限公司诉被申请人吉林省吉林市人民政府民间借贷纠纷申请再审一案

三、确认无效之诉的诉讼时效问题

（一）确认无效之诉不受民事诉讼时效的限制

确认之诉表现为当事人以提出请求的方式要求国家裁判机关对相关民事法律关系存在与否作出裁判，但确认请求权属于程序请求权，而非实体请求权，更非债权请求权。在确认之诉中，诉讼对方不负有承认的义务。确认之诉既然仅是由国家裁判机关对诉争的民事法律关系存在与否作出司法裁判，自然也就不存在通过强制执行方式强制诉讼对方当事人履行判决主文内容的必要。相应地，诉讼法意义上的程序请求权，自无适用诉讼时效的余地。本案并非给付之诉，北京盈电电气有限公司作为确认之诉的相对方，无权援引诉讼时效进行抗辩。而且，结合前述关于"当事人可以对债权请求权提出诉讼时效抗辩"的规定以及《民法总则》第 196 条关于相关请求权不适用诉讼时效的规定可知，当事人请求人民法院确认合同不成立，自始不生效不属于诉讼时效制度的规制范畴。原审法院对陈某生所提诉讼请求适用诉讼时效的规定，并进而认定其起诉已超过诉讼时效，系认定错误，本院依法纠正。

——〔2019〕最高法知民终 947 号——上诉人陈某生与被上诉人北京盈电电气有限公司确认合同无效纠纷一案

（二）确认无效之诉不受行政诉讼起诉期限的限制

最高人民法院对十三届全国人大一次会议第 2452 号建议的答复

您提出的关于完善确认行政行为无效案件制度设计破解审理困境的建议收悉，经商全国人大常委会法工委，现答复如下：

2015 年修正后的《中华人民共和国行政诉讼法》第 75 条规定，行政行为有实施主体不具有行政主体资格或者没有依据等重大且明显违法情形，原告申请确认行政行为无效的，人民法院判决确认无效。这条规定将确认无效的判决方式从司法解释上升到法律的高度，从立法上补充了行政诉讼的判决种类。

关于确认无效诉讼的起诉期限问题。对行政行为提起确认无效之诉是否要受到起诉期限的限制，在《中华人民共和国行政诉讼法》修正后的法律规定及司法解释中均没有明确规定。我们倾向于认为提起确认行政行为无效之诉不受起诉期限的限制，行政相对人可以在任何时候请求有权国家机关确认该行为无效。这也与最高人民法院出台的司法解释的观点立场一致。根据《最高人民法院关于适用〈中华人民共和国行政诉讼法〉的解释》第162条的规定，公民、法人或者其他组织对2015年5月1日之前作出的行政行为提出诉讼，请求确认行政行为无效的，人民法院不予立案。行政行为无效属于实体法规则，按照实体从旧原则，该无效规定不具有溯及力，只有行政诉讼法修法颁布施行后发生的行政行为，才适用无效的规定。因此，行政相对人提起确认无效诉讼只能针对2015年5月1日之后作出的行政行为提出。上述司法解释第94条第2款还规定，公民、法人或者其他组织起诉请求确认行政行为无效，人民法院审查认为行政行为不属于无效情形，经释明，原告请求撤销行政行为的，应当继续审理并依法作出相应判决；原告请求撤销行政行为但超过法定起诉期限的，裁定驳回起诉；原告拒绝变更诉讼请求的，判决驳回其诉讼请求。法院审理行政案件遵循先程序后实体原则。先审查起诉是否符合法定条件，再进行合法性审查。在法院裁判之前，行政行为的效力实际上是待定的。行政相对人针对一个行政行为提起确认无效之诉，人民法院应当以确认无效之诉不受起诉期限限制为前提，直接进入实体审理，如果出现最终认定行政行为并非无效的情况，不再以超过起诉期限为由裁定驳回当事人的起诉，而应当判决驳回当事人的诉讼请求。无效行政行为的根本特征是自始无效，这就决定了在任何情况下，一个自始无效的行政行为都不可能通过期限被耽误，而获得一种"确定力"。相对人请求法院确认行政行为无效，也须在起诉期限内向法院提出，这实际上是混淆了"重大且明显违法"的无效行为与一般违法行为。

关于诉判不一的问题。诉判一致是指人民法院作出的判决种类应当与当事人的诉讼请求相互对应，不应超出当事人的诉讼请求。关于行政相对人提起的确认无效诉讼中，如何做到诉判一致，《最高人民法院关于适用〈中华人民共和国行政诉讼法〉的解释》第94条已对此作了明确规定，即"公民、法人或者其他组织起诉请求确认行政行为无效，人民法院审查认为行政行为不属于无效情形，经释明，原告请求撤销行政行为的，应当继续审理并依法作出相应判决；原告请求撤销行政行为但超过法定起诉期限的，裁定驳回起诉；原告拒绝变更诉讼请求的，判决驳回其诉讼请求"。

关于无效行政行为为基础的法律行为的效力问题。虽然无效行政行为自始不发生效力，但是该无效行政行为通常具有有效性的外观和公定力，在该行为的存续期间，或衍生出其他行为和法律关系。该行为被确认无效后，必然涉及对后续行为、法律关系及由此形成的利益，如何进行法律上处理的问题。在无效行政行为的基础上衍生出来的其他法律关系，如果无限期地处于可以被攻击的状态，显然不利于法的安定性以及社会秩序的稳定。我们倾向认为，行为被确认无效后，相对人已经取得利益应当被收回，其负担的义务应当被解除。如果无效行政行为由行政相对人欺诈等恶意导致，则即使该行为造成一定损坏，也不予赔偿。如果基于公共利益和个人利益，依法确有必要设定权利义务关系，则应当作出其他行政行为来替换。因此，对行政行为宣告无效后，不应对后续行为一律还原到初始状态，应当审慎进行利益衡量，尤其是要考虑无效行政行为涉及善意第三人利益或已经建立的稳定的社会秩序等因素。

感谢您对人民法院工作的关心和支持。

2018 年 9 月 10 日

行政协议属于行政行为的一种，修正后的《行政诉讼法》新增了有关无效行政行为的规定，尤其是无效行政行为不受起诉期限的规定。但《最高人民法院关于适用〈中华人民共和国行政诉讼法〉的解释》又明确规定对发生在新修正的《行政诉讼法》之前的行政行为提起确认无效的诉讼，人民法院不予立案。因此，关于当事人提起行政协议诉讼，请求确认行政协议无效的，既涉及行政协议的起诉期限，又涉及无效行政行为的起诉问题，其法律适用显得更为复杂，在司法实务中容易出现不同认识。事实上，严格适用"二分法"之规则，可以得出较为统一的结论：行政协议相对人请求对行政协议效力确认无效的，此时适用诉讼时效制度，不考虑其起诉期限问题。行政相对人请求对行政主体单方解除、变更行政协议的行政决定确认无效的，此时可以根据《最高人民法院关于适用〈中华人民共和国行政诉讼法〉的解释》的法律精神予以处理，即新法之前作出单方决定的，不予立案；新法之后作出单方决定的，不受起诉期限的限制，经审查认为不符合无效情形的，再对其起诉期限进行审查。

——章文英："最高人民法院关于审理行政协议案件若干问题的规定理解与适用"，转自："话说民告官"公众号

（三）无效转撤销之诉受起诉期限的限制

重大且明显违法的行政行为即无效行政行为，自始、绝对无效，不因时间推移而具有合法效力。当事人对 2015 年 5 月 1 日之后作出的行政行为可以随时提起确认无效请求，不受起诉期限限制。同时，为避免出现当事人滥用确认无效诉讼请求以规避起诉期限制度的情况，原告一方应当对被诉行政行为属于无效情形举证，被告一方亦可提出证据否定对方主张。人民法院应当对行政行为是否属于无效情形进行审查，认为行政行为属于无效情形的，则不受起诉期限限制；认为行政行为不属于无效情形的，应当向原告予以释明。经释明，原告变更请求撤销行政行为的，应当继续审理并审查是否符合撤销之诉的起诉期限规定，超过法定起诉期限的，裁定驳回起诉；原告拒绝变更诉讼请求的，判决驳回其诉讼请求。

—— [2020] 最高法行再 341 号——再审申请人王某荣诉被申请人吉林省长春市绿园区人民政府确认征补协议无效一案

在行政行为虽然存在一定程度的违法但并未达到"重大且明显违法"的情况下，人民法院也不是一概会转而作出撤销判决或者确认违法判决，其前提必须是在其提起确认无效之诉时尚没有超过撤销之诉的法定起诉期限。否则，提起确认无效之诉就会成为规避撤销之诉起诉期限的"武器"。

—— [2018] 最高法行申 4773 号——再审申请人魏某娥诉被申请人湖北省利川市人民政府、利川市国土资源局土地行政征收一案

【实务应对】

从司法实践反馈的情况来看，因征地拆迁引起的确认之诉主要涉及四方面的法律问题：一是确认之诉的审理程序问题；二是确认之诉的审查标准问题；三是 2015 年 5 月 1 日之前的行为性质问题；四是确认之诉的诉讼时效问题。实务应用中应注意如下要点问题：

一、确认之诉的审理程序问题

第一，确认之诉的客体只包括法律关系，不包括事实问题或事实关系。

如果当事人要求确认事实问题或事实关系，则不属于确认之诉的审理范围，法院不应予以受理。该问题在前述〔2020〕最高法民终258号判例中进行了明确，实践中应多注意。

第二，相对人启动确认无效之诉，不需要先经行政机关确认是否无效，也不需要行政机关法定期限内不予答复或未被确认无效。具体参见前述〔2017〕最高法行申1174号判例。

第三，不能动辄将行政协议确认无效退回原点。〔2020〕最高法行申2354号判例明确，动辄将双方经磋商达成合意的行政协议退回原点，既阻碍行政协议功能的发挥，也有悖行政协议订立目的的实现。

二、确认之诉的审查标准问题

法院在审查行政行为确认无效之诉时，应严格审查并按照《行政诉讼法》第75条规定的"重大且明显违法"的标准进行审查，如不具有行政主体资格、增加义务减损权益没有法律依据、行为内容客观上无法实施等。如果不存在上述情况，不能动辄将行政行为确认无效退回原点。特别是在有关行政协议案件的审查中，"动辄将双方经磋商达成合意的行政协议退回原点，既妨碍行政协议功能的发挥，也有悖行政协议订立目的的实现"。[1]

三、2015年5月1日之前的行为性质问题

第一，2015年5月1日前的行政行为原则上不适用确认无效之诉。《最高人民法院关于适用〈中华人民共和国行政诉讼法〉的解释》第162条对此有着明确规定。因此，实务应用中应及时审查涉诉的行政行为发生的时间节点，对于发生在2015年5月1日前的行政行为不能提起确认无效之诉。

第二，行政协议具有特殊性，应灵活把握，不能一概以2015年5月1日为界认定其性质。2015年5月1日之前的协议性质以及审查方式，应尊重当时法律的规定。对于实践中存在的已认定为行政协议的做法应予尊重，如土地、房屋行政补偿协议，有的法院就明确认为"不属于人民法院受理民事诉讼的范围"。[2]

---

〔1〕　〔2020〕最高法行申2354号。
〔2〕　〔2018〕黔0524民初3982号、〔2018〕黔0524民初4651号。

第三，当时未明确界定为民事协议的可认定为行政协议。[2020] 最高法行再 16 号、[2020] 最高法行申 3832 号、[2020] 最高法民申 7046 号等判例明确，对于具有行政法上权利义务内容的招商引资协议、国有土地使用权出让协议、棚户区改造协议等，在相关法律法规没有明确界定为民事协议的情况下，应尊重当事人对诉讼类型的选择权。

四、确认之诉的诉讼时效问题

对于该问题的判断，在实务中应注意适用"两分法"。一是，从民事诉讼时效的角度来看，[2019] 最高法知民终 947 号判例明确，确认合同无效之诉不受诉讼时效的限制。因此，相对人对行政机关不依法履行、未按照约定履行行政协议提起确认无效诉讼的，也不应受民事诉讼时效的限制。二是，从行政诉讼起诉期限的角度来看，《最高人民法院对十三届全国人大一次会议第 2452 号建议的答复》明确，无效行政行为的根本特征是自始无效，这就决定了在任何情况下，一个自始无效的行政行为都不可能通过期限被耽误，而获得一种"确定力"。因此，确认无效之诉也不应受行政诉讼起诉期限的限制。三是，这里应特别注意的是无效转撤销之诉应受起诉期限的限制。"否则，提起确认无效之诉就会成为规避撤销之诉起诉期限的'武器'"。[1]对此，《最高人民法院关于适用〈中华人民共和国行政诉讼法〉的解释》第 94 条第 2 款有着明确的规定，应首先予以适用。

【法律法规】

《中华人民共和国行政诉讼法》

第七十五条 行政行为有实施主体不具有行政主体资格或者没有依据等重大且明显违法情形，原告申请确认行政行为无效的，人民法院判决确认无效。

《最高人民法院关于适用〈中华人民共和国行政诉讼法〉的解释》

第九十四条 公民、法人或者其他组织起诉请求撤销行政行为，人民法院经审查认为行政行为无效的，应当作出确认无效的判决。

公民、法人或者其他组织起诉请求确认行政行为无效，人民法院审查认

---

[1] [2018] 最高法行申 4773 号。

为行政行为不属于无效情形，经释明，原告请求撤销行政行为的，应当继续审理并依法作出相应判决；原告请求撤销行政行为但超过法定起诉期限的，裁定驳回起诉；原告拒绝变更诉讼请求的，判决驳回其诉讼请求。

第九十九条　有下列情形之一的，属于行政诉讼法第七十五条规定的"重大且明显违法"：

（一）行政行为实施主体不具有行政主体资格；

（二）减损权利或者增加义务的行政行为没有法律规范依据；

（三）行政行为的内容客观上不可能实施；

（四）其他重大且明显违法的情形。

第一百六十二条　公民、法人或者其他组织对 2015 年 5 月 1 日之前作出的行政行为提起诉讼，请求确认行政行为无效的，人民法院不予立案。

《最高人民法院关于审理行政协议案件若干问题的规定》

第二十五条　公民、法人或者其他组织对行政机关不依法履行、未按照约定履行行政协议提起诉讼的，诉讼时效参照民事法律规范确定；对行政机关变更、解除行政协议等行政行为提起诉讼的，起诉期限依照行政诉讼法及其司法解释确定。

第三节　撤销之诉的法律问题

一、撤销判决应是法院裁判的最后选项

并非行政行为违法只能判决撤销，如果行政行为违法，同时还符合确认违法、确认无效或者给付、限期履行、变更等判决形式之一适用条件的，应当适用其他判决方式作出判决，不得判决撤销。撤销判决是在行政行为违法的情况下人民法院最后的选项。同时，人民法院在适用各类判决方式时，应当在全面审查被诉行政行为合法性的基础上，切实保护公民、法人和其他组织的合法权益，依照各类判决方式的法定条件，不受原告诉讼请求和理由限制，依法作出最有利于争议实质解决的判决。[1]

---

〔1〕　郭修江：《行政诉讼判决方式的类型化——行政诉讼判决方式内在关系及适用条件分析》，载《法律适用》2018 年第 11 期，第 16~17 页。

二、行政机关自行撤销应有充分的理由和依据

行政机关具有自我纠错的职责。从严格依法行政的角度而言，对于所有有瑕疵的行政行为，都可以通过撤销的方式予以纠正。但是从行政效率和效益的角度考虑，基于保护行政相对人的信赖利益和减少行政争议的考量，行政机关应当采取足够审慎的态度，只有在瑕疵足以影响到实质处理结果时，才采用撤销的方式进行纠错。

——［2018］最高法行再65号——再审申请人易某明、易某兰、易某诉被申请人湖南省溆浦县人民政府等土地行政登记一案

只有在该行政行为的瑕疵足以影响到实质处理结果时，才采用撤销的方式进行纠错。对于行为仅存在轻微瑕疵但并不影响实质处理结果且对利害关系人权利不产生实际影响，或者通过补正等事后补救方式可以"治愈"的瑕疵，或者撤销行政行为可能会给国家利益、社会公共利益造成重大损失的，则应当考虑采取其他方式进行纠错。

——［2019］最高法行再3号——再审申请人潮州市金亨鞋业工贸有限公司等诉被申请人广东省潮州市人民政府、黄某怀等行政复议一案

三、撤销骗取的行政许可决定不受期限限制

2017年5月29日，新化县人民政府作出新政决［2017］1号《关于撤销新政国土石冲口镇字［2008］89号城乡居民建设用地许可证的决定》（以下简称《决定》），认定蔡某长在申请办理许可证过程中，为达到少交办证费用目的，采取欺骗手段用他人的空闲地办理许可证，实际占用水田新建房屋及附属设施，根据《行政许可法》第69条第2款的规定，撤销蔡某长于2008年5月19日取得的89号许可证。《行政处罚法》规定的2年处罚时效，是对行政机关追究行政相对人违法行为法律责任、实施行政处罚的追诉时间限制。本案中《决定》是因申请人采取欺骗的不正当手段获取行政许可，依据《行政许可法》作出的撤销决定，是一种行政纠错行为，并非行政处罚，自然也不违反"一事不再罚"原则。

——［2019］最高法行申12526号——再审申请人蔡某长诉被申请人湖南省新化县人民政府及原审第三人蔡建勤土地行政许可一案

四、补偿决定存在漏项并非一律判决撤销重作

北镇市人民政府未与宣某库就房屋补偿安置达成补偿协议，依照评估价格作出补偿决定未违反法律法规规定。二审法院经审理发现补偿决定存在漏项，在北镇市人民政府及时作出补充认定，且宣某库认可补充认定的情况下，虑及撤销补偿决定并责令北镇市人民政府重作会给当事人造成诉累、增加诉讼成本，且不利于及时化解纠纷，遂判决驳回上诉，维持一审判决，并无不当。

——［2020］最高法行申 8952 号——再审申请人宣某库诉被申请人辽宁省北镇市人民政府征收补偿决定一案

【实务应对】

从该部分案例，我们可以总结出撤销判决在司法实践中适用的几个基本规则：

第一，撤销判决应做最后保留选项之适用。最高人民法院行政审判庭副庭长郭修江，对此有比较明确的意见，认为撤销判决是在行政行为违法的情况下，人民法院最后的选项。这符合比例原则，实践中适用时我们应注意把握该项要求。对于存在轻微瑕疵但并不影响实质处理结果且对利害关系人权利不产生实际影响等情形的，可以先采取确认违法、变更等判决形式。

第二，撤销的主体并不限于司法机关，行政机关也可以自行撤销。从信赖保护原则来看，行政机关不能随意撤销作出的行政决定，如果确需自行撤销应有充分的理由和依据，会对合法信赖利益相对人造成损失的，还应依法予以补偿。

第三，撤销是否具有期限的限制，需要具体问题具体分析。现行法律框架下，行政机关具有自我纠错权，这是一种主动、自行、依职权的纠错权力，纠正错误的行政行为，撤销作出的行政决定，通常没有具体期限的限制。特别是，撤销事由是基于相对人的过错（如欺骗、贿赂等）造成时，行政机关随时发现就可以随时撤销。

第四，行政决定存在遗漏事项的并非一律判决撤销。征收补偿决定涉及面积、价值、物品、装修、搬迁等内容，作出的程序也比较复杂，政府需要虑及的事项比较多，在主要内容明确、基本事项已经涵盖的情况下，不宜动

辄撤销。特别是，虽然补偿决定存在漏项，但政府已经及时作出补充认定的情况下，为避免给当事人造成诉累、增加诉讼成本，法院可以不撤销征收补偿决定书。

【法律法规】

《山东省行政程序规定》

第一百二十八条 行政机关违反本规定的，应当依职权或者依公民、法人和其他组织的申请自行纠正。

监察机关、上级行政机关、政府法制机构对投诉、举报和监督检查中发现的违反本规定的行为，应当发出《行政监督通知书》，建议自行纠正，有关行政机关应当在 30 日内将处理结果向监督机关报告。

有关行政机关不自行纠正的，由监督机关依照职权分别作出责令补正或者更正、责令履行法定职责、确认违法或者无效、撤销等处理。

第一百三十三条 行政决定有下列情形之一的，应当撤销：

（一）主要事实不清、证据不足的；

（二）适用依据错误的；

（三）违反法定程序的，但是可以补正或者更正的除外；

（四）超越或者滥用职权的；

（五）应当撤销的其他情形。

撤销行政决定可能对公共利益造成重大损害的，不予撤销；但是行政机关应当自行补救或者由有权机关责令其补救。行政决定被撤销的，行政机关可以依法重新作出。

第四节 复议之诉的法律问题

一、复议前置案件未实体处理不能诉原行政行为

复议前置案件经过复议程序实体处理，才能视为经过复议。复议机关对复议申请不予答复，或作出程序性驳回复议申请的决定，不能视为已经经过复议，未经复议当然不能直接对原行政行为提起行政诉讼。当事人只能对复议机关的不予答复、不予受理行为依法提起行政诉讼，无权直接起诉原行政

行为。

——［2019］最高法行申 11287 号——再审申请人肖某干诉被申请人广西壮族自治区百色市人民政府等土地确权行政裁决一案

——［2019］最高法行申 11288 号——再审申请人吴某兴诉被申请人广西壮族自治区百色市人民政府等土地确权行政裁决一案

二、原行政行为与不予受理复议决定不能一并起诉

复议机关的不作为行为既包括逾期未作出复议决定的消极不作为，也包括以明示方式不予受理的积极不作为。在复议机关不予受理复议申请的情况下，当事人有两种法律救济手段可以选择，一是直接起诉原行政行为，二是起诉复议机关不作为。但该两种救济手段不能同时进行，而应选择其一。如果同时起诉原行政行为和复议机关不作为，就会违反一事不再理原则，造成人民法院和复议机关的重复劳动。更为重要的是，这样做还违反了司法最终原则。当事人同时起诉不予受理复议决定和原行政行为的，受诉人民法院应当引导当事人起诉原行政行为。因为可能对当事人合法权益造成侵害的，实质上仍是原行政机关的行政行为或者不作为，并且直接起诉原行政行为还有利于从根本上解决行政争议。

——［2019］最高法行申 13691 号——再审申请人王某保诉被申请人山东省莒南县人民政府政府信息公开及山东省临沂市人民政府行政复议一案

——［2018］最高法行申 6714 号——再审申请人广东省广州市增城区永宁街公安村公安二经济合作社诉被申请人广东省广州市人民政府行政复议申请一案

三、行政复议禁止不利变更的例外情形

行政复议禁止不利变更原则体现了"申辩不加重"的本意，即要求行政复议机关不得因当事人申辩而加重处罚。但是行政复议禁止不利变更原则的适用也存在例外情形。在行政处罚案件中，排除禁止不利变更原则适用包括但不限于以下情形：一是被侵害人及被处罚人同为复议申请人；二是被侵害人或被处罚人申请了行政复议，另一方作为第三人在复议程序中存在有意识地默示申请撤销处罚决定的行为。本案中，肖某春系复议程序中的申请人，被处罚人王某系第三人。王某虽非申请人，但其在复议程序中明确主张未殴

打肖某春、肖某春存在作伪证等情形，因此可以认定王某并不认可《行政处罚决定》，且已提出申辩，符合默示申请撤销《行政处罚决定》，并未违反禁止不利变更原则。遂驳回肖某春的再审申请。

——［2019］最高法行申 4324 号——再审申请人肖某春诉被申请人辽宁省辽阳市人民政府行政复议决定申请再审一案

四、复议中止超过合理期限可提起履责之诉

二审法院将再审申请人陈某宽等 5 人请求判决确认山东省人民政府不履行法定职责违法的诉讼请求，等同于请求撤销中止复议行为的诉讼请求，这一推定缺乏说服力。一审法院认为山东省人民政府行政复议程序依法中止，至今尚未终结，对陈某宽等 5 人的权利义务不产生实际影响，这一认定难以成立。山东省人民政府于 2011 年 7 月 18 日作出《行政复议中止通知书》，中止复议审理后，至今尚未作出复议决定，虽然法律没有明确规定中止期限，但山东省人民政府未作释明将中止期限延续至今，明显超过了合理的期限，造成陈某宽等 5 人获得法律救济的复议请求权不能在合理的期限得以实现，已经对陈某宽等 5 人的合法权益产生了实际影响，陈某宽等 5 人的复议请求权应当得到复议机关的尊重和保障。

——［2017］最高法行申 3680 号——再审申请人陈某宽等 5 人诉被申请人山东省人民政府未对中止的行政复议恢复审理一案

五、不履行复议决定的行为不属复议诉讼范围

本案问题出在——江岸区人民政府没有履行复议决定，其实也正是因为行政复议决定的履行问题而引起的。《行政复议法》第 32 条第 2 款、第 37 条对被申请人不履行或者无正当理由拖延履行行政复议决定的救济，规定了行政系统内部的监督渠道。法律并没有赋予行政复议申请人要求启动这一内部监督程序的权利，更没有赋予行政复议申请人针对行政复议机关负责法制工作的机构的答复行为向更高一级的行政机关再次申请行政复议的权利。

——［2018］最高法行申 3316 号——再审申请人李某英诉被申请人湖北省人民政府不履行行政复议法定职责一案

《行政复议法》第 32 条规定，被申请人应当履行行政复议决定。被申请人不履行或者无正当理由拖延履行行政复议决定的，行政复议机关或者有关

上级行政机关应当责令其限期履行。根据上述法律规定，被申请人不履行复议决定的，应由行政复议机关或者上级行政机关责令其履行，不属于行政诉讼受案范围。本案中，苏某认为哈尔滨市公安局香坊分局不履行哈尔滨市人民政府行政复议决定，遂提起行政诉讼的，该请求不属于行政诉讼受案范围。

——［2020］最高法行申 3489 号——再审申请人苏某与被申请人黑龙江省哈尔滨市人民政府行政纠纷一案

六、复议维持是实质审查原行为的合法性

分辨驳回复议申请或者复议请求是否属于对原行政行为的"维持"，关键要看复议决定是否对原行政行为的合法性进行了实质审查判断。如果复议机关仅仅是以"复议申请不符合受理条件"为由驳回，因没有对原行政行为的合法性进行实质审查判断，不能定性为"维持"。如果复议机关以被申请的行政行为不存在为由驳回复议申请或者驳回复议请求，就不属于对原行政行为的"维持"，因为一个并不存在的行政行为无从维持。

——［2018］最高法行申 2965 号——再审申请人高某中诉被申请人河南省西华县人民政府行政复议决定一案

七、复议决定已生效但不影响其他人再次复议

本案中，张某富因不服浙江省人民政府作出的《浙江省建设用地审批意见书》申请行政复议，浙江省人民政府以已另案对该审批意见书作出行政复议决定为由，告知张某富不予重复处理。我国《行政复议法》及其实施条例并未明确规定行政复议决定对同一行政行为评判后，其他当事人不得针对该行为另行申请行政复议，浙江省人民政府以受生效复议决定羁束为由对张某富的复议申请不予受理不当。同时，其他当事人在接受该行政复议决定效力约束的情况下，如果该复议决定没有受人民法院作出的生效裁判的羁束，仍然可以提起行政诉讼。

——［2019］最高法行申 14299 号——再审申请人张某富诉被申请人浙江省人民政府行政复议一案

八、复议机关不宜对民事合同效力作出直接认定

广西壮族自治区人民政府根据李某申请，对贵港市人民政府将涉案土地

划拨给李某珍的具体行政行为进行审查，涉及对其与王某健签订的《宅基地转让协议书》一并审查。但此种审查，应系将《宅基地转让协议书》作为证据审查，即主要审查其在证据意义上的真实性、合法性和关联性。合同当事人对《宅基地转让协议书》的效力与应否履行发生争议的，一般应当通过提起民事诉讼或者申请仲裁机构仲裁认定，行政机关在审查过程中一般不宜对合同是否有效直接作出认定。广西壮族自治区人民政府既不推定《宅基地转让协议书》有效，又未中止复议程序，而是在广西壮族自治区人民政府作出的桂政行复〔2015〕68号《行政复议决定书》中直接认定王某健与李某珍之间的划拨土地转让行为"违法"，实际上否认了《宅基地转让协议书》的效力，超越了法定职权，应予纠正。

——〔2019〕最高法行再184号——再审申请人李某珍诉被申请人广西壮族自治区人民政府及原审第三人李某、王某健行政复议一案

九、经复议的行政行为并非均具有可诉性

（一）不应受理的案件不因经复议程序就有诉权

《最高人民法院关于适用〈中华人民共和国行政诉讼法〉的解释》第136条第7款规定："原行政行为不符合复议或者诉讼受案范围等受理条件，复议机关作出维持决定的，人民法院应当裁定一并驳回对原行政行为和复议决定的起诉。"本案中，因《关于金桥管理区金家屯村征地补偿安置方案的批复》不属于行政诉讼受案范围，营口市人民政府作出的维持决定，也并不对其权利义务产生影响。故一审法院裁定不予立案，二审法院裁定驳回上诉，维持原裁定，并无不当。

——〔2019〕最高法行申7794号——再审申请人刘某芬诉安置补偿方案批复及复议决定一案

对明显不属于复议范围的申诉事项申请行政复议，复议机关作出的不予受理或驳回复议申请的决定，实质仍然是对申诉上访事项的不予受理行为，对当事人的权利义务不产生实际影响，当事人不服复议机关作出的不予受理或驳回复议申请决定提起行政诉讼的，不属于行政诉讼的受案范围，人民法院应当依法裁定不予受理，已经受理的裁定驳回起诉。

——〔2019〕最高法行申3602号——再审申请人孔某萍诉被申请人广东省东莞市人民政府驳回行政复议申请行为一案

（二）不符合受理条件的复议决定的处理

复议机关受理不符合申请条件的复议申请并作出相应复议决定的行为，不符合法律规定。当然，对此情况也要进行区分并作出不同的处理。如果复议机关对于不符合申请条件的复议申请予以受理，并作出维持原行政行为的复议决定，实质上是对当事人对原行政行为申诉的重复处理行为，对申请人的权利义务不会产生实际影响。申请人对复议决定提起行政诉讼，人民法院应当裁定不予立案或者驳回起诉。如果复议机关受理不符合申请条件的复议申请后，认为原行政行为根据的事实或法律状态发生变化，或者出现了足以推翻原行政行为的新证据，进而作出复议决定自行撤销或废止原行政行为，此时属于行政机关自行纠错的行为，人民法院应当予以尊重并可以对该纠错行为进行实体审查。

——［2019］最高法行再 3 号——再审申请人潮州市金亨鞋业工贸有限公司等诉被申请人广东省潮州市人民政府、黄某怀等行政复议一案

（三）诉请维持有利的复议决定法院不应受理

再审申请人却针对这个对其有利的复议决定提起了行政诉讼。其诉讼请求竟然是要求法院维持该复议决定书撤销行政处罚决定的主文，只是变更复议决定的部分理由。请求维持一个对其有利的复议决定，既无必要，也不见于各种具体诉讼请求的列举以及各种判决方式。司法资源毕竟有限，有限的司法资源应当真正用于解决那些确有权利保护需要的请求。对于明显缺乏权利保护需要的起诉，人民法院不能仅仅因为其是行政程序或者复议程序的相对人，就当然地认可其诉权。正确的做法应当是不予立案或者裁定驳回起诉，没有必要任由没有实际意义的起诉进入审理程序。

——［2017］最高法行申 4726 号——再审申请人尚某琴诉被申请人河南省郑州市金水区人民政府行政复议一案

【实务应对】

通过前述的案例，对于行政复议案件的司法审查我们可以总结出如下几点规则或经验：

第一，复议程序方面。一是，对于复议前置案件，只有经过实体审理才是真正对原行政行为作出了评判，才能认为原行政行为的实体问题经过了行政复议程序。复议机关未经实体审理，比如对复议申请逾期不予答复，又如

不符合受理条件程序性驳回复议申请，均不能认为复议机关对原行政行为进行了处理，即不能认为原行政行为经过了复议机关的实体处理程序。此时，相对人只能对复议机关的不予处理或程序性驳回申请提起行政诉讼，不能直接起诉原行政行为。[1]当然，如果不是复议前置案件，复议机关作出不予受理决定的话，相对人既可以直接起诉原行政行为，也可以起诉复议机关不作为，但这两种手段不能同时进行只能选择其一。否则就违反了一事不再理原则和司法最终原则。从实践观点来看，如果相对人坚持两个都起诉的话，应引导其直接起诉原行政行为。因为原行政行为才是对其权益造成直接、根本影响的行为，对其直接进行审查有利于从根本上解决行政争议。[2]二是，复议变更问题。行政复议禁止不利变更的例外情形应作出明确限制，不宜扩大化适用。即，主要适用于行政处罚案件中，而且限于被侵害人及被处罚人同为复议申请人，或者被侵害人或被处罚人申请了行政复议，另一方作为第三人在复议程序中存在有意识地默示申请撤销处罚决定的行为。[3]三是，复议中止问题。从正当法律程序出发，应具有一定期限限制，久拖不决影响当事人复议权的实现，司法机关对这种情况不应支持，而应作出明确判断。[4]四是，复议履行问题。复议申请人不履行复议决定时，行政机关可以自行强制执行或者申请法院强制执行。但是，行政机关不履行复议决定时，只能由行政系统内部进行监督，复议申请人不能向法院提起履责之诉。[5]

第二，复议决定方面。一是，复议维持应是实质审查原行为的合法性。如果只是以不符合条件等进行程序性驳回或不予受理，这种情况就不能定性为"维持"。二是，关于复议决定的效力，复议决定已生效并不影响其他当事人再次复议，除非该行政复议决定已经过司法审查。例如，浙江省人民政府以复议的行政行为已受其他生效行政复议决定羁束为由，对张某富的复议申请不予受理不当。[6]三是，对于复议案件中涉及民行交叉问题，复议机关不宜对民事问题的效力作出直接认定，应告知当事人另行提起民事诉讼或者暂

---

〔1〕〔2019〕最高法行申 11287 号。
〔2〕〔2019〕最高法行申 13691 号。
〔3〕〔2019〕最高法行申 4324 号。
〔4〕〔2017〕最高法行申 3680 号。
〔5〕〔2020〕最高法行申 3489 号。
〔6〕〔2019〕最高法行申 14299 号。

时中止复议程序，如果复议机关进行实质性审查判断则属于超越职权。[1]四是，复议决定并非均具有可诉性，当事人提起的复议明显不属于复议范围，其对复议决定不服再行提起行政诉讼的，不属行政诉讼受案范围。[2]五是，诉请法院维持对其有利的复议决定不具有可诉性。因为"请求维持一个对其有利的复议决定，既无必要，也不见于各种具体诉讼请求的列举以及各种判决方式"。[3]

【法律法规】

《中华人民共和国行政复议法》（2017 年修正）

第十九条　法律、法规规定应当先向行政复议机关申请行政复议、对行政复议决定不服再向人民法院提起行政诉讼的，行政复议机关决定不予受理或者受理后超过行政复议期限不作答复的，公民、法人或者其他组织可以自收到不予受理决定书之日起或者行政复议期满之日起十五日内，依法向人民法院提起行政诉讼。

第三十二条　被申请人应当履行行政复议决定。

被申请人不履行或者无正当理由拖延履行行政复议决定的，行政复议机关或者有关上级行政机关应当责令其限期履行。

第三十三条　申请人逾期不起诉又不履行行政复议决定的，或者不履行最终裁决的行政复议决定的，按照下列规定分别处理：

（一）维持具体行政行为的行政复议决定，由作出具体行政行为的行政机关依法强制执行，或者申请人民法院强制执行；

（二）变更具体行政行为的行政复议决定，由行政复议机关依法强制执行，或者申请人民法院强制执行。

第三十七条　被申请人不履行或者无正当理由拖延履行行政复议决定的，对直接负责的主管人员和其他直接责任人员依法给予警告、记过、记大过的行政处分；经责令履行仍拒不履行的，依法给予降级、撤职、开除的行政处分。

---

〔1〕　［2019］最高法行再 184 号。

〔2〕　［2019］最高法行申 7794 号、［2019］最高法行申 3602 号。

〔3〕　［2017］最高法行申 4726 号。

《中华人民共和国行政复议法实施条例》

第四十一条 行政复议期间有下列情形之一，影响行政复议案件审理的，行政复议中止：

（一）作为申请人的自然人死亡，其近亲属尚未确定是否参加行政复议的；

（二）作为申请人的自然人丧失参加行政复议的能力，尚未确定法定代理人参加行政复议的；

（三）作为申请人的法人或者其他组织终止，尚未确定权利义务承受人的；

（四）作为申请人的自然人下落不明或者被宣告失踪的；

（五）申请人、被申请人因不可抗力，不能参加行政复议的；

（六）案件涉及法律适用问题，需要有权机关作出解释或者确认的；

（七）案件审理需要以其他案件的审理结果为依据，而其他案件尚未审结的；

（八）其他需要中止行政复议的情形。

行政复议中止的原因消除后，应当及时恢复行政复议案件的审理。

行政复议机构中止、恢复行政复议案件的审理，应当告知有关当事人。

第五十一条 行政复议机关在申请人的行政复议请求范围内，不得作出对申请人更为不利的行政复议决定。

《中华人民共和国行政诉讼法》

第二十六条 公民、法人或者其他组织直接向人民法院提起诉讼的，作出行政行为的行政机关是被告。

经复议的案件，复议机关决定维持原行政行为的，作出原行政行为的行政机关和复议机关是共同被告；复议机关改变原行政行为的，复议机关是被告。

复议机关在法定期限内未作出复议决定，公民、法人或者其他组织起诉原行政行为的，作出原行政行为的行政机关是被告；起诉复议机关不作为的，复议机关是被告。

……

《最高人民法院关于适用〈中华人民共和国行政诉讼法〉的解释》

第二十二条 行政诉讼法第二十六条第二款规定的"复议机关改变原行

政行为",是指复议机关改变原行政行为的处理结果。复议机关改变原行政行为所认定的主要事实和证据、改变原行政行为所适用的规范依据,但未改变原行政行为处理结果的,视为复议机关维持原行政行为。

复议机关确认原行政行为无效,属于改变原行政行为。

复议机关确认原行政行为违法,属于改变原行政行为,但复议机关以违反法定程序为由确认原行政行为违法的除外。

第五十六条 法律、法规规定应当先申请复议,公民、法人或者其他组织未申请复议直接提起诉讼的,人民法院裁定不予立案。

依照行政诉讼法第四十五条的规定,复议机关不受理复议申请或者在法定期限内不作出复议决定,公民、法人或者其他组织不服,依法向人民法院提起诉讼的,人民法院应当依法立案。

第一百三十三条 行政诉讼法第二十六条第二款规定的"复议机关决定维持原行政行为",包括复议机关驳回复议申请或者复议请求的情形,但以复议申请不符合受理条件为由驳回的除外。

第一百三十六条第七款 原行政行为不符合复议或者诉讼受案范围等受理条件,复议机关作出维持决定的,人民法院应当裁定一并驳回对原行政行为和复议决定的起诉。

《中华人民共和国最高人民法院公告》

《最高人民法院关于适用〈行政复议法〉第三十条第一款有关问题的批复》已于2003年1月9日由最高人民法院审判委员会第1263次会议通过。现予公布,自2003年2月28日起施行。

二○○三年二月二十五日

《最高人民法院关于适用〈行政复议法〉第三十条第一款有关问题的批复》 (2003年1月9日最高人民法院审判委员会第1263次会议通过 法释[2003] 5号)

山西省高级人民法院:

你院《关于适用〈行政复议法〉第三十条第一款有关问题的请示》收悉。经研究,答复如下:

根据《行政复议法》第三十条第一款的规定,公民、法人或者其他组织认为行政机关确认土地、矿藏、水流、森林、山岭、草原、荒地、滩涂、海域等自然资源的所有权或者使用权的具体行政行为，侵犯其已经依法取得的自然资源所有权或者使用权的，经行政复议后．才可以向人民法院提起行政诉讼，但法律另有规定的除外；对涉及自然资源所有权或者使用权的行政处罚、行政强制措施等其他具体行政行为提起行政诉讼的，不适用《行政复议法》第三十条第一款的规定。

此复。

附：

《山西省高级人民法院关于适用〈行政复议法〉第三十条第一款有关问题的请示》（〔2000〕晋法行字第 11 号）

最高人民法院：

《行政复议法》第三十条第一款规定"公民、法人或者其他组织认为行政机关的具体行政行为侵犯其已经依法取得的土地、矿藏、水流、森林、山岭、草原、荒地、滩涂、海域等自然资源的所有权或者使用权的，应当先申请复议；对行政复议决定不服的，可以依法向人民法院提起行政诉讼。"审判实践中，对因自然资源所有权或使用权引发争议的行政诉讼案件，哪些应适用复议前置程序存在不同意见：

一种意见认为，适用复议前置程序的案件应具备两个条件：一是相对人认为具体行政行为侵犯了自己合法的使用权或所有权；二是相对人必须"依法取得"了所涉自然资源的所有权或使用权，即必须持有手续完备的使用权或所有权证或法院的裁判文书。这类案件包括不服收回、撤销或变更所有权或使用权证、许可证的，不包括确定自然资源权属的行政案件。

另一种意见认为，相对人认为自己已经"依法取得"了自然资源所有权或使用权的情况比较复杂，有些虽未取得有关证件，但已实际使用多年，他人也无异议，有些存在争议虽经有关部门解决多次仍无结果，争议当事人或多或少都有一定证据或理由认为依法应由自己所有或使用，法院也一时无法判定，因此当事人提起诉讼的，都应先经过复议，这类案件不仅包括前述案件，也应包括不服确权决定的案件。

我院审判委员会经研究，原则上同意后一种意见，同时认为，根据《土地法》、《矿产资源管理法》等法律法规，确定自然资源所有权或使用权一般是政府或行政主管部门的专属职权，对自然资源的权属争议往往争议时间长、情况比较复杂，极易引起集团诉讼，解决此类争议的专业性、政策性也较强，由行政机关先行复议，有利于调动行政机关履行职责的积极性，有利于解决矛盾，平息纠纷。

妥否，请批示。

二〇〇〇年十一月二十三日

第五节　信息公开之诉法律问题

【典型案例】

一、申请人可向法定代表人或内设机构邮寄信件

对于符合形式要件，且属于该行政机关公开的政府信息范围的申请，即使申请人未向政府信息公开工作机构提出申请，而是向法定代表人、其他内设机构提出，行政机关仍应以及时保障知情权和减轻申请人负担为原则，转本机关政府信息公开工作机构处理。本机关政府信息公开工作机构可以按照国务院办公厅政府信息与政务公开办公室发布的国办公开办函〔2015〕207号文件规定精神，与申请人联系确认申请事宜。但此种情况下，不应以法定代表人或者其他内设机构收到信息公开申请时间，而应以指定的政府信息公开工作机构实际收到转送的申请书之日或者电话确认确系政府信息公开申请之日作为"收到申请之日"，并以此计算相关答复期限。

——〔2017〕最高法行申17号——再审申请人袁某明诉被申请人江苏省人民政府政府信息公开一案

二、政府信息存在是客观存在而非推定存在

政府信息存在是指一种"客观存在"，而不能是"推定存在"。再审申请人主张，"项目存在，拆迁存在，相应补偿补助费用使用情况亦存在，相应信息必然存在"，就属于一种"推定"。人民法院判断政府信息是否存在，不能基于"推定"，而应当基于政府信息是否"客观存在"。审查判断的方法一般要看行政机关是否确实尽到了积极的检索、查找义务。在部分政府信息"未制作且未获取"的情况下，书面告知再审申请人部分政府信息不存在并说明

理由，原审法院认定其已经履行告知义务并无不当。

——［2016］最高法行申 2855 号——再审申请人王某柯诉被申请人北京市丰台区人民政府政府信息公开一案

三、内部管理信息与过程性信息的区分标准

内部管理信息是与公共利益无关的纯粹的行政机关内部的事务信息，对于此类信息不公开，主要是因为该类信息对行政机关的决策、决定不产生实际影响，不公开不影响公民对行政权的监督，公开后对公民的生产、生活和科研等活动无利用价值。过程性信息是行政机关在作决定前的准备过程中形成的，处于讨论、研究或者审查过程中的信息，对于此类信息不公开，主要是考虑到行政行为尚未完成，公开可能会对行政机关独立做出行政行为产生不利影响，同时也是为了保护行政机关内部之间坦率的意见交换、意见决定的中立性，或者公开该信息具有危害公益的危险。对于是否属于内部管理信息和过程性信息的判断，不能仅以该信息系行政机关内部工作安排，仅在内部流转，不向外部送达就认定为内部管理信息或过程性信息。本案中，涉案委托征地协议是制定村民社保方案的依据，并非关于行政机关内部事务的信息，亦非处于讨论、研究或者审查中的过程性信息，属于《政府信息公开条例》规定的应当公开的信息。

——［2018］最高法行申 265 号——再审申请人宋某仲、曹某峰诉被申请人陕西省咸阳市秦都区人民政府政府信息公开一案

四、印章制发使用情况属于内部管理信息

本案中陈某城向浙江省人民政府申请公开：（1）浙江省人民政府同意刊制"浙江省人民政府土地审批专用章"的批复文件的复印件；（2）浙江省人民政府关于"浙江省人民政府土地审批专用章"使用管理的批复；（3）浙江省人民政府土地审批专用章使用范围的请示。以上其所要求公开的信息属于行政机关印章制发、使用的内部管理信息，依法不属于政府信息公开的范畴。

——［2020］最高法行申 7079 号——陈某城、陈某才诉浙江省人民政府政府信息公开一案

五、文件制定的事实和理由不属公开范围

行政机关只提供已经存在的信息，对于不属于政府信息或者政府信息不存在的，行政机关并无为申请人制作信息进行答复的义务。本案张某向天心区人民政府邮寄《政府信息公开申请表》，要求天心区人民政府提供认定该房屋为历史性违章建筑的证据和不予任何补偿安置的政策和法律依据。涉案房屋被认定为历史性违章建筑的事实，只体现在 2001 年 4 月 20 日由拆迁指挥部作出的《限期搬迁腾地通告》中，天心区人民政府在 2017 年 7 月 18 日作出的告知书中已予以答复，履行了法定告知义务。对于张某申请公开认定该房屋为历史性违章建筑的证据和不予任何补偿安置的政策和法律依据，其实质是对拆迁指挥部强制拆除其房屋的行为不服，一、二审法院认为不属于政府信息，并无不当。

——［2019］最高法行申 5540 号——再审申请人张某诉被申请人湖南省长沙市天心区人民政府政府信息公开一案

六、行政决定依据的法律规范不属公开范围

当事人不能以申请政府信息公开的方式要求行政机关提供作出行政行为所依据的法律规范或法律文书的其他指定内容。本案中，嘉峪关国土资源局在《责令限期交回土地通知书》中已明确告知西部泓联商贸有限责任公司该通知所依据的法律规范，西部泓联商贸有限责任公司再次以申请政府信息公开的方式要求行政机关单独公开该通知制作下发依据的法规、规章、规范性文件没有法律和事实依据。

——［2018］最高法行申 251 号——再审申请人嘉峪关市西部泓联商贸有限责任公司诉被申请人甘肃省嘉峪关市国土资源局政府信息公开一案

七、制作机关可以不公开已移交档案馆的信息

《最高人民法院关于审理政府信息公开行政案件若干问题的规定》第 7 条第 2 款规定："政府信息已经移交各级国家档案馆的，依照有关档案管理的法律、行政法规和国家有关规定执行。"本案中，齐某玉申请公开的 1980 年征用西安市碑林区兴庆公社金星大队第二小队口粮地及对该队社员安置的档案资料，已于 2006 年由西安市人民政府移交西安市档案馆，西安市人民政府在

2017年9月27日收到齐某玉申请公开上述信息的申请后，已于2017年9月30日将这一情况书面告知齐某玉，并告知其向西安市档案馆咨询及该馆联系方式，已经尽到说明义务，符合法律规定。齐某玉坚持要求西安市人民政府公开上述信息无事实和法律依据。

——［2018］最高法行申8735号——再审申请人齐某玉诉被申请人陕西省西安市人民政府政府信息公开一案

八、以公开为名进行咨询不属政府信息

公民、法人或者其他组织以申请政府信息公开为名，请求解答相关事项疑问，属于向政府提出咨询的行为，不属于政府信息公开申请。行政机关对公民、法人或者其他组织提出咨询的答复行为，对当事人的权利义务不产生实际影响，不属于行政诉讼的受案范围。本案中，王某滨、李某强为求证《补偿安置办法》是否经过审批程序，以申请政府信息公开方式，请求滨海新区人民政府回复：《补偿安置办法》是否经过政府或相关部门的批复。该申请不是请求公开相关政府信息，实质是向滨海新区人民政府提出的咨询。

——［2020］最高法行申10262号——再审申请人王某滨、李某强诉被申请人天津市滨海新区人民政府政府信息公开一案

九、行政机关不承担搜集汇总加工制作义务

行政机关向申请人提供的政府信息，应当是现有的，一般不需要行政机关汇总、加工或重新制作（作区分处理的除外）。依据《政府信息公开条例》精神，行政机关一般不承担为申请人汇总、加工或重新制作政府信息，以及向其他行政机关和公民、法人或者其他组织搜集信息的义务。本案中，李某芳申请公开的众多信息或属于行政机关内部管理信息，或属于过程性信息，或属于描述不准确的信息。始兴县人民政府作出《关于不属于政府信息公开范围告知书》，并不违反法律规定。

——［2021］最高法行申2011号——再审申请人李某芳诉被申请人广东省始兴县人民政府政府信息公开一案

十、大量反复申请同类信息公开属权利滥用

申请人反复、大量提起类似行政诉讼，不仅背离了《行政诉讼法》的立

法宗旨，也浪费了宝贵的司法资源。据此，原审法院认定上述人员欲采取这种多人多次重复申请公开相同、同类政府信息，继而申请行政复议、提起行政诉讼的方式，是为了反映信访诉求，不具有依法应予救济的诉讼利益并无不当。

——［2016］最高法行申 5077 号——再审申请人崔某惠、王某钢、吴某利、徐某俊诉被申请人天津市人民政府行政复议一案

十一、政府信息与信访信息的公开问题

（一）信访和政府信息公开事项的区别与判断

信访制度的一个特点是"对下和对外"，政府信息公开则只具有"对己和对内"的特点。政府信息公开则不涉及对于任何实体诉求的处理。判断一个申请到底属于政府信息公开，还是属于信访事项，不能仅凭申请人的声称，也不能仅凭申请人自己贴上一个什么样的标签，而应通过将特定申请与制度宗旨进行比对，对其实质作出认定。

——［2018］最高法行申 3687 号——再审申请人刘某平诉被申请人河南省郑州市人民政府政府信息公开一案

（二）信访信息应按《信访条例》（已失效）规定的方式查询

《信访条例》第 12 条规定了信访人对信访事项处理过程中相关信息的查询方式。公民、法人或者其他组织申请获取行政机关在信访处理过程中的相关信息，应当按照作为调整信访领域相关行为的特别法《信访条例》的相关规定办理。再审申请人要求获取的鄂终备报［2011］486 号三级终结资料（文书）、信访法定程序的书面答复意见、复查意见、复核意见、听证意见及依法送达回证为相关信访工作机构在处理罗某英信访事项中制作并保存的信息，应当属于政府信息的范畴。但再审申请人应当依照《信访条例》规定的途径进行查询，而不应通过申请政府信息公开的方式。

——［2018］最高法行申 3684 号——再审申请人罗某英、北京德生缘益才文化传播有限公司诉被申请人湖北省人民政府政府信息公开一案

《政府信息公开条例》是政府信息公开领域的一般法，而《信访条例》是调整信访领域相关行为的特别法，根据特别法优于一般法的原理，公民、法人和其他组织申请获取行政机关在信访处理过程中的相关信息的，应按照《信访条例》的相关规定进行。

——［2016］最高法行申 2055 号——再审申请人王某娥、陈某诉被申请人河北省公安厅政府信息公开一案

（三）对不属政府信息作出的信访答复不可诉

因再审申请人要求公开的信息不属于《政府信息公开条例》第 2 条规定的政府信息，杭州市信访局作出的答复，不属于政府信息公开答复行为。该答复行为未对再审申请人的权利义务产生实际影响，不属于行政复议和行政诉讼的受案范围。再审申请人就该答复行为申请复议，并进而对杭州市人民政府作出的被诉回复提起的本案之诉，亦不属于行政诉讼的受案范围。

——［2020］最高法行申 6263 号——再审申请人胡某诉被申请人浙江省杭州市人民政府其他行政复议一案

十二、房屋征收补偿的信息公开问题

（一）征收补偿费总体发放情况属公开范围

关于房屋征收工作中的政府信息公开，房屋征收补偿补助费用分户发放情况的公开应适用《国有土地上房屋征收与补偿条例》第 29 条主动公开情形，而房屋征收补偿补助费用总体发放情况属于依申请公开情形。

——［2016］津行终 97 号——上诉人赵某诉被上诉人天津市河西区人民政府信息公开一案

（二）具体分户补偿情况属于公开范围

分户补偿情况尽管一定程度涉及其他户的个人隐私，但为了保证征收补偿的公开和公平，消除被征收人对不公平补偿的疑虑和担心，法律对这类个人隐私进行了一定的让渡。根据《政府信息公开条例》《国有土地上房屋征收与补偿条例》的相关规定，即使是集体土地征收，但对于分户补偿情况是否应予公开，集体土地与国有土地上房屋征收不应有所差别，可以参照适用，作为土地征收范围内的村民，有权知道分户补偿情况。

——［2018］最高法行再 180 号——再审申请人刘某森、刘某刚、刘某英诉被申请人河南省濮阳县人民政府信息公开一案

房屋征收部门与征收范围内被征收人签订征收补偿协议或者作出征收补偿决定后，对最终确定的补偿情况进行汇总，建立档案，并将分户补偿情况予以公布，目的是明确房屋征收部门对征收范围内分户补偿情况的公示义务，保障被征收范围内群众的知情权。而房屋征收部门是否公开分户补偿情况，

通常并不直接涉及补偿决定本身的合法性，不影响被征收人依法获得补偿的实体权益，宜从行政机关履行政府信息公开职责等角度加以规范和监督，且相关职责主体是征收部门而非政府自身。故对相对人以房屋征收部门未公布分户补偿情况主张房屋征收补偿决定违法的理由，不应予以支持。

——［2019］最高法行申 9368 号——再审申请人徐某炎诉被申请人上海市杨浦区人民政府房屋征收补偿决定及上海市人民政府行政复议决定一案

（三）集体安置房分配名单属公开范围

关于安置房分配名单信息是否属于政府信息公开范围的问题。《国有土地上房屋征收与补偿条例》第 29 条第 1 款规定："房屋征收部门应当依法建立房屋征收补偿档案，并将分户补偿情况在房屋征收范围内向被征收人公布。"虽然法律法规并未规定集体土地征收中被征收人的安置房分配名单是否应当公布，但参照《国有土地上房屋征收与补偿条例》并结合《政府信息公开条例》第 11 条的规定，在利害关系人申请公开该信息时，应当对其公开。故本案被申请公开的信息属于应予公开的范围。

——［2020］陕行终 746 号——上诉人西安市人民政府因被上诉人王某诉其信息公开一案

（四）非本村村民一般无权要求征地信息公开

再审申请人既不是龙王村集体经济组织成员，也不是 76 户门面房的所有权人或者是承租人，亦不能合理说明申请获取政府信息系根据其生产、生活、科研等特殊需要，且庐阳区人民政府征询了 76 户意见，其均不愿意公开收据凭证，庐阳区人民政府据此决定不予告知并不违反法律规定。

——［2020］最高法行申 13346 号——再审申请人李某来诉被申请人安徽省合肥市庐阳区人民政府土地管理政府信息公开一案

根据《村民委员会组织法》第 30 条、第 31 条的规定，村民委员会实行村务公开制度，接受村民的监督；村民委员会应当保证所公布事项的真实性，并接受村民的查询；村民委员会不及时公布应当公布的事项或者公布的事项不真实的，村民有权向乡镇人民政府或者县级人民政府及其有关主管部门反映，有关人民政府或者主管部门应当负责调查核实，责令依法公开。也就是说，村务公开制度的制定是为了保障村民对涉及本村村民利益、村民普遍关心事项的知情权，只有村民才有权请求相关人民政府或主管部门履行村务公开监督法定职责。非本村集体组织成员，无权要求村务公开。

——〔2019〕最高法行申 7171 号——再审申请人王某宝诉被申请人天津市西青区人民政府不履行法定职责一案

（五）"一书四方案"的政府信息公开主体及时间

根据《建设用地审查报批管理办法》第 8 条第 1 款的规定，在土地利用总体规划确定的城市建设用地范围内，为实施城市规划占用土地的，由市、县国土资源主管部门拟订农用地转用方案、补充耕地方案和征收土地方案，编制建设项目用地呈报说明书，经同级人民政府审核同意后，报上一级国土资源主管部门审查。在实践中"一书四方案"基本也均由国土资源主管部门负责拟定。本案中"一书四方案"的制作及负有主动公开职责的机关为 X 市国土资源主管部门。X 市人民政府并非政府信息制作机关，在征地手续审批过程中，仅负有审核同意、报送的义务。因此"一书四方案"的拟定机关及信息公开机关应为国土资源主管部门。2013 年全国法院政府信息公开十大案例之五"姚某金、刘某水诉 Y 县国土资源局政府信息公开一案"指出，"一书四方案"属于应当公开的政府信息。《国土资源部办公厅关于进一步做好市县征地信息公开工作有关问题的通知》（国土资厅发〔2014〕29 号）、《国土资源部办公厅关于加强省级征地信息公开平台建设的通知》（国土资厅发〔2016〕43 号）规定了在国务院或省级人民政府作出征地批复后，"一书四方案"的相关内容应予公开。

——转自最高法会议纪要："一书四方案"的政府信息公开主体

【实务应对】

本部分案例，较为突出反映了政府信息公开诉讼中常见的法律问题，为更好地指导实践，笔者将相关注意要点归类总结如下：

一、申请政府信息公开的一般情形与判断标准

第一，申请人向单位的法定代表人或内设机构邮寄信件，并不违反规定。在确定答复期限起算点时，应以指定的政府信息公开工作机构实际收到转送的申请书之日或者电话确认确系政府信息公开申请之日作为"收到申请之日"。[1]

---

〔1〕〔2017〕最高法行申 17 号。

第二，政府信息应当是客观存在而非推定存在。申请公开的政府信息应是行政机关已经掌握或存在的信息，尚未产生或者检索不到的信息不属于公开范围。主要判断标准是行政机关是否确实尽到了积极的检索、查找义务。[1]

第三，内部管理信息与过程性信息的区分标准，关键在于信息是否具有对外性、终局性，是否对当事人的实体权益造成影响。例如，委托征地协议是制定村民社保方案的依据，属于可以公开的范畴。[2]

第四，明确不予公开的信息类型。印章制发使用情况属于内部管理信息，文件制定的事实和理由不属于公开范围，行政决定依据的法律规范不属于公开范围，已移交档案馆的信息原单位可以不公开，以公开为名进行的咨询答复不属于政府信息。

第五，在公开的义务履行上，行政机关不承担对政府信息的搜集、汇总、加工、制作义务。同时，当事人大量反复申请同类信息公开属权利滥用，行政机关应作必要的查清和限制。

二、政府信息与信访信息的区别与公开问题

第一，信访和政府信息公开事项的判断标准，关键在于是否对当事人诉求作出实质性处理，政府信息公开则不涉及对于任何实体诉求的处理。[3]

第二，信访信息虽然也属于政府信息范畴，"信访程序中记录或者保存的信息是行政机关在履行信访处理职责过程中制作或获取的，并以一定形式记录、保存的信息，符合政府信息的构成要件"。但是，由于《信访条例》（已失效）是调整信访领域相关行为的特别法，《政府信息公开条例》是政府信息公开领域的一般法，故应当按照《信访条例》（已失效）规定的方式查询相关的信访信息，而不是依据《政府信息公开条例》通过申请政府信息公开的方式。

第三，信访机构对不属于政府信息事项作出的答复，本质上仍然是信访答复，不具有可诉性。[4]

---

〔1〕〔2016〕最高法行申 2855 号。
〔2〕〔2018〕最高法行申 265 号。
〔3〕〔2018〕最高法行申 3687 号。
〔4〕〔2020〕最高法行申 6263 号。

三、房屋征收补偿的信息公开问题

第一，费用发放情况属于政府信息范围。不仅征收补偿费总体发放情况属于公开范围，而且具体分户补偿情况也属于公开范围。此外，集体安置房分配名单亦属于政府信息公开范围。

第二，征地信息公开的申请人应作出一定的限制，非本村村民无权要求村务公开，也无权申请本村征地补偿信息公开。[1]

第三，"一书四方案"的政府信息公开主体应是自然资源部门，并非县区人民政府，但是公开的时间应在国务院或省级人民政府作出征地批复之后。

【法律法规】

《中华人民共和国政府信息公开条例》

第二十一条 除本条例第二十条规定的政府信息外，设区的市级、县级人民政府及其部门还应当根据本地方的具体情况，主动公开涉及市政建设、公共服务、公益事业、土地征收、房屋征收、治安管理、社会救助等方面的政府信息；乡（镇）人民政府还应当根据本地方的具体情况，主动公开贯彻落实农业农村政策、农田水利工程建设运营、农村土地承包经营权流转、宅基地使用情况审核、土地征收、房屋征收、筹资筹劳、社会救助等方面的政府信息。

《国有土地上房屋征收与补偿条例》

第二十九条 房屋征收部门应当依法建立房屋征收补偿档案，并将分户补偿情况在房屋征收范围内向被征收人公布。

审计机关应当加强对征收补偿费用管理和使用情况的监督，并公布审计结果。

《信访条例》（已失效）

第十二条 县级以上各级人民政府的信访工作机构或者有关工作部门应当及时将信访人的投诉请求输入信访信息系统，信访人可以持行政机关出具的投诉请求受理凭证到当地人民政府的信访工作机构或者有关工作部门的接待场所查询其所提出的投诉请求的办理情况。具体实施办法和步骤由省、自治区、直辖市人民政府规定。

---

〔1〕 ［2020］最高法行申 13346 号、［2019］最高法行申 7171 号。

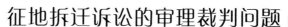

第八章
征地拆迁诉讼的审理裁判问题

第一节 征地拆迁诉讼代理人问题

【典型案例】

一、行政机关负责人未出庭有异议的处理方式

对于当事人和其他诉讼参与人是否到庭，被诉行政机关负责人是否出庭应诉等事项，由书记员在开庭审理前查明，并由审判长在开庭审理时核对，而不宜作为庭审辩论的内容。当事人应当根据法庭引导，在庭审的不同环节，适时表达相应不同的诉求。当事人如果对被诉行政机关负责人未出庭应诉有异议，可以向人民法院提出，由人民法院记录在案并作出法律释明；当事人如果进一步认为庭审活动存在不当或者违法之处，还可以根据《人民法院法庭规则》第22条第2款的规定，在庭审活动结束后向人民法院反映。但当事人不能无视法庭审判秩序，在庭审环节反复纠缠法庭已经审查完毕的事项，更不能以此妨碍人民法院庭审活动正常进行。

——［2017］最高法行申145号——再审申请人滕某琴诉被申请人江苏省南京市雨花台区人民政府行政协议一案

二、社区单位原则上不应推荐外人作公民代理

根据《行政诉讼法》第31条第2款的规定，当事人所在社区、单位以及有关社会团体推荐的公民，可以被委托为诉讼代理人。虽然该条款并未严格要求推荐的公民应属于该社区及单位，但是人民法院在认定其他公民是否可作为诉讼代理人时，应当对该公民的行为能力、是否存在法定的回避情形、是否可能损害被代理人利益以及是否可能妨碍诉讼活动等因素，予以综合考

量。这里的社区，应当包括村民委员会、村民小组、居民委员会、乡镇、街道等。当事人所在社区、单位推荐的公民，主要应当是该社区、单位的人。因为只有社区、单位内的人，才能相互了解，方便代理，方便提供法律援助。作为推荐人的社区和单位，对本社区和单位以外的人，则不具有管理、服务的职能，不存在推荐的条件和前提。如果社区、单位坚持推荐本社区和单位以外的人，则人民法院应当予以严格审查，以充分保护被代理人的合法权益。对于社区、单位以外的人作为委托代理人曾经存在虚假诉讼或者诉讼失信行为，可能对被代理人的权益造成损害、妨碍正常的诉讼活动，对其今后作为代理人参与诉讼时，人民法院应当依法审查其代理资格。

——［2017］最高法行申 8567 号——再审申请人黄某承、黄某忠诉被申请人南宁青秀山风景名胜旅游区管理委员会强制拆除及行政赔偿一案

当事人所在社区、单位推荐的公民代理诉讼，是为了保护与之有密切联系的当事人的合法权益。所推荐的公民主要应是该社区、单位的人。因为只有社区、单位内的人才能互相了解，方便代理及提供法律服务。如果允许其推荐本社区、单位以外的人作为本社区、单位当事人的代理人，则不能实现前述公民代理的立法目的，且可能影响正常的法律服务市场。本案中，陈某新并非福建省人，与被申请人更不属同一村村民，一、二审法院没有对陈某新的身份证明材料进行审查而将其列为本案当事人的诉讼代理人，不符合上述法律规定。林某雄并非莆田市荔城区人，与被申请人亦不属同一村村民，一审法院认可其诉讼代理人资格，亦违反上述法律规定，对此本院一并予以指正。

——［2019］最高法行申 9339 号——再审申请人江苏省东台市市场监督管理局与被申请人翁某芬商标行政处罚一案

——［2019］最高法行申 4437 号——再审申请人广东省罗定市龙湾镇上赖村民委员会团结村民小组诉被申请人广东省罗定市人民政府等林木林地确权行政裁决及行政复议一案

三、同一律师事务所的律师分别代理原被告问题

关于一审程序中双方当事人的代理人系同一律师事务所律师的问题。《律师法》第 39 条规定"律师不得在同一案件中为双方当事人担任代理人，不得代理与本人或者其近亲属有利益冲突的法律事务"，但并未对不同律师的代理

权限作出限制，故该代理行为并未违反法律禁止性规定。并且本案二审审理期间已不存在该问题，该事由亦非人民法院应当再审的法定情形，故对鞍山凯兴发展有限公司的该项再审申请理由不予支持。

——〔2014〕民申字第 898 号——再审申请人鞍山凯兴发展有限公司与被申请人山东绿特空调系统有限公司承揽合同纠纷一案

关于同一律师事务所两名律师分别在一、二审程序中代理原、被告是否违反法定程序的问题。惠福房地产开发有限公司集贤分公司提出的黑龙江诺成律师事务所的律师在一审程序和二审程序中分别代理双方当事人的问题，根据《律师法》的规定和司法部的相关批复，该行为属于违反律师职业规范的行为，不属于《民事诉讼法》第 200 条和《最高人民法院关于适用〈中华人民共和国民事诉讼法〉的解释》第 325 条规定的严重违反法定程序的事由，故惠福房地产开发有限公司集贤分公司认为二审法院程序违法的主张不能成立。

——〔2015〕民申字第 425 号——再审申请人黑龙江省惠福房地产开发有限公司集贤分公司与被申请人王某旭、原一审被告、二审被上诉人黑龙江省惠福房地产开发有限公司房屋拆迁安置补偿合同纠纷一案

《律师法》第 39 条仅规定了律师不得在同一案件中为双方当事人担任代理人，而并未就同一律师事务所的不同律师不得担任争议双方当事人的代理人作出禁止性规定。《律师执业行为规范》第 50 条第 5 项虽然规定在民事诉讼、行政诉讼、仲裁案件中，同一律师事务所的不同律师同时担任争议双方当事人的代理人的，律师事务所不得与当事人建立或维持委托关系，但该文件是中华全国律师协会制定的行业性规范，而不属于法律、行政法规的强制性规定，故杨某珍主张双方的代理律师由同一律师事务所的不同律师担任严重违反法律规定、原审法院剥夺了当事人辩论权利的理由因缺乏事实与法律依据，不能成立。

——〔2016〕最高法民申 3404 号——再审申请人杨某珍与被申请人唐某民、赖某桃、安远县立强房地产开发有限责任公司民间借贷合同纠纷一案

至于江苏广宇建设集团有限公司再审审理过程中主张，本案二审过程中其委托的诉讼代理人为江苏江豪律师事务所律师，江苏汇银典当有限公司委托的诉讼代理人丁某为同一律师事务所合伙人，诉讼过程中存在委托诉讼代理人操纵诉讼的情形，但未提供证据证实，且该主张不属于《民事诉讼法》第 200 条规定的再审情形，本院不予审查。

——［2017］最高法民再 246 号——再审申请人江苏广宇建设集团有限公司与被申请人江苏汇银典当有限公司等建设工程施工合同纠纷一案

【实务应对】

首先，行政机关负责人出庭应诉是最基本的法治要求。现在司法解释已经明确，行政诉讼案件不允许只有律师出庭，如果行政机关负责人确有正当理由无法出庭，也应委派工作人员与律师一并出庭。［2017］最高法行申 145 号判例明确，应当出庭应诉的行政机关负责人未出庭应诉的，人民法院应当在裁判文书中载明。只要行政机关委托相关工作人员出庭，就不影响法院依法开庭审理，法院不能仅以行政机关负责人未出庭为由，中止庭审活动。原告也不能在庭审环节就行政机关负责人未出庭事项反复纠缠阻扰庭审正常进行。

其次，关于行政诉讼公民代理人问题，社区和单位原则上不应推荐外人作公民代理人。对于这一点，［2017］最高法行申 8567 号、［2019］最高法行申 9339 号、［2019］最高法行申 4437 号等判例，均已明确。主要理由在于，从实质性保护当事人利益和诉权角度出发，只有社区、单位内的人才能互相了解，方便代理及提供法律服务。这不仅有利于公民代理的立法目的，也有利于规范正常的法律服务市场。[1]

最后，关于同一律师事务所的律师分别代理原被告的问题。最高人民法院在再审的民事案例中阐述了这样一种观点：同一律师事务所的律师分别代理原被告虽然有违律师执业行为规范，但是并不构成严重违反法定程序，也不属于法定再审的理由。[2]因为，《民事诉讼法》及其司法解释规定的严重违反法定程序的情形，并不包括同一律师事务所的律师分别代理原被告的情况。同时，中华全国律师协会制定的《律师执业行为规范（试行）》仅是行业性规范，不属于法律、行政法规的强制性规定，法院也认为同一律师事务所的律师分别代理原被告不构成"法律、行政法规的强制性规定"是妥当的。但是，这里需要注意的是，尽管不违反诉讼法定程序的规定，但是有可能按照中华全国律师协会的行业规定作出相应的处理。因此，司法实践中还是应尽量避免出现同一律师事务所的律师分别代理原被告的情况，律师事务所在

---

〔1〕［2019］最高法行申 9339 号。
〔2〕［2017］最高法民再 246 号。

为律师出具出庭公函的过程中，也应加大律师冲突的审查力度。

【法律法规】

《最高人民法院关于行政机关负责人出庭应诉若干问题的规定》

第十二条　有下列情形之一的，人民法院应当向监察机关、被诉行政机关的上一级行政机关提出司法建议：

······

（一）行政机关负责人未出庭应诉，且未说明理由或者理由不成立的；

······

第十三条　当事人对行政机关具有本规定第十二条第一款情形提出异议的，人民法院可以在庭审笔录中载明，不影响案件的正常审理。

原告以行政机关具有本规定第十二条第一款情形为由拒不到庭、未经法庭许可中途退庭的，人民法院可以按照撤诉处理。

原告以行政机关具有本规定第十二条第一款情形为由在庭审中明确拒绝陈述或者以其他方式拒绝陈述，导致庭审无法进行，经法庭释明法律后果后仍不陈述意见的，人民法院可以视为放弃陈述权利，由其承担相应的法律后果。

《中华人民共和国行政诉讼法》

第三十一条　当事人、法定代理人，可以委托一至二人作为诉讼代理人。

下列人员可以被委托为诉讼代理人：

（一）律师、基层法律服务工作者；

（二）当事人的近亲属或者工作人员；

（三）当事人所在社区、单位以及有关社会团体推荐的公民。

《最高人民法院关于适用〈中华人民共和国行政诉讼法〉的解释》

第三十三条第一款　根据行政诉讼法第三十一条第二款第三项规定，有关社会团体推荐公民担任诉讼代理人的，应当符合下列条件：

（一）社会团体属于依法登记设立或者依法免予登记设立的非营利性法人组织；

（二）被代理人属于该社会团体的成员，或者当事人一方住所地位于该社会团体的活动地域；

（三）代理事务属于该社会团体章程载明的业务范围；

（四）被推荐的公民是该社会团体的负责人或者与该社会团体有合法劳动

人事关系的工作人员。

《中华全国律师协会关于印发加入修正案内容的〈律师执业行为规范（试行）〉的通知》（律发通［2018］58号）

第五十一条 有下列情形之一的，律师及律师事务所不得与当事人建立或维持委托关系：

（一）律师在同一案件中为双方当事人担任代理人，或代理与本人或者其近亲属有利益冲突的法律事务的；

（二）律师办理诉讼或者非诉讼业务，其近亲属是对方当事人的法定代表人或者代理人的；

（三）曾经亲自处理或者审理过某一事项或者案件的行政机关工作人员、审判人员、检察人员、仲裁员，成为律师后又办理该事项或者案件的；

（四）同一律师事务所的不同律师同时担任同一刑事案件的被害人的代理人和犯罪嫌疑人、被告人的辩护人，但在该县区域内只有一家律师事务所且事先征得当事人同意的除外；

（五）在民事诉讼、行政诉讼、仲裁案件中，同一律师事务所的不同律师同时担任争议双方当事人的代理人，或者本所或其工作人员为一方当事人，本所其他律师担任对方当事人的代理人的；

（六）在非诉讼业务中，除各方当事人共同委托外，同一律师事务所的律师同时担任彼此有利害关系的各方当事人的代理人的；

（七）在委托关系终止后，同一律师事务所或同一律师在同一案件后续审理或者处理中又接受对方当事人委托的；

（八）其他与本条第（一）至第（七）项情形相似，且依据律师执业经验和行业常识能够判断为应当主动回避且不得办理的利益冲突情形。

第二节　法律适用和裁判方式问题

【典型案例】

一、地方性法规超出授权的不能作为依据

结合《全国人民代表大会常务委员会法制工作委员会关于地方性法规对

法律中没有规定的行政处罚行为可否作出补充规定问题的答复》的精神，在国家尚未制定法律、行政法规的情况下，地方性法规可以设定除限制人身自由、吊销企业营业执照以外的行政处罚。《盐业管理条例》这一行政法规对违反该条例的行为设定了相应的行政处罚，但对新泰市海纳盐业有限公司之外的其他企业购买经营工业用盐的行为没有设定行政处罚。本案中，原新泰市盐务局依据地方性法规对新泰市海纳盐业有限公司购买工业用盐的行为作出行政处罚决定，超出了《盐业管理条例》规定的给予行政处罚行为的范围，遂判决予以撤销一、二审法院判决和被诉行政处罚决定。

——最高人民法院发布产权保护行政诉讼典型案例：六、新泰市海纳盐业有限公司诉原新泰市盐务局行政处罚案

二、法律空白时规范性文件可作为裁判依据

根据最高人民法院印发的《关于审理行政案件适用法律规范问题的座谈会纪要》的规定，行政机关制定的规章以下的其他规范性文件合法、有效并合理、适当的，在认定被诉具体行政行为合法性时应承认其效力。为失地农民办理社会保险，目前没有法律、行政法规的统一规定，地方政府制定的有效规范性文件可以作为判断政府相关行政行为合法性的根据。

—— ［2016］最高法行申 1525 号——再审申请人灯塔市张台子镇白三家子村民委员会诉被申请人辽宁省灯塔市人民政府不履行安置法定职责一案

三、行政法规范对同一事项规定冲突的适用

"从新兼有利原则"是行政法律适用的基本原则之一，即新旧实体法对当事人权益保障不一致时，原则上按新法执行，但旧法对相对人更为有利的除外。行政机关在按照"从新兼有利原则"选择适用法律规范时，只要不存在选择性执法、不损害当事人重大权益、不存在明显不公正等情形，人民法院就应予尊重。

—— ［2021］最高法行申 8524 号——再审申请人唐某洲诉被申请人海南省食品安全委员会办公室、海南省人民政府行政奖励及行政复议一案

四、课予义务判决与一般给付判决的适用标准

《行政诉讼法》第72条规定："人民法院经过审理，查明被告不履行法定

职责的，判决被告在一定期限内履行。"该条即为课予义务判决的规定。《行政诉讼法》第73条规定："人民法院经过审理，查明被告依法负有给付义务的，判决被告履行给付义务。"该条即为课予一般给付判决的规定。课予义务判决与一般给付判决是给付判决在不同情形下的分类，两者适用的判决标准主要在于行政主体是否具有"自由裁量权"。如果行政主体具有"自由裁量权"，那么在其不履行法定职责之时，人民法院应当尊重行政机关的专业判断，得依相对人诉请判决其履行法定职责即可。如果行政主体没有"自由裁量权"，而且给付内容具体明确，人民法院在行政主体不履行法定职责（给付义务）时，可以直接判决其履行具体给付义务。

——〔2019〕最高法行申14231号——再审申请人刘某军诉被申请人辽宁省抚顺市东洲区人民政府确认不履行安置补偿义务违法并补偿一案

五、作出撤销判决时应一并作出责令判决

根据上述法律之规定，法院判决撤销复议决定时，可以根据案件情况决定是否责令复议机关重新作出复议决定或对原行政行为效力进行确认，此为法院自由裁量空间。但不可否认，原审法院仅判决撤销复议决定，若葫芦岛市人民政府此后不再履行复议职责，必然导致行政法律关系的不确定状态，引发新的争议、循环诉讼。本着实质化解行政争议的原则，法院应当尽量判决到位，以消除新争议产生的可能性。

——〔2020〕最高法行申278号——再审申请人辽宁省葫芦岛市人民政府、葫芦岛市筑根房地产开发有限公司诉被申请人葫芦岛宏盛房地产开发有限公司行政复议一案

六、原告未提起附带民事诉讼的法院可主动审查

判断该安置补偿行为是否有效，应当取决于案涉房屋的所有权归属，包括部分案涉房屋是否已经卖给唐某球户，以及部分房屋是否存在倒塌重建以及重建后的权属问题，上述问题应当通过民事途径予以解决，一般情况下不属于征收补偿案件的审查范围。即使当事人未申请一并解决相关民事争议亦未另行提起民事诉讼，法院也可以在行政诉讼案件审理过程中，将被诉行政行为所依据的基础民事争议作为证据进行审查，并以此为基础对被诉行政行为的合法性进行审查。本案中，曹某强、何某发未就房屋所有权的归属问题

另行提起民事诉讼，亦未在本案中申请一并解决相关民事争议，但人民法院可以直接对相关权属问题进行认定并进而对安置补偿问题的合法性作出裁判。

——［2019］最高法行再 11 号——再审申请人曹某强、何某发诉被申请人湖南省衡阳市雁峰区岳屏镇人民政府等房屋拆迁及行政赔偿一案

七、裁判理由不应认定为生效裁判确认的事实

人民法院生效裁判文书中裁判理由的内容不能被认定为"已为人民法院发生法律效力的裁判所确认的事实"。裁判文书中的裁判理由，是人民法院对当事人之间的争议焦点或其他争议事项作出评判的理由，以表明人民法院对当事人之间的争议焦点或其他争议事项的裁判观点。裁判理由的内容，既可能包括案件所涉的相关事实阐述，也可能包括对法律条文的解释适用，或者事实认定与法律适用二者之间的联系。但裁判理由部分所涉的相关事实，并非均是经过举证、质证和认证活动后有证据证明的案件事实，因此不能被认定为裁判文书所确认的案件事实。一般来说，裁判文书中裁判理由的内容无论在事实认定还是裁判结果上对于其他案件均不产生拘束力和既判力。

——［2021］最高法民申 7088 号——再审申请人广州乾顺房地产信息咨询有限公司与被申请人张家港市滨江新城投资发展有限公司财产损害赔偿纠纷一案

【实务应对】

首先，关于司法审判中法律适用的问题。行政法律规范适用的一项基本原则就是"从新兼有利原则"。即新旧实体法对当事人权益保障不一致时，原则上按新法执行，但旧法对相对人更为有利的除外。不过这里有个适用前提，只要行政机关不存在选择性执法、不损害当事人重大权益、不存在明显不公正等违法违规情形。[1]还需要注意的是，如果地方性法规超出授权则不能作为裁判依据使用。因为，无论是《全国人民代表大会常务委员会法制工作委员会关于地方性法规对法律中没有规定的行政处罚行为可否作出补充规定问题的答复》还是《行政处罚法》，地方性法规只能设定除限制人身自由、吊销营业执照以外的行政处罚。当然，这里有个特殊的情况需要大家注意，那就

---

〔1〕［2021］最高法行申 8524 号。

是当法律、法规、规章等都处于空白时，政府部门制定的合法合理的规范性文件也可以作为司法裁判的依据使用。[1]

其次，关于法院的裁判方式问题。一是，准确把握课予义务判决与一般给付判决的适用标准，这个标准关键在于行政主体是否具有"自由裁量权"，若有则适用课予义务判决，若无则直接适用一般给付判决。[2]二是，作出撤销判决时应当尽量一并作出责令判决。这是为了避免引发新的争议和循环诉讼，法院应当尽量判决到位，以消除新争议产生的可能性。[3]三是，原告未提起附带民事诉讼的法院亦可主动审查。虽然行政附带民事诉讼是否提起属于原告的合法权利，但是法院在行政诉讼案件中为查明案件事实，也可以直接审查被诉行政行为所依据的基础民事争议，并作出相应的判断。[4]四是，裁判理由不应认定为生效裁判确认的事实。生效裁判认定的事实应当是裁判文书中"法院查明的事实"，而不是"裁判理由的内容"。因为，"一般来说，裁判文书中裁判理由的内容无论在事实认定还是裁判结果上对于其他案件均不产生拘束力和既判力"。[5]

【法律法规】

《全国人民代表大会常务委员会法制工作委员会关于地方性法规对法律中没有规定的行政处罚行为可否作出补充规定问题的答复》

北京市人大常委会法制室 1996 月 11 日请示：

制定《北京市实施〈中华人民共和国食品卫生法〉办法》，对食品卫生法中没有规定的行政处罚行为，可否作出补充规定？《北京市关于禁止燃放烟花爆竹的规定》是否超出了行政处罚法第十一条第二款规定的范围？

全国人大常委会法制工作委员会 1996 年 4 月 26 日答复如下：

行政处罚法第十一条规定："地方性法规可以设定除限制人身自由、吊销企业营业执照以外的行政处罚。""法律、行政法规对违法行为已经作出行政处罚规定，地方性法规需要作出具体规定的，必须在法律、行政法规规定的

---

[1] [2016] 最高法行申 1525 号。

[2] [2019] 最高法行申 14231 号。

[3] [2020] 最高法行申 278 号。

[4] [2019] 最高法行再 11 号。

[5] [2021] 最高法民申 7088 号。

给予行政处罚的行为、种类和幅度的范围内规定。"第一，国家已经有法律、行政法规的，地方性法规可以结合本地具体情况予以具体化，但是必须在法律、行政法规规定给予行政处罚的行为、种类和幅度的范围内规定。第二，在国家尚未制定法律、行政法规的情况下，地方性法规可以设定除限制人身自由、吊销企业营业执照以外的行政处罚。

对于违反食品卫生法，生产经营不符合卫生标准的食品，造成食物中毒事故或者其他食源性疾患的行为，食品卫生法已经明确作出了行政处罚的规定。制定有关的实施办法，在规定行政处罚时，必须在食品卫生法规定的给予行政处罚的行为、种类和幅度的范围内规定。

《北京市关于禁止燃放烟花爆竹的规定》是在没有法律、行政法规的情况下制定的地方性法规，可以设定除限制人身自由、吊销企业营业执照以外的行政处罚。

《中华人民共和国行政处罚法》

第十二条　地方性法规可以设定除限制人身自由、吊销营业执照以外的行政处罚。

法律、行政法规对违法行为已经作出行政处罚规定，地方性法规需要作出具体规定的，必须在法律、行政法规规定的给予行政处罚的行为、种类和幅度的范围内规定。

法律、行政法规对违法行为未作出行政处罚规定，地方性法规为实施法律、行政法规，可以补充设定行政处罚。拟补充设定行政处罚的，应当通过听证会、论证会等形式广泛听取意见，并向制定机关作出书面说明。地方性法规报送备案时，应当说明补充设定行政处罚的情况。

《最高人民法院关于印发〈关于审理行政案件适用法律规范问题的座谈会纪要〉的通知》（法〔2004〕96号，部分选取）

一、关于行政案件的审判依据

这些具体应用解释和规范性文件不是正式的法律渊源，对人民法院不具有法律规范意义上的约束力。但是，人民法院经审查认为被诉具体行政行为依据的具体应用解释和其他规范性文件合法、有效并合理、适当的，在认定被诉具体行政行为合法性时应承认其效力；人民法院可以在裁判理由中对具体应用解释和其他规范性文件是否合法、有效、合理或适当进行评述。

三、关于新旧法律规范的适用规则

根据行政审判中的普遍认识和做法，行政相对人的行为发生在新法施行以前，具体行政行为作出在新法施行以后，人民法院审查具体行政行为的合法性时，实体问题适用旧法规定，程序问题适用新法规定，但下列情形除外：（一）法律、法规或规章另有规定的；（二）适用新法对保护行政相对人的合法权益更为有利的；（三）按照具体行政行为的性质应当适用新法的实体规定的。

第三节　法院审理程序问题

【典型案例】

一、纪委发函要求中止审理不属法定中止情形

纪律检查委员会向人民法院出具《中止审理函》，要求法院对正在审理的民事案件予以中止审理的行为，不构成《民事诉讼法》规定的关于民事案件应当中止审理的事由，人民法院不应据此中止对案件的审理。本案中共乌鲁木齐甘泉堡经济开发区（工业区）纪律检查委员会出具《中止审理函》，不构成民事案件应当中止审理的事由，原审法院未中止审理本案，处理并无不当。

——［2019］最高法民申 3796 号——再审申请人新疆浦煜国际物流有限公司与被申请人新疆昆仑天晟典当有限责任公司等民间借贷纠纷一案

二、未经上诉直接申请再审的不予受理

两审终审制度是我国民事诉讼法的基本原则和基本制度，对于保障当事人诉讼权利的行使和人民法院诉讼活动的进行具有重要意义。如当事人对一审判决不服，应当在法定期限内提起上诉，通过二审程序寻求权利救济。由此，法律已对当事人的权利赋予充分的程序保障，二审程序亦应成为当事人寻求权利救济的常规途径。再审审查程序是民事诉讼法在特定情形下赋予当事人的特殊救济措施，是当事人在穷尽常规救济途径后的特殊救济程序。鉴于该特殊性，对当事人通过申请再审启动再审程序的条件亦应严格把握，否

则可能导致申请再审权利的滥用，有违民事诉讼两审终审制和诚实信用原则。

——［2019］最高法民申 1613 号——再审申请人姚某宙与再审申请人广东省阳江市阳东区东骏房地产开发有限公司等案外人执行异议之诉一案

本案在一审法院作出判决后，南充农村商业银行股份有限公司（以下简称"南充农商行"）并未提起上诉，亦未提供客观上导致其不能行使诉权的合理理由。在此情况下，南充农商行直接向本院申请再审，规避了诉讼费缴纳义务及有关管辖的规定，故仅从程序上而言，对其再审申请亦应直接驳回。

——［2020］最高法民申 788 号——再审申请人南充农村商业银行股份有限公司与被申请人吉林舒兰农村商业银行股份有限公司借款合同纠纷一案

三、不能对指令审理裁定申请再审

《最高人民法院关于适用〈中华人民共和国民事诉讼法〉的解释》（2020年修正）第 381 条规定："当事人认为发生法律效力的不予受理、驳回起诉的裁定错误的，可以申请再审。"不予受理、驳回起诉的裁定是终局性裁定，一旦存在错误，则会损害当事人请求司法救济的诉权，这涉及当事人的基本程序保障，故可申请再审。其他针对诉讼程序问题作出的非终局性裁定，并未影响当事人的基本诉讼权利和实体权利，不能申请再审。本案二审裁定指令一审法院审理，并非终局性裁定，不能申请再审。

——［2021］最高法民申 61 号——再审申请人中铁十五局集团第二工程有限公司与被申请人吴某立、原审被告中铁十五局集团有限公司、中铁十五局集团第二工程有限公司昆明分公司民间借贷纠纷一案

四、上诉可增加利息损失的诉讼请求

行政机关应及时履行补偿职责，对于没有正当理由逾期支付补偿款的，行政管理相对人诉请支付利息符合法律规定。当事人提起上诉后，一审判决并未发生法律效力，允许上诉人在不超出原诉请的范围内于二审庭审辩论结束前增加上诉请求，并不必然损害被上诉人的实体权利，且有利于实质解决行政争议。当事人在上诉状中提出要求行政机关给付其迟延支付补偿款的利息的诉讼请求，未改变被诉行政行为基础法律关系，未超出原诉请范围，二审法院对其一并作出判决，有利于行政争议的实质化解。

——［2020］最高法行再 332 号——再审申请人辽宁省大连长兴岛经济

区管理委员会、大连天成嘉地海产有限公司诉被申请人辽宁省大连长兴岛经济区交流岛街道办事处海域使用权行政补偿纠纷一案

五、同一案件判决和裁定事项竞合的处理

对于判决事项和裁定事项在本案中的竞合，亦即当事人起诉时既有应当判决的事项，又有应当裁定驳回起诉的程序事项，考虑到参照适用《民事诉讼法》第 153 条关于"人民法院审理案件，其中一部分事实已经清楚，可以就该部分先行判决"的规定，又考虑到本案裁判事项具有一定的关联和不可分性，为减轻当事人诉累，切实及时维护当事人合法权益，在判决中一并作出相应裁定，具有正当性。对于一审不当判决驳回彭某明关于确认大方县人民政府强制占用房屋宅基地的行为违法的诉讼请求，二审予以纠正，本院予以认可。本案并无再审必要。

——［2020］最高法行申 4249 号——再审申请人彭某明与被申请人贵州省毕节市大方县人民政府房屋行政强制一案

【实务应对】

本部分关于法院审理程序涉及的如下几个问题，需要在实务中重点把握：

第一，纪律检查委员会发函要求中止审理不属法定中止情形。关于诉讼程序中止的事由，《民事诉讼法》《行政诉讼法》等均有明确的规定，纪律检查委员会发函不构成应当中止审理的法定事由，人民法院不应据此中止对案件的审理。

第二，未经上诉直接申请再审的法院不予受理。为防止当事人滥用申请再审权利，避免冲击到民事诉讼两审终审制和诚实信用原则，以及不当规避诉讼费缴纳义务及有关管辖的规定等，如果当事人未经上诉程序直接申请再审，那么法院应不予受理。

第三，指令审理裁定不属于申请再审的法定情形。法律允许当事人申请再审，主要是考虑到某些行为损害了当事人请求司法救济的诉权，涉及了当事人的基本程序保障，如不予受理、驳回起诉的裁定是终局性裁定，均是如此。但是，二审裁定指令一审法院审理的行为，并非终局性裁定，则不能申请再审。

第四，特定情况下二审可增加利息损失的诉讼请求。二审增加利息损失

的诉讼请求，应当不超出原诉请的范围，不改变被诉行政行为基础法律关系，并且应于二审庭审辩论结束前提出增加请求。否则，二审期间不应准许增加新的诉讼请求。

第五，同一案件判决和裁定事项竞合的处理方式问题。对于判决事项和裁定事项出现竞合时，亦即既有应当判决的实体事项，又有应当裁定驳回起诉的程序事项，不能机械地一律驳回，可以参照适用《民事诉讼法》（2017年修正）第153条，对于事实清楚部分作出先行判决。

【法律法规】

《中华人民共和国民事诉讼法》

第一百五十三条　有下列情形之一的，中止诉讼：

（一）一方当事人死亡，需要等待继承人表明是否参加诉讼的；

（二）一方当事人丧失诉讼行为能力，尚未确定法定代理人的；

（三）作为一方当事人的法人或者其他组织终止，尚未确定权利义务承受人的；

（四）一方当事人因不可抗拒的事由，不能参加诉讼的；

（五）本案必须以另一案的审理结果为依据，而另一案尚未审结的；

（六）其他应当中止诉讼的情形。

中止诉讼的原因消除后，恢复诉讼。

《最高人民法院关于适用〈中华人民共和国行政诉讼法〉的解释》

第八十七条　在诉讼过程中，有下列情形之一的，中止诉讼：

（一）原告死亡，须等待其近亲属表明是否参加诉讼的；

（二）原告丧失诉讼行为能力，尚未确定法定代理人的；

（三）作为一方当事人的行政机关、法人或者其他组织终止，尚未确定权利义务承受人的；

（四）一方当事人因不可抗力的事由不能参加诉讼的；

（五）案件涉及法律适用问题，需要送请有权机关作出解释或者确认的；

（六）案件的审判须以相关民事、刑事或者其他行政案件的审理结果为依据，而相关案件尚未审结的；

（七）其他应当中止诉讼的情形。

中止诉讼的原因消除后，恢复诉讼。

第四节　诉讼证据审查认定问题

【典型案例】

一、行政机关逾期举证并不必然败诉

设定被告举证期限，绝不是要掩盖事实真相，造成人民法院事实认定黑白颠倒的结果。行政诉讼中，对于被告逾期举证的，人民法院必须查明是否存在被告因不可抗力或者客观上不能控制的其他正当事由逾期举证的情形。即便是因行政机关工作人员的故意或重大过失导致被告逾期举证，如果案件涉及国家利益、公共利益或者他人合法权益的事实认定，或者涉及依职权追加当事人、中止诉讼、终结诉讼、回避等程序性事项，人民法院也应当依法向被告行政机关或者其他知情人员调取证据，从而查明案件事实。对于故意或重大过失造成逾期举证的行政机关工作人员，人民法院可以构成《行政诉讼法》第 59 条第 1 款第 2 项隐藏证据、妨碍人民法院审理案件为由，予以训诫、责令具结悔过或者处 1 万元以下的罚款、15 日以下的拘留；构成犯罪的，依法追究刑事责任。本案中，二审仅仅以海口市人民政府逾期举证为由，不予采信 78 号决定已经依法送达的相关证据材料，证据采信不符合前述规定，确有不妥，本院予以指正。

——［2019］最高法行申 7705 号——再审申请人海南省海口市人民政府因被申请人海南灿兴实业开发有限公司诉其与一审被告、二审被上诉人海南省人民政府土地行政处罚及行政复议一案

二、人民法院有权要求被告提供或者补充证据

人民法院要正确解决行政争议，必须运用证据证明案件的事实。根据《行政诉讼法》第 34 条的规定，被告对作出的行政行为负有举证责任，被告不提供或者无正当理由逾期提供证据，视为没有相应证据。但是在审理案件过程中，人民法院不应只是被动地接受当事人提供的证据，在当事人提供的证据尚不足以证明案件事实的情况下，人民法院有权要求当事人提供或者补充证据。因此，《行政诉讼法》第 39 条、第 40 条作出了人民法院有权要求当

事人提供或者补充证据、依职权调取证据的规定。

——〔2018〕最高法行再 204 号——再审申请人余某有因覃某英、余某镇、余某庆诉广东省阳春市人民政府土地行政登记一案

三、行政行为合法性无关的证据可事后收集

人民法院在审查被诉行政行为合法性时，同样受案卷主义的约束，既不能接受被告在作出行政行为时未收集的证据，也不能为了证明行政行为的合法性调取被告作出行政行为时未收集的证据。如果被诉行政行为是在没有证据或者证据不足的情况下作出的，该行政行为就已经构成违法。但是，行政诉讼的证明对象具有多样性，行政诉讼证据也绝不仅仅限于证明行政行为合法性的证据，那些行政行为"案卷"以外的证据就可以在行政行为作出后搜集和提出，包括起诉条件在内的那些诉讼程序事实，人民法院就可以依职权调取。况且，本案实体审理的大门尚未开启，对被诉行政行为合法性的审查还无从进行。

——〔2017〕最高法行申 2926 号——再审申请人曹某英诉被申请人山西省长治市人民政府（以下简称长治市政府）土地行政登记一案

四、采取单个审查+全面分析规则认定证据

根据《最高人民法院关于行政诉讼证据若干问题的规定》第 54 条的规定，法官在审理行政案件的过程中，既要对每一个证据材料进行单个审查，排除虚假证据、无关联性证据和非法证据，准确判断每一个证据的证明效力和证明力；又要对全部的证据材料进行综合分析、判断，秉持法官公正审判之心，运用逻辑推理和生活经验，根据不同类型案件的证明标准和举证责任承担规则，对各方提交的证据是否形成证据锁链，进行全面分析判断，准确认定案件争议事实。

——〔2018〕最高法行申 6616 号——再审申请人严某旺、李某霞诉被申请人海南省三亚市吉阳区人民政府履行青苗补偿款给付义务一案

五、公司盖章及个人签名证据的效力问题

（一）仅有单位盖章而无负责人签字的证明不予采信

《最高人民法院关于适用〈中华人民共和国民事诉讼法〉的解释》第 115

条第 1 款规定："单位向人民法院提出的证明材料，应当由单位负责人及制作证明材料的人员签名或者盖章，并加盖单位印章……"而黄某向本院提交的山东鲁商物业服务有限公司 2017 年 5 月 5 日出具的证明，仅加盖了山东鲁商物业服务有限公司的印章，不符合该条关于单位证明材料形式要件的规定，故本院对此不予采信。

——［2017］最高法民申 2096 号——再审申请人黄某与被申请人邢某龙、一审第三人山东隆越担保有限公司案外人执行异议之诉一案

博能小额贷款有限公司提交的《证明函》作为单位证明仅有单位加盖印章，并无单位负责人或经办人签名，不符合单位证明的形式要件，且该函所载明的内容也无其他证据加以辅证，以证实其内容的真实性，故本院对该《证明函》的真实性不予认可。

——［2021］最高法民申 1049 号——再审申请人南昌市红谷滩新区博能小额贷款有限公司与被申请人徐某等借款合同纠纷一案

（二）未将印章妥善保管导致他人盖章的视为概括授权

关于 2015 年 6 月 24 日之后催收通知的效力问题。宋某因自身原因未将签章及时收回，甘肃武阳盐化有限公司人员代为盖章视为宋某的概括授权，合法有效。因此，2015 年 6 月 24 日之后的催收通知有效，中国农业发展银行陇西县支行在诉讼时效期间内向宋某主张了权利，原判决认定宋某对案涉借款本息承担连带保证责任并无不当。

——［2019］最高法民申 5807 号——再审申请人宋某等与被申请人宋某成等金融借款合同纠纷一案

（三）非本人签字但盖章真实的可推定为有效

虽然经鉴定青海豪都华庭房地产开发有限公司（以下简称"豪都华庭公司"）签章处"王某宁"的签字非本人所签，但豪都华庭公司印章真实。豪都华庭公司在定案单中加盖公司印章，即表明其对定案单中的工程造价金额予以认可。豪都华庭公司否认双方进行了决算并形成决算书和定案单，但没有证据推翻定案单中豪都华庭公司印章的真实性，亦无证据证明在定案单中加盖印章并非出于豪都华庭公司真实意愿。因此，一审法院采信该定案单作为认定案涉工程造价的依据，未予支持豪都华庭公司关于应通过鉴定确定案涉工程造价的主张，并无不当。

——［2020］最高法民终 1147 号——上诉人青海豪都华庭房地产开发有

限公司与被上诉人中天建设集团有限公司建设工程施工合同纠纷一案

六、证据复印件与原件的效力问题

（一）无法与原件核对的复制件应综合认定

根据《最高人民法院关于行政诉讼证据若干问题的规定》第40条和第71条第5项的规定，无法与原件核对的复制件只是不能单独作为定案依据，并非完全没有证明效力。本案中，虽然武宣县人民政府未提供《协议书》的原件，但案涉争议土地自《协议书》签订后一直由武宣县水产畜牧兽医局经营管理。同时，根据2012年7月13日的《调查笔录》，黄茆七组的村民代表在调处时亦认可《协议书》作为主张争议地权属的证据。二审判决结合历史上案涉争议土地的用地事实以及《调查笔录》认定《协议书》可以作为本案的定案依据，并无不当。

——［2020］最高法行申5629号——再审申请人广西壮族自治区武宣县黄茆镇黄茆村民委员会第七村民小组诉被申请人广西华劲竹林发展有限公司等行政裁决及行政复议一案

（二）在原件上擅自添加备注文字属伪造证据

诉讼参与人在诉讼活动中，应当秉持诚实信用原则。本案中，云南天享网络科技有限公司为达不当胜诉目的，在原件上擅自添加备注文字，作为证据向一审法院提交，该事实已经原审法院查实。云南天享网络科技有限公司的上述行为属于伪造证据材料，妨碍了人民法院对案件的审理，依法应当进行制裁。云南省高级人民法院的决定符合法律规定。

——［2022］最高法司惩复9号——复议申请人云南天享网络科技有限公司不服云南省高级人民法院罚款决定一案

七、请求确认伪造证据行为违法不可诉

根据再审申请人柞水县超群獭兔繁育场起诉所称内容，再审申请人认为柞水县人民政府成立的柞水县政府及柞水县两路建设协调指挥部办公室在征地补偿工作及相关诉讼中，伪造证据，侵犯其合法权益，请求法院确认伪造证据行为违法并赔偿其损失。一般而言，证据是认定事实的依据，事实是作出行政决定或者司法裁判的基础，当事人对行政机关作出的行政决定或者人民法院作出的判决、裁定中关于证据的认定有异议，应当通过对该行政决定

或者判决、裁定申请救济来实现，而非专门针对相关证据举证、认证行为寻求救济，也就是说，对证据的认定是通过对外生效的法律文书产生法律效果的，对证据相关问题的异议也需通过对生效法律文书的异议实现。

——［2020］最高法行申 12301 号——再审申请人柞水县超群獭兔繁育场诉被申请人陕西省柞水县人民政府确认伪造证据行为违法及行政赔偿一案

【实务应对】

证据效力的审查是整个行政诉讼司法活动的核心环节，务必引起重视。

一、行政机关逾期举证是否必然败诉？

最高人民法院的判例对此给出了明确的答案："设定被告举证期限，目的是督促被告及时履行举证义务，防止被告在法庭上搞证据突袭，绝不是要掩盖事实真相，造成人民法院事实认定黑白颠倒的结果。"[1]如果行政机关遭遇不可抗力或者客观上不能控制的其他正当事由导致逾期举证，人民法院不应一律以超期为由不予采纳。另外，人民法院也可以依职权要求行政机关补充提交证据。"人民法院不应只是被动地接受当事人提供的证据，在当事人提供的证据尚不足以证明案件事实的情况下，人民法院有权要求当事人提供或者补充证据。"[2]对于行政行为"案卷"以外的证据，只要有利于查明案件事实和真相，法院也可以依职权调取。[3]

二、人民法院应采取"单个审查+全面分析"的规则审查认定证据

结合《最高人民法院关于行政诉讼证据若干问题的规定》第 54 条的规定，"人民法院应当对双方所举证据进行综合分析，准确认定争议事实，而不是简单折中、无原则和稀泥认定事实。"[4]现结合不同的证据种类和表现形式，分述如下：

（1）公司盖章及个人签名证据的审查问题。《最高人民法院关于适用〈中华人民共和国民事诉讼法〉的解释》第 115 条规定了单位提交证据的形式

---

[1]　［2019］最高法行申 7705 号。

[2]　［2018］最高法行再 204 号。

[3]　［2017］最高法行申 2926 号。

[4]　［2018］最高法行申 6616 号。

要求，对于仅有单位盖章而无负责人签字的证明材料，因不符合证据形式的要求，法院可以不予采信。对于未将印章妥善保管导致他人盖章的，法院可视为单位的概括授权。[1]此外，在特定情况下对于非本人签字，但单位盖章真实的，法院也可推定证明材料有效。[2]

（2）证据复印件与原件的审查认定问题。首先，无法与原件核对的复制件，法律只是规定不能单独作为定案依据，但并非完全没有证明效力，应结合现有证据进行综合认定。其次，如果存在当事人在原件上擅自改动、添加备注文字的情况，属于伪造证据，法院应予以制裁。[3]最后，如果原告只是请求确认伪造证据行为违法，则不具有可诉性。这是因为，"对证据的认定是通过对外生效的法律文书产生法律效果的，对证据相关问题的异议也需通过对生效法律文书的异议实现"。[4]

【法律法规】

《最高人民法院关于行政诉讼证据若干问题的规定》

第五十四条　法庭应当对经过庭审质证的证据和无需质证的证据进行逐一审查和对全部证据综合审查，遵循法官职业道德，运用逻辑推理和生活经验，进行全面、客观和公正的分析判断，确定证据材料与案件事实之间的证明关系，排除不具有关联性的证据材料，准确认定案件事实。

《最高人民法院关于适用〈中华人民共和国民事诉讼法〉的解释》

第一百一十五条　单位向人民法院提出的证明材料，应当由单位负责人及制作证明材料的人员签名或者盖章，并加盖单位印章。人民法院就单位出具的证明材料，可以向单位及制作证明材料的人员进行调查核实。必要时，可以要求制作证明材料的人员出庭作证。

单位及制作证明材料的人员拒绝人民法院调查核实，或者制作证明材料的人员无正当理由拒绝出庭作证的，该证明材料不得作为认定案件事实的根据。

---

〔1〕　[2019]最高法民申5807号。
〔2〕　[2020]最高法民终1147号。
〔3〕　[2022]最高法司惩复9号。
〔4〕　[2020]最高法行申12301号。

第五节 法律文书送达问题

【典型案例】

一、邮寄送达问题

（一）未经直接送达法院直接邮寄送达合法

周某认为执行裁定书未由一审法院工作人员直接送达，而是通过邮寄的方式送达，违反了《最高人民法院关于以法院专递方式邮寄送达民事诉讼文书的若干规定》第1条"人民法院直接送达诉讼文书有困难的，可以交由国家邮政机构以法院专递方式邮寄送达"的规定。本院认为，邮寄送达也是人民法院送达的方式之一，且为降低诉讼成本、减少当事人诉累、提高司法效率，法院专递送达已成为诉讼文书送达的重要途径，一审法院在以邮寄方式送达周某的情况下，以公告形式向周某送达诉讼文书，并无不当。

—— [2021]最高法民申6568号——再审申请人周某与被申请人吕某兵、广州牛集餐饮管理有限公司追加、变更被执行人异议一案

（二）一般不以起诉状载明的住址进行送达

在没有证据证明彭某元、甘某文、彭某1、彭某2的住址或者约定送达地址为起诉状载明的住址的情况下，一审法院按照与身份证上住址不符的地址邮寄诉讼文书，造成送达不能，损害了彭某元、甘某文、彭某1、彭某2正常参加诉讼的权利，审判程序不合法。

—— [2020]最高法民申6200号——再审申请人云南省师宗民科煤业有限公司等与被申请人广西交通实业有限公司合同纠纷一案

（三）按身份证地址邮寄文书近亲属签收视为送达

本案在送达起诉材料阶段由朱某的父亲朱某奕对起诉状副本及证据副本代为签收，在之后管辖异议申请书以及驳回管辖异议裁定的送达中，朱某奕拒绝签收，并向一审法院出具了《关于法院快递签收的说明》，称"当时我也不知道快递内容是什么，而且也不懂签字的法律含义，就按照快递员的要求由我在快递单上签上了'朱某'的名字。后来打开快递封皮才发现是法院给朱某的文件"。

一审法院按照朱某的身份证住址向朱某邮寄送达了相关诉讼材料，朱某父亲朱某奕在不知道快递材料系法院诉讼材料的时候予以签收，在收到第一份材料即起诉状及证据副本后，对之后的诉讼材料认为其无法联系到其子朱某后予以拒收。在朱某奕未提供进一步证据证明其子朱某下落不明，确系无法联系的情况下，本院视为朱某已收到雪松国际信托股份有限公司的起诉材料，即起诉状副本及证据副本。

——［2019］最高法民辖终 272 号——上诉人大连天神娱乐股份有限公司与被上诉人雪松国际信托股份有限公司借款合同纠纷管辖权异议一案

（四）按营业执照地址邮寄法律文书视为送达成功

对于一审法院送达法律文书是否合法有效的问题。一审法院按照南充农商行营业执照载明的单位名称及地址邮寄法律文书，被送达主体为南充农商行，快递单回执载明邮件妥投、唐某代收。被送达人及送达地址均无误，至于代收人身份、签收过程、内部转交程序等均非法院送达的审查内容，且一审法院与案涉转让合同注明的南充农商行联系人、时任南充农商行副总经理陈某某电话确认邮件收讫，故一审法院以妥投回执认定法律文书成功送达并无不妥。南充农商行对法院直接或通过吉林舒兰农村商业银行股份有限公司向唐某提供单号致使其截取快递并隐瞒诉讼的怀疑，亦缺乏事实依据。

——［2020］最高法民申 788 号——再审申请人南充农村商业银行股份有限公司与被申请人吉林舒兰农村商业银行股份有限公司借款合同纠纷一案

（五）首次邮寄签收地址可作为后续送达地址

郑州易鑫企业管理有限公司（以下简称"易鑫公司"）与中原信托有限公司签订的《河南华诚股权质押合同》已明确写明了各方的"联络信息"以及"各方当事人确定的通知与送达地址"，而原审法院亦按照上述地址向易鑫公司送达了"应诉通知书、起诉状副本、举证通知书、诉讼权利义务告知书、合议庭组成人员告知书、保全裁定"等法律文书，且易鑫公司予以了签收。当原审法院再次按照上述地址向易鑫公司送达开庭传票时，因"收件地址查无此人/单位、联系人电话停机"，被退回。根据《最高人民法院关于进一步加强民事送达工作的若干意见》第 7 条之规定，以及《河南华诚股权质押合同》第 15.2.2 条的约定，原审法院送达开庭传票符合法律规定和当事人的约定，并无不当。

——［2020］最高法民终 192 号——上诉人郑州易鑫企业管理有限公司

因与被上诉人中国东方资产管理股份有限公司河南省分公司等金融借款合同纠纷一案

（六）在其他案件中确认的地址法院可按该地址送达

虽然本案中黄某梁、黄某霞夫妇并未向法院提供送达地址，但由于在原审法院审理的若干涉及黄某梁的民商事案件中，黄某梁均以联邦印染（泉州）有限公司即福建省晋江市安海镇坑边工业小区的地址作为其内地联系地址，因此原审法院将黄某梁及其配偶黄某霞的应诉材料送达至联邦印染（泉州）有限公司，该送达方式能够保障黄某梁夫妻的诉讼权利，符合本案的实际情况，并无不妥。根据《最高人民法院关于以法院专递方式邮寄送达民事诉讼文书的若干规定》第11条的规定，虽然联邦印染（泉州）有限公司将法院送达给黄某霞、黄某梁的应诉材料退回，但其退回行为并不影响本案法律文书已经向黄某梁、黄某霞送达的效力。在黄某梁、黄某霞未出庭应诉的情况下，原审法院依法缺席判决，审理程序并无不当。

——［2017］最高法民申 3507 号——再审申请人黄某霞与被申请人王某红、一审被告黄某梁、联邦印染（泉州）有限公司民间借贷纠纷一案

（七）邮政公司情况说明无法否定邮单查询记录

王某主张其行政复议申请书已被道外区人民政府签收，并提供了 EMS 邮寄单跟踪记录截图，其与官网记录的数据一致，可以证明邮件已经被投递给道外区人民政府的事实。道外区人民政府则主张未收到王某的行政复议申请书，提交了中国邮政速递物流股份有限公司哈尔滨市分公司出具的《情况说明》。

一般而言，快递查询电子系统作为邮政部门面向公众开放的信息查询系统具有公示性，道外区人民政府提交的《情况说明》无法否定 EMS 邮寄单跟踪记录截图与邮政官网记录信息的真实性，故对道外区人民政府关于其未收到王某递交的行政复议申请书的主张不予采信。

——［2019］最高法行申 3467 号——再审申请人黑龙江省哈尔滨市道外区人民政府因王某诉其不履行法定职责一案

二、电子送达问题

（一）法院未穷尽其他方式直接以短信送达问题

《最高人民法院关于适用〈中华人民共和国民事诉讼法〉的解释》第 135

条第 1 款规定："电子送达可以采用传真、电子邮件、移动通信等即时收悉的特定系统作为送达媒介。"本案中，一审法院在甘肃源祥房地产开发有限公司（以下简称"甘肃源祥公司"）住所地张贴开庭公告，并向甘肃源祥公司法定代表人发送短信告知其开庭时间、地点，甘肃源祥公司法定代表人收到该短信并申请延期开庭。同时，甘肃源祥公司在二审上诉理由中称未能参加一审庭审的原因系该公司法定代表人在外出差申请延期未获准许。由此可见，甘肃源祥公司知晓一审开庭时间，其主张因无法判断短信真伪而导致耽误参加庭审的理由不能成立。

——［2019］最高法民申 3879 号——再审申请人甘肃源祥房地产开发有限公司与被申请人甘肃古典建设集团有限公司建设工程施工合同纠纷一案

（二）电子邮件发送成功不等于对方收到

本案中，薛某主张其通过电子邮箱向原国家质量监督检验检疫总局的电子邮箱发出了举报材料的电子邮件，但原国家质量监督检验检疫总局不认可收到该举报邮件。虽然薛某主张其电子邮箱已发送文件夹中显示该邮件发送成功，但因该邮件是否能够成功到达对方电子邮箱还存在其他可能性。故仅以其电子邮箱已发送文件夹中显示该邮件发送成功，尚不足以证明原国家质量监督检验检疫总局的电子邮箱收到了其举报邮件。

——［2018］最高法行申 6272 号——再审申请人薛某诉被申请人国家市场监督管理总局履行法定职责一案

三、其他送达方式问题

（一）当事人拒不到场时的张贴送达合法

本案中根据原审法院查明的事实，结合重庆市九龙坡区人民政府在一审中提交的证据，能够证明 2015 年 4 月 22 日重庆市规划局九龙坡区分局在进行送达时，因重庆西部家具制造总厂的负责人拒不到场，在当地基层人民政府和村民自治组织工作人员的签字见证下，重庆市规划局九龙坡区分局将《重庆市规划局九龙坡区分局限期拆除违法建筑决定书》（以下简称《限拆决定》）于当日在重庆西部家具制造总厂大门处进行张贴公示，并拍照留存，其送达程序符合法律规定。重庆西部家具制造总厂应于当日知道或者应当知道《限拆决定》及其具体内容，其于 2017 年 9 月 14 日提出行政复议申请，明显超过法定复议申请期限。

——［2019］最高法行申 959 号——再审申请人重庆西部家具制造总厂诉重庆市九龙坡区人民政府行政复议一案

（二）未穷尽其他方式直接公告送达违法

《民事诉讼法》第 92 条第 1 款规定，"受送达人下落不明，或者用本节规定的其他方式无法送达的，公告送达……"原审法院通过邮寄方式向杜某华送达起诉状、举证通知书、应诉通知书等材料被退回后，未采取法律规定的其他送达方式，直接公告送达前述应诉材料及传票，违反了《民事诉讼法》第 92 条第 1 款的规定。

——［2020］最高法知民申 6 号——再审申请人杜某华与被申请人浙江承御天澍网络科技有限公司计算机软件开发合同纠纷一案

在未穷尽相关送达方式的情况下，原阳县国土资源局（新乡平原新区管委会国土资源局）仅以电话联系不上新乡市容创实业有限公司、找不到该公司办公地点为由，即通过公告方式送达《闲置土地认定书》《闲置土地处置听证权利告知书》，剥夺了新乡市容创实业有限公司在行政处罚决定作出前的陈述、申辩权，违反了上述法律规定的程序。

——［2021］最高法行申 1465 号——再审申请人河南省新乡市平原城乡一体化示范区管理委员会与被申请人新乡市容创实业有限公司、一审被告河南省原阳县人民政府、河南省新乡市人民政府土地行政管理一案

（三）告知和送达程序违法并非一律撤销

被诉撤销决定虽未直接听取相对人陈述、申辩，也未直接送达并交代相关救济权利，有违正当程序，但该程序不当已经通过铅山县林业局及乡级人民政府的相关告知等行为得以补救，且权利人事实上也及时行使了申请复议和提起诉讼的权利，铅山县人民政府撤销决定存在的程序问题已经得到事后补正。本案被撤销的颁证行为，即使人民法院因撤销决定存在上述程序违法事项而责令重新作出，也无法改变重叠发证的事实，反而增加当事人的诉累，也影响法律关系的稳定。在原一、二审法院均已对被诉撤销决定存在的程序问题予以指正，并衡量全案案情、权利归属与当事人诉累情况，未以程序违法为由撤销被诉撤销决定情况下，本院再审复查中亦无必要仅因上述程序问题而否定被诉撤销决定与一、二审判决。

——［2018］最高法行申 2154 号——再审申请人罗某仔诉被申请人江西省上饶市铅山县人民政府、江西省上饶市人民政府林业行政登记及行政复议

一案

　　景德镇市人民政府的征地行为获得了批准，并已执行了《关于景德镇市2015年度第五批次城市建设用地的批复》确定的征地补偿标准。即便景德镇市人民政府存在未批先占问题，该行为其后亦已得到了程序补救，在实体上对征地所涉集体经济组织的合法权益并未造成侵害。故二审法院对此未予确认违法，亦无明显不当。

　　——［2018］最高法行申3129号——再审申请人朱某林、胡某金诉被申请人江西省景德镇市人民政府土地行政征收一案

　　【实务应对】

　　法律文书送达是征地拆迁过程中非常重要的一环，不少房屋征收部门都遇到过文书送达的难题，下面结合最高人民法院的判例，分析一下常见的法律文书送达方式问题。

　　首先，关于邮寄送达问题。邮寄送达是法律文书送达的重要方式之一，邮寄送达是否必须先进行直接送达，也就是说，是否只有在无法直接送达的情况下才可以进行邮寄送达？［2021］最高法民申6568号判例明确，未经直接送达法院直接进行邮寄送达也合法。比如，关于邮寄送达地址问题。一般不能以起诉状载明的住址进行送达，对于自然人来说，可以按身份证地址邮寄法律文书，在无足够的相反证据推翻的情况下，如果其近亲属签收也可以视为送达成功。[1]对于法人来说，按营业执照载明的地址，邮寄法律文书也视为送达成功。"至于代收人身份、签收过程、内部转交程序等均非法院送达的审查内容。"[2]此外，如果首次邮寄送达签收地址成功，也可以作为后续的送达地址使用。[3]特定情况下，在其他案件中确认的送达地址，法院也可以在其他案件中按该地址进行送达。[4]另外，如果出现邮寄签收实际情况与邮单查询记录不符合的情况，即使邮政公司出具了情况说明，也应以邮单查询系统的记录为准。[5]

---

[1]　［2019］最高法民辖终272号。

[2]　［2020］最高法民申788号。

[3]　［2020］最高法民终192号。

[4]　［2017］最高法民申3507号。

[5]　［2019］最高法行申3467号。

其次，关于电子送达问题。电子送达的方式应当遵循一定的顺序，规范采取。一是，关于法院未穷尽其他方式直接以短信送达问题。例如，在［2019］最高法民申3879号案例中，虽然法院以短信方式直接向甘肃源祥公司法定代表人告知其开庭时间和开庭地点，但是甘肃源祥公司法定代表人收到该短信后申请了延期开庭，这足以表明甘肃源祥公司知晓一审开庭时间，其主张因无法判断短信真伪而导致耽误参加庭审的理由不能成立。二是，电子邮件发送成功并不等于对方真正收到。电子邮件地址需要以对方确认为前提，否则，虽然电子邮箱显示已发送成功，"但因该邮件是否能够成功到达对方电子邮箱还存在其他可能性"。[1]这种情况下，法院并不认可对方收到了邮件。

最后，关于其他送达方式问题。一是，如果当事人拒不到场的情况下，在相关人员的见证下，直接在当事人住所地张贴送达法律文书，合法。[2]二是，未穷尽其他方式直接公告送达违法。例如，在［2021］最高法行申1465号判例中，未穷尽相关送达方式的情况下，原阳县国土资源局仅以电话联系不上新乡市容创实业有限公司、找不到该公司办公地点为由，就进行公告送达，属于程序违法。三是，告知和送达程序违法的情况下并非一律作出撤销判决。例如，在［2018］最高法行申2154号判例中，最高人民法院认为即使人民法院因撤销决定存在上述程序违法事项而责令重新作出，也无法改变重叠发证的事实，反而增加当事人的诉累，也影响法律关系的稳定，因此再审复查中亦无必要仅因上述程序问题而否定被诉撤销决定与一、二审判决。

【法律法规】

《中华人民共和国民事诉讼法》

第八十八条　送达诉讼文书，应当直接送交受送达人。受送达人是公民的，本人不在交他的同住成年家属签收；受送达人是法人或者其他组织的，应当由法人的法定代表人、其他组织的主要负责人或者该法人、组织负责收件的人签收；受送达人有诉讼代理人的，可以送交其代理人签收；受送达人已向人民法院指定代收人的，送交代收人签收。

---

〔1〕［2018］最高法行申6272号。
〔2〕［2019］最高法行申959号。

受送达人的同住成年家属，法人或者其他组织的负责收件的人，诉讼代理人或者代收人在送达回证上签收的日期为送达日期。

第八十九条　受送达人或者他的同住成年家属拒绝接收诉讼文书的，送达人可以邀请有关基层组织或者所在单位的代表到场，说明情况，在送达回证上记明拒收事由和日期，由送达人、见证人签名或者盖章，把诉讼文书留在受送达人的住所；也可以把诉讼文书留在受送达人的住所，并采用拍照、录像等方式记录送达过程，即视为送达。

第九十条　经受送达人同意，人民法院可以采用能够确认其收悉的电子方式送达诉讼文书。通过电子方式送达的判决书、裁定书、调解书，受送达人提出需要纸质文书的，人民法院应当提供。

采用前款方式送达的，以送达信息到达受送达人特定系统的日期为送达日期。

第九十一条　直接送达诉讼文书有困难的，可以委托其他人民法院代为送达，或者邮寄送达。邮寄送达的，以回执上注明的收件日期为送达日期。

《最高人民法院关于适用〈中华人民共和国民事诉讼法〉的解释》

第一百三十五条　电子送达可以采用传真、电子邮件、移动通信等即时收悉的特定系统作为送达媒介。

民事诉讼法第九十条第二款规定的到达受送达人特定系统的日期，为人民法院对应系统显示发送成功的日期，但受送达人证明到达其特定系统的日期与人民法院对应系统显示发送成功的日期不一致的，以受送达人证明到达其特定系统的日期为准。

第一百三十六条　受送达人同意采用电子方式送达的，应当在送达地址确认书中予以确认。

《最高人民法院关于以法院专递方式邮寄送达民事诉讼文书的若干规定》

第一条　人民法院直接送达诉讼文书有困难的，可以交由国家邮政机构（以下简称邮政机构）以法院专递方式邮寄送达，但有下列情形之一的除外：

（一）受送达人或者其诉讼代理人、受送达人指定的代收人同意在指定的期间内到人民法院接受送达的；

（二）受送达人下落不明的；

（三）法律规定或者我国缔结或者参加的国际条约中约定有特别送达方式的。

第十一条 因受送达人自己提供或者确认的送达地址不准确、拒不提供送达地址、送达地址变更未及时告知人民法院、受送达人本人或者受送达人指定的代收人拒绝签收，导致诉讼文书未能被受送达人实际接收的，文书退回之日视为送达之日。

受送达人能够证明自己在诉讼文书送达的过程中没有过错的，不适用前款规定。

后 记

本书编撰过程中受到山东从德律师事务所、齐鲁工业大学政法学院领导及同志们的大力支持，在此表示由衷的感谢。齐鲁工业大学政法学院与山东从德律师事务所共处于济南市长清区，两家单位建立起了多年的良好合作和发展关系。山东从德律师事务所成立于2010年3月，多年来致力于政府法律服务、民商事诉讼、刑事辩护、知识产权等业务，特别是承担了济南市众多的国有土地和集体土地房屋征收拆迁项目，具有丰富的征地拆迁实践经验和案例素材。山东从德律师事务所是齐鲁工业大学政法学院重要的法学教学实践基地，齐鲁工业大学政法学院也为山东从德律师事务所提供了重要的理论指导和支持。参与本书编撰的主要人员如下，在此对参与编撰的所有人员表示衷心的感谢。

第一章征地拆迁诉讼的起诉期限问题，李传生编写。第二章征地拆迁诉讼的重复起诉问题，李传生编写。第三章征地拆迁诉讼的原告资格问题，王华伟编写。第四章征地拆迁诉讼的被告资格问题，朱玉芝编写。第五章征地拆迁诉讼的受案范围问题，王华伟编写。第六章征地拆迁诉讼的诉讼请求问题，孙浩编写。第七章征地拆迁诉讼的诉讼类型问题，宋俊杰编写。第八章征地拆迁诉讼的审理裁判问题，田衍峰编写。

本书编撰过程中还受到法学理论界和实务界各位专家学者的不吝指导，他们是山东师范大学法学院王德新教授，山东交通学院范冠峰教授，齐鲁工业大学政法学院赵金国教授、宋世勇教授。另外，程海金、张斌、王钧等长期从事征收拆迁工作的实务专家，也为本书提供了很多指导性意见和建议。为此对上述学者专家表示最为诚挚的谢意。

最后，本书的出版离不开中国政法大学出版社的大力支持，在此对中国政法大学出版社的丁春晖编辑以及其他所有参与指导的领导和同志致以最崇高的敬意和感谢。